高校辅导员教育工作探究

朗韦丹／著

吉林大学出版社
·长春·

图书在版编目（CIP）数据

高校辅导员教育工作探究 / 朗韦丹著. — 长春：吉林大学出版社，2024.3
ISBN 978-7-5768-2569-5

Ⅰ.①高… Ⅱ.①朗… Ⅲ.①高等学校-辅导员-工作-研究-中国 Ⅳ.①G645.1

中国国家版本馆CIP数据核字(2023)第222266号

书　　名：高校辅导员教育工作探究
GAOXIAO FUDAOYUAN JIAOYU GONGZUO TANJIU

作　　者：朗韦丹
策划编辑：殷丽爽
责任编辑：殷丽爽
责任校对：张宏亮
装帧设计：晨曦印务
出版发行：吉林大学出版社
社　　址：长春市人民大街4059号
邮政编码：130021
发行电话：0431-89580036/58
网　　址：http://www.jlup.com.cn
电子邮箱：jldxcbs@sina.com
印　　刷：长春市中海彩印厂
开　　本：787mm×1092mm　1/16
印　　张：16
字　　数：200千字
版　　次：2024年3月　第1版
印　　次：2024年3月　第1次
书　　号：ISBN 978-7-5768-2569-5
定　　价：72.00元

版权所有　翻印必究

前　言

辅导员要做"守门者"，护航学生健康心态，培养学生科学思维教育引导、管理管控、关怀服务都是培养新时代大学生的重要举措。教育中有学生不能触碰的"红线"，服务中也有教育者必须坚守的"底线"，因此"教管服"三者一体而生，不能有缺。当前，世界的竞争冲突加剧，西方不良思潮、错误价值观、反马克思主义、非马克思主义侵入校园的速度更快、方式更多、隐匿性更强。加之中国特色社会主义进入新时代、社会主要矛盾发生变化产生的社会结构、社会格局变化调整，和大学生心理生理尚未成熟、思想认识尚未牢固、价值判断尚未定型等现实原因。高校思想政治工作面对的挑战越来越多，甚至是成倍叠加。因此高校辅导员必须要做好"守门员""消防员""灭火员"，坚决守住校园意识形态阵地，维护校园和谐稳定。不仅要教育引导及时、关怀服务到位，而且要管理管控有力有效，不遗余力护航学生自尊自信、理性平和、健康向上的良好心态，坚持不懈培养学生的战略思维、历史思维、辩证思维、创新思维、法律思维、底线思维。需要注意的是，守门不是关门。中华传统文化与世界文明成果都是人类的宝贵精神财富。辅导员要做的是去粗取精、去伪存真，赋予这些成果中国特质、中国意义和中国价值。

同仁们，前路仍有波澜，但曙光就在前方。立德树人是百年大计、千秋伟业，甘于"功成不必在我"，才能"干惊天动地事，做隐姓埋名人"。时代新人是事业所需、国家所盼、民族所望，志于"功成必定有我"，才能"三尺讲台系国运，一生秉烛铸民魂"！愿我们都能与青年朋友们一同奋斗、共同成长，最终挥毫泼墨写出"奋进之笔"，指点江山绘就"精彩之篇"，与大家共勉！

目　录

第一章　辅导员品德教育篇 …………………………………… 001
第一节　家教有误　学生有泪 ………………………… 001
第二节　严禁情缘　明辨是非 ………………………… 005
第三节　缺乏关爱　禁果偷尝 ………………………… 009
第四节　骗子盗号　重在防范 ………………………… 013
第五节　克服虚荣　踏实做人 ………………………… 017
第六节　自我提升　诚信做人 ………………………… 021
第七节　品行职责　为人之本 ………………………… 026
第八节　学生干部　左膀右臂 ………………………… 030
第九节　拒绝攀比　从我做起 ………………………… 035
第十节　无声叹息　有形保护 ………………………… 039
第十一节　破除阴霾　方是暖阳 ……………………… 043
第十二节　人际交往　诚实守信 ……………………… 047
第十三节　理智在左　恋爱在右 ……………………… 051
第十四节　追星狂热　生活失衡 ……………………… 055

第二章　大学生日常思想教育篇 ………………………………… 060
第一节　脚踏实地　知行合一 ………………………… 060
第二节　迎合兴趣　探寻动力 ………………………… 064
第三节　干部辞职　从容应对 ………………………… 068
第四节　拥抱抑郁　呵护成长 ………………………… 072
第五节　有借有还　将心比心 ………………………… 077
第六节　适应环境　找回自我 ………………………… 081

第七节　沉迷网游　伤身伤心 …………………………………… 085

　　第八节　跳楼风波　化险为夷 …………………………………… 089

　　第九节　激情换寝　发帖造谣 …………………………………… 093

　　第十节　同窗之谊　久不能忘 …………………………………… 098

　　第十一节　克制欲望　避免冲突 ………………………………… 101

　　第十二节　军营风骨　大学适应 ………………………………… 105

　　第十三节　导员困扰　请假疑云 ………………………………… 110

　　第十四节　借鸡生蛋　网贷无情 ………………………………… 114

　　第十五节　混寝困扰　心灵煎熬 ………………………………… 118

第三章　大学生学风建设思想引导篇……………………………………… 122

　　第一节　坚韧不拔　锲而不舍 …………………………………… 122

　　第二节　黑暗过后　苦尽甘来 …………………………………… 126

　　第三节　乐观面对　笑脸相随 …………………………………… 130

　　第四节　打开心锁　少份受罪 …………………………………… 135

　　第五节　披荆斩棘　善于交流 …………………………………… 140

　　第六节　众口铄金　默默无闻 …………………………………… 144

　　第七节　学海无涯　夜阑人静 …………………………………… 148

　　第八节　考试作弊　悔不当初 …………………………………… 152

　　第九节　学生旷课　教育为主 …………………………………… 156

　　第十节　磨砺自己　超越自己 …………………………………… 160

　　第十一节　克服内心　迎接新生 ………………………………… 164

　　第十二节　迎面挫折　摆正心态 ………………………………… 168

　　第十三节　一时冲动　受到处分 ………………………………… 172

　　第十四节　竞选失败　挫折反思 ………………………………… 176

　　第十五节　正视自己　赶走心魔 ………………………………… 180

第四章　大学生资助思想教育篇…………………………………………… 185

　　第一节　心理防疫　扶贫扶志 …………………………………… 185

　　第二节　放下自卑　找回自己 …………………………………… 189

　　第三节　刷单陷阱　防范有余 …………………………………… 193

第五章　大学生职业就业指导篇 …………………………………… 198

第一节　才高八斗　就业有道 ………………………………… 198

第二节　水滴石穿　百川归海 ………………………………… 202

第三节　强身健体　报效祖国 ………………………………… 207

第四节　创业当涂　智汇前途 ………………………………… 211

第五节　学业危急　朋辈引领 ………………………………… 215

第六节　兼职烦恼　分清主次 ………………………………… 219

第七节　就业之困　冷静处理 ………………………………… 223

第八节　同舟共济　各尽所能 ………………………………… 227

第九节　不想考证　失败内卷 ………………………………… 231

第十节　找准定位　正确对待 ………………………………… 235

第十一节　专业迷惘　寻求破局 ……………………………… 239

第十二节　职业选择　兴趣与学 ……………………………… 243

第一章　辅导员品德教育篇

第一节　家教有误　学生有泪

　　家庭教育的另一个内容是培养子女的服从性，服从性的培养可以使子女产生长大成人的渴望。反之，如果不注意子女服从性的培养，他会变得唐突孟浪，傲慢无礼。

——黑格尔

【案例概述】

　　吴清（化名），是我曾经带过最头疼的学生，她几乎无欲无求，让我无从下手。这是她第n次向我提出要在宿舍休息，不想上课。我每次询问吴清不愿意上课原因，她都能用各种理由来搪塞我，连语句都不曾重复。然而这么能说会道的学生为什么要逃避课堂呢？难道她的人生就没有一点追求吗？

　　经过与她身边的同学和家长交谈后，我摸索到了一些吴清不愿意上课的原因。原来吴清初中时的成绩很拔尖，到了高中后，女孩子的思维开始慢慢落后，在理科方面吃了很大的亏，从小就没有受过什么挫折的她，心理感受到成绩的巨大落差感，再加上父母工作很忙，根本没有时间顾及她的学习，慢慢地，吴清感到学习无比吃力，仿佛在她的心里压下了一块大石头。此时的她还是很在乎自己的成绩落差，想要跟父母倾诉，但是父母从小到大的教育理念就是希望她开心就好，对成绩没有很大的要求，并且家里有钱，可以养她一辈子，于是并没有很在意吴清当下的心理感受。

　　正是由于父母的"忽视"，吴清慢慢地在学习上没有成就感，某一天她躺在床上睡了整整一天，她发现睡觉是这个世界上最轻松的事情，好像已经没有对她来说很重要的东西了。这样的状态一直持续到她上大学，是的，她按部就班地接受了父母的安排。当辅导员面对这样的学生时，该如何妥善处理呢？

【案例分析】

1. 情感

从案例中可知，吴清并不是从小就"无欲无求"，而是在成长过程中缺乏家庭教育的关注和支持，导致她不知道如何树立目标和追求努力，导致缺乏成就感和积极性。再加上父母没有及时引导她处理成长中的挫折，反而用错误的教育理念给了她错误的信号，加上吴清的家庭环境和社会背景对她产生了负面影响，包括父母对她的期望过低，但同龄人之间的竞争和压力过大，两者之间有落差，她无法去平衡，以至于后来发展成对学习提不起任何兴趣，只想着要如何"躺平"。

当我们面对这样的学生时，应该以理解和关心为基础，与学生建立良好的信任和沟通关系，倾听她的内心想法和状况，了解她的困惑和需求，建立非批评性、开放式的沟通环境。仔细聆听，引导她说出内心的困惑，试图利用事物刺激法引起她对周围事物的好奇感，唤醒她对这个世界的感知能力，重新构建世界桥梁，树立人生理想和人生追求。

2. 重塑学习的兴趣

除了父母，还有一个重要的原因就是吴清在学习中长期缺乏兴趣和动力，学习成绩不好可能加剧了吴清的颓废和无力感，导致她对学习失去了热情。其次吴清同学长期处于困惑和焦虑之中，长期着迷于自己的内心，感到孤立和困惑，无法释放内心积压的压力，于是她选择逃避课堂，逃避现实，从另一个层面来说，吴清只是习惯性逃避，逃避成了她的保护伞，更成为她理所应当的"躺平"借口。她并不是无欲无求，只是还处于迷茫状态，一头撞进死角，不愿意出来，选择做缩头乌龟。此时就需要我们辅导员介入处理，把泥潭中的她拉出来，重新感受阳光沐浴的美好。

此时可以帮助学生制定合理的学习计划和进度，提供学术方面的咨询和建议，帮助她提高学习动力和兴趣。尽量让她每天都能体验到成就感的快乐，一步一步地带着她走向属于她的人生道路上，或许从另一个方面来说，帮助一个学生回归"正题"，也是属于辅导员的成就感。

3. 提供身心健康的建议和支持

我们可以建议学生去咨询专业心理健康人员，帮助她解决心理困扰和问题。还可以与学校领导和教师合作，建立更健康的教育环境和机制，包括营造更积极乐观的学习氛围、安排更合理的学习任务和课程、推广更适合学生的学习模式和方法等。并鼓励学生参加校内和校外的活动，让她参与社会和文化生活，增强她的兴趣和热情。我认为最重要的一点就是要积极与学生的家长沟通，让家长了解学生的状况，让他们知道他们的家庭教育是有缺陷的，想要孩子开心健康并没有错，但如若孩子没有属于自己的完整人格，那就是家庭教育的失败。必须强调，父母不可能陪着孩子一辈子，如何让孩子有能力照顾好自己和过完后半辈子，是他们必须考虑的问题。

综上所述，家庭教育对学生的发展有很大的影响，正确的家庭教育理念和方法对孩子的成长十分重要。家长需要注重与孩子的沟通和理解，在孩子的成长过程中给予适当的支持和引导，鼓励孩子自立、坚韧和创新，促进孩子的全面发展。由此也可知，吴清的"颓废"现状受多种因素的影响，辅导员需要了解她的情况，分析出主要因素，并制定合理的计划和方法，帮助她逐步从困境中走出来，实现学习和生活的转变，努力让她看到自己的人生价值，而不是碌碌无为地过完这一生。

【经验与启示】

从吴清的案例中，我们可以获得以下一些经验和启示：

1. 父母的重要性

家庭教育中的关注和支持至关重要，家庭教育应该提供足够的关注和支持，让孩子感受到关爱和支持，树立正确的目标和努力的方向，积极向上地过好人生的每一天，起码让自己的生活每天都是充实的，而不是空虚和孤寂。辅导员要积极了解学生的同时，也要跟家长实行动态沟通，让他们也能了解学生在学校的动态，以及个人素质的发展状况，及时发现和处理可能存在的问题。

学生学习中的兴趣和动力非常重要，辅导员要鼓励学生发掘自己的兴趣点，增强动力和自信心，多增设一些课外活动，例如组织团建，增加学生与老师之间的互动，减少学习压力，正确寻找学习方式，从而更加积极地投入到学习中。

2. 积极关注学生动态

辅导员要在学生的自我探索和成长过程中发挥积极作用，需要关注学生的情感和心理状况，学生的情感和心理状况可能对学习表现和态度产生很大影响，需要及时发现和处理，不能敷衍了事，更不能拿学生的身心健康开玩笑，作为一名辅导员，最忌讳形式主义，深入民心，了解民意，才能成为一名合格的辅导员。

3. 多方面的支持和协助

遇到此类案件情况，需要实现多方面的支持和协助，除了辅导员，学校和家庭应该共同为学生提供多方面的支持和协助，包括心理健康支持、学术支持、个人成长支持等。校园环境对学生而言至关重要，学校应该多开设心理健康教育讲座，重视学生的心理健康教育，学生的安排应该根据个人的兴趣、能力、特点、情况等进行个性化设计，以满足学生的个性化需求。辅导员和学校应该帮助学生发现自己的优势，并提供个性化的支持和指导，从而让学生更加积极、自信和成功地面对比赛和生活的各种困难。

辅导员应该积极参与学生的学习和成长过程，倾听他们的需求和困难，提供合适的支持和指导，引导他们的积极性和未来的更多挑战。

【精彩博文】

每个枝干挺拔、出类拔萃的孩子，都是家庭的产物，是教育的因果，是心血的倾注。花有重开日，人无再少年。孩子的教育，就是一场无法撤回的直播，一辈子只有一次机会。千万不要小看家庭教育的力量，父母不一样的行为和指引，最终会导致孩子不一样的结局。辅导员也可以帮助家长认识什么是家庭教育，它的本质、特点及规律；帮助家长树立正确的家庭教育思想，纠正一些不正确的教育理念；指导家长改变错误的家教态度和方法。也要科学地指导家长开展家庭教育，必须系统地加强学习，提高自身素养与指导能力，若教师自己水平不高，甚至连自己的孩子都教育不好，就无法指导家长来开展科学、有效的家庭教育。总之，家教、家长、学校、教师、社会，厘清不同教育因子的边界，使它们有机结合在一起，形成一种整合优势，是新时代面临的重要教育课题。

第二节　严禁情缘　明辨是非

教育者应当深刻了解正在成长的人的心灵……只有在自己整个教育生涯中不断地研究学生的心理，加深自己的心理学知识，才能够成为教育工作的真正的能手。

——苏霍姆林斯基

【案例概述】

魏莎莎是一名的英语老师。她博学上进，年轻貌美，人也很温柔，所以很受学生的喜欢。其中有一位姓雷的男同学，则是特别喜欢魏莎莎。他在课上的时候经常与魏莎莎互动，主动回答问题，绝对不会让课堂冷场。到了下课时候他还会找魏莎莎来讲解自己不懂的知识。

而雷同学喜欢魏莎莎的原因也是十分复杂的。他在班上是很活跃的那种人，性格也比较顽皮，不过其实都是因为他的家庭条件较差想去掩饰一下自己的内心。善良的魏莎莎发现了雷同学的异样并主动进行关心和开导，慢慢地在日常交谈中把雷同学从自卑之中拉了出来，因此对于雷同学来说，魏莎莎就是一个天使，拯救了自己的人生。于是他便喜欢上了魏莎莎，时间长了以后还爱上了她，想让魏莎莎成为自己的女朋友。

对魏莎莎来说，雷同学开始只是一个需要多加关照的学生，她是因为自己的善良心灵和出于作为教师的责任感去多多关注雷同学。但是雷同学却难以控制自己的心，向魏莎莎表白了。魏莎莎知道后十分震惊，当时就十分严酷地拒绝了雷同学，让他打消心思专心念书。但雷同学各种软磨硬泡，穷追不舍，在各个方面给予魏莎莎关心与照顾。最终两人开始了师生恋，从地下恋情到后来明目张胆地谈笑，肢体接触。但是他们的好景不长，有好事者将他们的"日常"发布到了网上，一时间引起了热议，随着舆论的发展，事态愈发严重，此时我意识到了事情的重要性。

【案例分析】

从上述案例可以看出小雷同学上课的积极性很高，深受认可与器重。这个关键点可以推导出师生之间有非常融洽的关系。我们可以从以下几点入手：

1. 辅导员介入，老师需保持理性

作为老师，在引导学生情感方面没有明确的边界感，反而被"糖衣炮弹"所迷惑，没有正确教导学生，进而无视师生关系，理所应当与学生谈起了恋爱。因此，必须对相关教师进行积极的认知调节，使其保持足够的理性。辅导员应该与教师积极地进行沟通，进行正向的引导，让老师在遭遇师生恋的时候，必须保持足够的成熟与理性，引导老师做到正视情况，正视学生对于老师的准确态度——好感、崇拜还是依恋。不要躲避，这样很有可能激发追求感，反而适得其反。老师还需要与学生拉开距离，虽然不需要做刻意的回避，但是在与该学生的相处过程中，最好要保障双方的名誉及情感，尽量在公开有第三方参与的场合。且如果必要时两人相处，明确表达拒绝。

老师还需要表明态度，准确不遮掩地向学生表达自己的态度，感谢学生的好感，和学生共同分析其好感的来源：是因为某次得到了帮助或是因为学生对其学识的崇拜。引导学生认识到其好感的来源也许并不是因为个人而是因为外在环境或因素。此时此刻，最忌讳"心软"，心动可以理解，但是作为年长者和教师，必须要自我克制，并注意保护学生的隐私。

2. 重视舆论的影响

无视学校的规章制度，在大众眼皮底下明目张胆，毫不收敛，对于大学生而言，是一种错误的信号引导，在互联网发达的时代，加上大学生的新奇感，舆论传播极其迅速，若处理不当，将导致更多的舆论压在她们的身上，由此可知，最后的结果必然不会太理想。

师生恋的起因在于学生的内在动因变化而展示的外部行为，而其行为对象则是对两者关系有着主导权的人，所以对于师生恋的处理，老师的态度和做法就很重要。案例中的魏老师在知道学校相关规定的情况下还选择了与学生恋爱，从为师者的职业道德、学校的相关规定来说，这样的感情是不被认可的。而且，学生在校园里的选择面是狭隘的，在离开校园以后，"教师"的光环一旦不存在，这样的感情是否还可以继续，也有待考究。而另一方面，从老师的角度而言，学生是喜欢你这个人，还是喜欢这个人所代表的职业标签以及身后的潜在利益，也是很难判断的，案例中的魏老师没有做到理智选择，及时止损。

3. 及时引导学生的思想

其次，从学生的角度来说，案例中的雷同学并没有正视对老师的情感，没有明确区分自己对老师是好感、崇拜还是依恋。只是一味地想将老师与自己绑定，没有考虑清楚冲动的后果。在学校也不注意与老师的接触、交往尺度，最终引起同学们的排斥与不满。于此，辅导员应该对相关学生进行有效的行为调节，对学生进行及时的引导与规劝，把握必需的分寸。辅导员需要帮助学生增强意识、准确识别性骚扰行为，尤其在不怀好意的教职员工实施"培养行为或开始尝试"时给出对方明确的反对态度，及时寻求同学及校方的帮助。

综上所述，事实层面是雷同学向英语老师表达爱慕之情；认识层面是学生对于爱情的认识有局限和偏颇；教育层面是理性引导，树立正确的恋爱观；管理层面是英语老师没有胸怀师德师风，并且没有注意工作细节和方法。该问题本质可以定性为大学生正确的恋爱观教育问题。

【经验与启示】

学生接触最多年长者中，除家庭成员外便是教师。而一般说来，教师在德、才、识、诸方面发展又较好，足以为学生所效法。学生崇拜自己的老师，再加上老师关心、欣赏学生，并不断给予鼓励和信心。因此教师极易成为学生的爱恋对象。大学"师生恋"也是一个具有争议性的话题。在看待这个问题时，我们需要从多个维度进行分析：

1. 权力不平衡

在教育环境中，教职员工通常具有较高的权力地位，而学生则相对处于较低的地位。这种权力不平衡可能导致滥用权力、利用职务之便对学生进行操控等不良行为。

2. 利益冲突

当教职员工与学生发展恋爱关系时，可能出现利益冲突。例如，教职员工可能偏袒所爱的学生，影响评分的公正性，从而损害其他学生的利益。

3. 影响学术氛围

师生恋可能会影响学术氛围。同学们可能会因为猜测、议论师生恋而分心，进而影响学术表现。再者，从职业操守的角度来看，教职员工与学生的恋爱关系可能被视为不合适。其他职业，如医生、心理治疗师、律师等，通常都有明确的规定，禁止与客户发展私人关系。

4. 个人自由

另一方面，有人认为师生恋是成年人之间的私事，应当尊重两个成年人的个人自由。但这种观点往往忽略了前述的权力不平衡和利益冲突问题。

综合以上观点，大学"师生恋"涉及多方面的利益和问题。作为大学辅导员，应该从多角度、多方面出发来处理好师生恋等情况。

【精彩博文】

李玫瑾教授在一次讲座中建议父母：中国家庭，最缺的是恋爱教育，与其一味地无效反对，不如在适当的时候告诉他们：孩子，你谈恋爱可以，我不反对，但你一定要有原则，要有底线！这个底线，包括生理底线和情感底线。生理底线就是身体的底线，是孩子不可跨过的一条红线。要明确地告诉孩子，在学生时代，物质条件不成熟，心理和情感基础也不成熟，绝不能提前发生性行为，这才是对自己最大的爱护。要在平时的生活中，给予孩子一些生理科普的知识，有研究表明，适当的生理科普是避免不健康性行为最好的方式。情感底线就是要告诉孩子，恋爱中的两个人是互相平等、互相尊重的，不能一味地看低自己，去讨好他人。好的恋爱是两人一起前行、共同进步的。一切的难与痛，都交给他们吧，而你们，只需要和每天一样，背着书包，在教室中平静地学习、成长。我们要给予孩子正确的情感引导，教会他们树立正确的恋爱观，给他们穿上坚硬的盔甲，保护他们平安。平安，是最大的福。愿每一个孩子都能平安长大。你能够喜欢上一个人，说明你的情感是丰富的，拥有爱恨的能力。这样的鼓励性的情感引导，可以最大限度地让孩子从"恋爱是不好的"的阴影中走出来，更加自信和阳光。

第三节　缺乏关爱　禁果偷尝

当一个人爱他人之前，首先要学会的是爱自己。

——《圣经》

【案例概述】

莫莫，出身于单亲家庭，是一个性格开朗，爱笑，有礼貌的同学。在学校里面有上进心，经常参加活动，学习努力刻苦。刚开学一个多月后，莫莫就找我请假说身体抱恙，上课听不进去，学习效率也极低。这使我意识到她可能生病，于是我建议她去医院检查一下。

在检查之后，她意识到她怀孕了，她不敢开口跟家人、导师和同学说，也不知道该怎么做。回校后，她变得郁郁寡欢，不愿再参加集体活动，状态不好的时候就会一个人走出去，散散心发泄一下，以至于在近两个多月的时间里都没有被看出来。一直到出现孕吐反应，她舍长才留意到，并劝她来找辅导员一起解决问题。

之后我同她进行深入沟通后，她跟我说，她跟这个男孩是在打暑假工认识的，家里都是一个地方，生活经历相同，家庭也都是单亲家庭，男孩跟着妈妈。这个女孩跟着爸爸，爸爸在外地工作，而她妈妈改嫁后还生了一个孩子，妈妈很少交流，而且缺乏安全感。莫莫跟我说他们发展很快，认识暑假一个月就在一起，因为两人在一起有安全感和好奇，于是暑假工结束之后一起住着女孩家里，缺乏性知识的两个学生，并没有做好任何的安全措施。在这后，莫莫出现了小腹微痛，月经迟来，但也没有过多关注。因此，在检查发现自己怀孕之后，莫莫在这两个多月时间里很纠结，并且厌恶自己，自卑自责。并且出现了严重的自残行为，待我们发现，已经是满手都是伤痕。她情绪失控跟我们说，她不知道应该怎么办，也不敢跟她爸爸或者妈妈说，这才一直拖到了现在。

【案例分析】

首先，我们可以看出，莫莫本身是一个对生活充满信心，乐观开朗的人。她经常参加活动，也常常爱笑，说明她是一个十分向上的女生。但是她缺乏性知识的了解，没有做好避孕措施，导致自己怀孕，使她没办法积极地面对这样的重大变故发生。早孕对于大学生来说是需要很大的心理承受能力，因此我们需要帮助莫莫提高心理承受能力，并正确认识到大学生早孕并不是没有解决方法，改变她的不合理认知。

其次，莫莫缺乏家庭的关爱和同学关心。家庭方面，由于父母离异，父亲外出打工，使莫莫没有安全感，容易从别的方面去寻求爱的安抚。这使莫莫容易跟人共情，跟他人产生惺惺相惜的情感，来满足自己所缺乏的爱。同学方面，班干这么长的时间都没有发现莫莫状态的变化，导致默默地自卑心理加深的重要因素，最后使莫莫产生严重的自残行为。说明同学们还没有彼此关心和帮助的意识。所以我们应该更加重视同学们相互关心，相互帮助的意识，让同学们生活在一个友爱的环境中。

最后，我们也能看到，莫莫并没有学习性知识，也渴望得到安全感。莫莫月经迟来，但也没有过多注意，这说明的莫莫对性教育的了解程度不够，不懂得如何保护自己。除此之外两个单亲家庭的孩子缺乏安全感，也容易产生情感上的共鸣，但是却缺乏性教育知识，使两个孩子通过偷尝禁果来满足自己的安全感，最后导致了一系列无法弥补的问题，并且无法处理这些事情所带来结果。同时，我们也看到性教育未能在青少年时期的进行有效的传播，导致第一次性行为低龄化，危险性性行为较高，对性及爱情观出现偏差。

【案例处理】

综上，作为辅导员，我们应该将自己放在一个客观的位置上去看待这个事件，更深入地与莫进行沟通，并帮助莫莫分析问题，明确莫莫的真实想法让莫莫自己看清问题所在，做好权衡。此外，我们应该积极关注莫莫的心理问题，要认识到心理健康对学生的重要性，我们需要作为一个指引者去帮助学生认识到问题的根本所在，让莫莫自己意识事情的严重程度，引导她去解决这个问题，改变自己的不合理认知。

在和莫莫的交谈中，我们要时刻关注莫莫当下情绪，要给她足够的安全感。如果莫莫说的事有可能会让自己感到羞愧、为难的话，我们应该要给学生保证绝对保密，让学生毫无顾虑地敞开心扉，表达自己的真实想法。之后要及时给出反馈，表明自己正在认真地听，同时也要做到"二不要二要"原则："二不要"是指不要随便就做评判、下定义，不要伤害莫莫的自尊心；"二要"是指要给莫莫进行现状分析，明确早孕的优缺点，要积极鼓励莫莫，帮助她重新建立自信心，增强莫莫的心理承受能力。

我们还要积极建设良好班风，多开展一些关于性教育的知识活动、班会等，明确发生性行为的代价，也要普及性生活后该怎么进行自我保护。同时还要加入学生之中，了解学生的真实想法，关注学生的情绪状态的改变，引导学生对性教育的正确看法。还要给学生进行健康的心理辅导，让他们多关注班上同学，适当的时候给予他们帮助，让他们感受到温暖和爱，避免走上极端。多给学生传播正能量，避免学生受不良思想的影响。

【经验与启示】

如果学生因身体和心理问题需要找辅导员谈话，一定要重视这个事情，不能因为自己认为这是件小事就敷衍了事，同时要给学生抒发情绪的机会和空间。对于心理问题，很多人都是不愿敞开心扉的，依然选择和自己交流，就说明学生一定是经历很长的思想斗争，并且这件事情已经对学生造成了极大的困扰，所以作为辅导员一定要重视。在学生交谈时，一定要时刻关注学生的情绪状态，要给学生足够的信任感，才能真正找到问题的核心，才能有效地帮助学生，同时要避免用主观意识去评判学生所经历的事件，我们要保持一个客观的立场，尊重学生，才能引导学生改变自己的不合理的认知。

辅导员也要不断普及性的教育。我国与外国不一样，在国外，他们是非常重视孩子的性教育。在国内，国人一直都很保守，父母和老师鲜少在孩子面前提这种事，这也就导致孩子在这方面知识的缺乏。随着近些年来我国教育的不断普及，人们对于男女之事不再那么陌生，也不再那么害怕，少了很多距离感，多了些许好奇，这也就导致众多大学生初尝禁果，虽然普及性教育很重要，但发生性行为的代价大家也是有必要熟知的。

辅导员在举办相关的性教育活动、主题班会的时候，要多关注学生的心理健康教育和性教育这两个方面，着重培养学生相互关心，彼此帮助，相互团结。这样可以让学生通过活动或者自己的方式真真切切地体验到爱和被爱的感觉，提高学生的安全感，从而将这种感觉传递给身边的人。

此外，还要注重发展学生相互交流的能力。多开展一些小组活动，团队作业，增加学生们彼此接近交流的机会，让他们学会自己敞开心扉，表达自己的感受，表达自己的想法，增强同学之间的相互了解，让他们学会感同身受，彼此接受，相互帮助，彼此成长。

【精彩博文】

无论是学校抑或者家庭，对于学生在大学期间谈恋爱的行为，不应该给予反对的意见，而是要对大学生惊醒恋爱教育，培养大学生正确的"恋爱能力"，引导大学生对待爱情应当怎么做。

那在大学期间应该如何培养大学生的恋爱能力呢？辅导员可以从三个方面进行培养：首先就是培养学生"表达爱"的能力。众所周知，表达自己的爱意时应当做到勇敢、不胆怯。只要勇敢地表达出来，方能有收获。其次就是培养学生的"接受爱"的能力。身为大学生，要拥有自己的思想和觉悟，也要明白谈恋爱的最终目的是结婚，这时候就应该做好准备接受的对象未来是否能履行彼此相助的义务、赡养老人的义务、抚育孩子的义务，这是很慎重的问题。最后就是培养"拒绝爱"的能力。当两个人恋爱时，一定不能抱着"将就"的态度，如果不合适就需要及时停止发展，尤其在拒绝爱的时候，一定要明白"良言一句三冬暖，恶语伤人六月寒"的道理，需要注意拒绝他人示爱的语言技巧。

祝大学生能找到自己喜欢之人并结为良缘，拥有一份自己喜欢的工作，过着充实美满的生活。

第四节　骗子盗号　重在防范

一个精明的人要想不受欺骗，有时只需不精明就够了。

——〔法〕拉罗什福科：《箴言录》

【案例概述】

在10月9日下午，小练同学收到一条来自几年没联系的好友的QQ信息，信息写着："我QQ号被盗了，可以帮我验证一下吗？"。当时小练同学并没有立马相信，便与好友聊起，在回复过程中小练有些相信了，回想起当年这个同学的好，并未发现异常。接下来的一条信息更让她相信了。"好友"发了一条语音过来，内容是"我是某某某"，小练已经没有任何防备之心了，因为这个声音完完全全就是当年好友的声音，没错了！可小练并没有意识到，高科技的发展，骗子的手段，有多么令人害怕。

结果很显然，小练也被盗号了。她相信"好友"，按照好友说的步骤一步一步地走向陷阱，最后她把她的验证码发给了"好友"。她当时还并未意识到后果，很信任好友。等她在等好友信息的两分钟，她的QQ号已经被盗，她被QQ应用弹了出来。好友在短短两分钟，甚至不到两分钟，已经把她的QQ密码改了。她慌了，在多次的请求登录后，才明白自己真的被骗了。而骗子也使用小练的QQ号到处行骗，欺骗小练QQ好友，理由是借钱。而小练自己则慌得团团转，无助。小练又去寻求多个朋友帮助，经过5个小时后，小练总算将自己QQ号找回。但小练的朋友已经受骗了，被盗号，被骗了600元。随后，小练告知了辅导员老师并选择报警，公安局接到案子后表示，出现类似的案子非常多，而且没有办法追回汇款。小练朋友的600元算是真的没了，小练感到相当愧疚。

【案例分析】

1.根据小练的案件研讨分析，认为小练被骗的原因是防备心与认识面不强。

骗子就抓住在校学生使用QQ较多，是QQ平台的活跃用户，社会经验较少，安全防范意识较低，且信息回复率较高。年轻人对同学朋友热情仗义、防骗意识薄弱等特点精准实施诈骗。诈骗分子盗取QQ账号后，一般是向账号内联系人群发虚假求助信息，收到联系人回复后又利用语音等步步引诱上套。

2.综合语音认证分析以及诈骗过程。

语音认证的部分很可能是根据以往的语音聊天记录匹配生成，这需要重点在班级教育说明，提醒同学。诈骗过程是诈骗分子使用盗取来的QQ号，冒充好友向受害人发送信息；受害人回复信息后，诈骗分子假借好友身份，以借钱、兑换现金为由，实施诈骗。

【案例处理】

1.了解具体情况。

10月9日晚上，在得知该情况后，立即叫小练来了解情况，详细了解事情的经过，对该情况作进一步的了解，并了解事情的经过。在得知情况后，为了维护学生权益，建议小练第一时间报警，争取尽快挽回经济损失。让学生写一份案件回忆材料，这便于学生回忆细节，同时将材料上报学院领导、学工处，这也便于事件处理和案例教育素材的收集。除此之外，与小练进行谈心谈话，期间没有批评指正，认真聆听小练当时过程，做好记录，并和警方联系了解情况，同时安抚学生。

2.及时疏导学生情绪。

联系班级干部，了解该同学的状况，并提醒班干部一定要注意小练的动态。让其多参加班级活动，放松心情。及时对其进行了心理疏导和安全教育，并告知了学生家长，以减轻学生的心理负担。

3.利用新媒体平台，助力"防范诈骗"的知识传播。

利用QQ、校园网、校园微信公众号、微信视频号、官方抖音、微博等，以"聚青年力量，传现代'新'声"为指导思想，以"服务青年，上通下达；涵养校园文化，引领思想风帆，共创现代辉煌"为运营宗旨，针对"防范网络诈骗"安全知识开展宣传教育活动，举办反电信诈骗培训会。

如：分享受骗聊天记录，让同学们都来了解被骗流程；大力宣传"三不一多"原则，即"未知链接不点击，陌生来电不轻信，个人信息不透露，转账汇款多核实"；反复提醒教育，犯罪分子往往瞄准大家当下需求，定制各种"剧本"，反诈骗教育要一直做下去。

4.做好审查预防工作。

有针对性地找被诈骗的同学谈心谈话，帮扶和引导他们成为反诈"意见领袖"，也可以大力地培养一批得力的反诈宣传委员，把他们"安插"在班级里和学生群体中，让他们及时关注学生消费、娱乐动态，适当地进行提醒和关怀，如果看到有诈骗事态的苗头，紧急向辅导员汇报。

5.家校合力、朋辈力量，实现协同育人。

原生家庭对学生的影响巨大，辅导员可以建立大家常用的微信、QQ家长群，在群里发反诈宣传知识，把一些真实的案例视频、剪映与家长朋友们分享，增强家长的反诈骗意识；对于一些被骗的学生的家长，要做好安抚和疏导，切不可因为一时的钱财被骗而引发心理问题、精神压力，同时对被骗的家庭予以隐私保护。

【经验与启示】

学生对社会认识比较单纯，容易受到不良信息影响，对社会事务鉴别能力有限，从而导致人身财产安全受到危害。辅导员做到围绕学生，关照学生，服务学生，积极回应，解疑释惑。我们和学生的关系，不能让其停留在云端成为常态，而是平时尽量进寝室看看，找学生聊聊天，参与学生的课外活动，以热爱学生为己任，以立德树人为根本，始终站在学生管理工作的第一线，尽心尽职尽责，无问西东，不忘初心。

1.提升学生防骗意识。

（1）在面对QQ、微信等社交平台上的亲朋好友的转账要求时，务必通过电话、视频等多种渠道对其身份进行核对确认，不能仅凭文字信息就配合转账。如发现个人QQ被盗，应及时告知QQ的所有亲朋好友，以免他人上当受骗，并第一时间利用QQ密码保护功能，申请取回QQ账号。

（2）不要盲目轻信，不轻易转账，不随意扫二维码，要注意保护好个人信息，不要随便泄露本人银行卡号、身份证号码等重要个人信息，以防被骗子利用实施诈骗。

（3）如发现同学好友账号被盗，应立即电话通知好友修改密码，并全面杀毒，保证电脑手机安全。如果与好友有共同的好友或群，请及时提醒大家注意防范，以免他人上当受骗。同时，应及时将事情经过报告辅导员、班主任。

（4）与QQ好友聊天中提到"借钱""转账""急救"等字眼时，一定要提高警惕，务必核实确认对方的身份。可以通过拨打亲友常用电话、视频聊天或见面的方式进行确认，不要随意向陌生账户转账或汇款。

2. 经常走访学生、密切关注学生心理状况，定期与班干部、寝室长交流，关注内向型学生群体。

（1）加强学生学习，严加防范。

随着互联网发展，网络虚拟财产被侵犯屡见不鲜。学生社会阅历少，对社会缺少应有的防范心理，警惕性低，不善于辨别真假、识别骗局。QQ、微信等作为学生信息交流不可或缺的工具，学生需要学习如何安全使用。

（2）提高学生警惕，保护好个人信息。

目前网络黑客、盗号者很是猖獗，防不胜防。尤其是身份证号、银行卡号和银行卡密码和涉及钱财信息等要严谨管理、慎重应用。一旦证件丢失应及时挂失或销户，发现个人信息被非法利用要及时报警。

（3）告诉学生遇事要保持镇定，三思而后行。

无论遇到什么紧急情况都要保持冷静，理性分析，三思而后行。关键时刻要多跟老师、同学沟通，大家一起共同分析研判。

（4）加强联系沟通。

与家长加强联系，及时将学生在校情况对家长通报，同时让家长将学生的性格告诉辅导员。加强同学之间应该以正确的方式加强沟通和交流，引导把自己内心的烦闷、困惑以合理的方式释放出来。遇到困惑或者解决不了的问题，可以多和知心朋友交流、多找老师交流。

【精彩博文】

不管同学是否经历过诈骗,同学们都需要警记在QQ、微信上收到熟人请求帮忙转账的信息,第一时间不是转账,而是核实一下对方是否亲友本人,账号是否被盗号。通过电话或当面核实清楚再做决定,能有效防范冒充熟人诈骗。另一方面,如发现自己QQ号被盗,请第一时间告知同学和亲友等,并及时追回QQ号,防止自己账号被冒用以及连累亲友受损。同学们,多学习反诈骗视频,提高自身认识面,要把自己的防备心提上来呀!

第五节　克服虚荣　踏实做人

成功的意义应该是发挥了自己的所长,尽了自己的努力之后,所感到的一种无愧于心的收获之乐,而不是为了虚荣心或金钱。

——罗兰

【案例概述】

小A,广西玉林人,在广西警察学院读书,是家里的独生子女,父母身体健康,家庭情况也较好,对小A溺爱。2021年9月入学以后,生活消费水平高于其他同学的生活消费水平,平时购买一些奢侈品在同学中进行炫耀,后来渐渐地,小A的虚荣心不断增强,家中给予的生活费已经不能够满足小A在校的开支,同时又不好意思向家里人开口要钱。为了满足自己的虚荣心维护自己在同学中所谓的面子,在大量虚假宣传的网络借贷平台下,小A开始通过手续简单的借贷平台进行借贷,主要使用校园贷进行借贷,至此小A便陷入了校园贷的深渊一发不可收拾。

同时随着借贷金额的增加、班会的一直强调、大量借贷案例的警示,小A出现担心、焦虑,担心学校知道后不让自己读书、担心家长知道后的指责与批评、担心周边的同学知道后的异样眼光、担心自己是否会正常毕业等等。随后辅导员通过各种途径了解到这一情况,很快找到小A,与之谈话,做相关教育工作。

【案例分析】

本案例从简单来看，是由于校园贷引起的大学生安全问题，但实际上与社会、家庭和学校都有着密不可分的关系，应该引起社会、家庭和学校共同关注，同时也要引起大学生自身在思想上的高度警惕。

1. 新媒体时代社会环境错综复杂

随着我国教育事业的不断发展，办学规模的不断扩大，大学生社会化现象日趋显著，同时在新媒体时代、网络化时代的今天，网络信息形式多样化、内容全面化、速度及时化、容量海量化以及网络的虚拟性、开放性、隐蔽性与个体性等特点，同时校园贷也以各种形式出向高校渗透，这对于一些意志薄弱、缺乏自制力的学生很容易掉进陷阱，同时对于他们的世界观、人生观和价值观带来一定影响，使学生很容易走上校园贷这条路。

2. 家庭教育的欠缺

兴趣是孩子的最好老师，父母是孩子的第一任老师，父母的言谈举止在潜移默化中影响着孩子。

"00后"已成为当代大学生的主力军，他们在家中是父母的心头肉，过着饭来张口衣来伸手的生活，从小被父母娇生惯养，缺乏相应的安全教育，一旦离开父母，来到陌生而又向往的大学校园，他们便开始放纵自我，将安全抛于脑后，容易给不法分子可乘之机。同时有的不负责任的家长认为将孩子送到大学，就是学校的事情，和自己没有关系，平时和孩子只有经济上的往来，和孩子缺乏必要的沟通，对孩子关注、关心不够。

3. 学校安全教育效果不佳

随着高校校园的不断社会化，高校的安全环境日趋复杂，在社会上存的安全隐患在高校也有可能出现。财物被盗、宿舍火灾、打架事件、交通事故、校园赌博、涉毒事件、网络诈骗、校园贷等时有发生，高校对这些安全问题和安全教育也高度重视，毕竟安全是高校的生命线，安全不保何谈教育。但是目前高校安全教育的形式过于陈旧、过于刻板，很难引起当代大学生的重视，安全教育的效果可想而知。

【案例处理】

1. 了解情况、安抚情绪

对于涉及校园贷的学生,首先要准确地掌握学生的基本信息,了解其所使用的网贷平台、贷款金额、贷款时间、贷款用途等信息,同时注意除了在网站上借钱,是否存在其他借贷的情况,同时上报学院以及学生处领导。在确切了解学生小A的实际情况后,要对学生的情绪进行安抚,首先帮助学生树立正确的人生观、价值观和世界观,树立正确的消费观,要踏踏实实做人认认真真做事,不要存在任何侥幸心理,相信天上不会无缘无故掉馅饼;其次,主要通过教育学生要认清网贷的危害所在,轻则经济受损,重则影响到整个家庭,甚至毁掉整个家庭乃至自己宝贵的生命;再次,就身边的典型案例,因网贷自杀的、跑路的、辍学的等讲给学生,使其真正意识到自己所犯错误的严重性,浪子回头金不换,只要及时认识到自己所犯错误并及时改正,都不算晚;最后是安抚学生的情绪,要求其放下包袱,继续完成自己的学业,要化悲痛为动力,争取以优异的成绩来弥补自己所犯的错误。

2. 加强沟通、协同育人

在了解整个事件后,要及时和家长进行沟通,将整个事件以及学生在校的表现情况告知家长,同时邀请家长到校协商处理后期事宜,同时告知家长目前国家有关校园贷的相关规定。

3. 加强宣传、提高警惕

开展校园贷安全教育主题班会,内容要丰富、形式要多样、案例要经典,以便引起广大大学生的注意,增强学生的安全防范意识,提高学生的警惕性,使他们对更加清晰地认识到校园贷、套路贷的危害。同时下发中国银保监会、教育部、人力资源和社会保障部联合下发的《关于进一步加强校园贷规范管理工作的通知》、教育部与银监会联合发布《关于加强校园不良网络借贷风险防范和教育引导工作的通知》等相关规定,明确告知学生,不要因经济问题参与校园贷,更不要深陷套路贷的深渊。

【经验与启示】

立德树人的征途前景是光明的，但过程是需要摸索的。只有在不断攀爬、螺旋上升中才能闯出一片开阔。因此，我们既要找准路标，又要持续给油，在重点路段还要小心驾驶，精细把控。所以，结合本案例，我想谈三点。

1. 找准工作的"路标"。

大学生思想政治教育是一个动态发展的过程。一些问题可能是过去一直有，但一直没有得到很好的解决，一些问题是过去没有，但是现在正逐步成为突出的矛盾，比如校园网络贷款的问题就是一个过去没有现在有，危害又极大的问题，因此，一定要能够在"游泳中学会游泳"，比如辅导员要及时关注网络热点，搜集类似的案例，有针对性地提前教育，能够做好"消除法"。

2. 重点路段一定要小心谨慎。

就本案例解剖麻雀。看起来是网络贷款的教育问题事实上还是学生攀比心理等原因造成的错误消费心理和认识问，核心还是思想认识问题。大学生正处于三观形成的重要阶段，在多元社会思潮影响下，容易受到享乐主义等错误价值观的影响，我们把好世界观、人生观、价值观这个总开关，用落细落小落实的社会主义核心价值观为学生点灯照路。当然，对于学生确实需要的消费需求，又一时得不到满足的，也可以在变"堵"为"导"，存在商业银行和政策性银行风险可控的前提下，提供助学、培训、消费和创业等金融产品的引入与服务，将正规、安全、公平的校园金融服务对接学生成长成才的实际需求。

3. 思想政治教育要坚持个体教育与集体教育相结合，为学生营造良好的环境。

诸如小A这样的问题，不能一叶障目，要看到背后隐藏的普遍性危机。做到全面筛查，宏观指导，重点应对。我们这会也是新学期开始不久的时候，学生往往心理变化和思想波动幅度较大，正是我们应当紧抓的重要节点。全面开展矛盾排查，准确掌握学生情况尤为必要。

【精彩博文】

　　这个世界上，有光，就会有影子。新学期、新生活，不管是老生还是新生，除了迎接崭新的学习和生活外，同学们还有可能面对各种考验。如何鉴别不法分子的花言巧语，不被他们精心编造的谎言蒙蔽，避免上当受骗，就成了同学们的一堂必修课。常见的网络诈骗陷阱有哪些呢？提供资助费用？假的！注销校园贷？假的！刷单？租号？假的！如何避坑记住三句话：借贷广告不轻信！合同条款需警惕！遭遇陷阱要报警！一旦发现落入网络诈骗陷阱中，要在能保证人身安全的情况下立即报警求助。不可一味按照犯罪分子的要求行事，更不要做出轻视生命的举动。这一段《防骗指南》送给同学们，希望同学们要常记心间：天上不会掉馅饼，若有必定是陷阱。兼职刷单是诈骗，客服退款要核验。游戏装备来交易，让你充值要警惕。来电自称公检法，说你涉案赶紧挂。网络裸聊是敲诈，全民安全靠大家。

　　校园贷就像带刺的玫瑰，看上去很美丽，碰触以后，扎得疼；校园贷也像赌博，图一时之快，殊不知，根本没有赢家；校园贷还像一块散发着幽香的奶酪，你去吃，就会被套上牢牢的枷锁；校园贷更像是毒药，也许第一口喝下去，可以满足你物质的追求，却不知你为了继续喝下去，需要付出什么。请同学们看清校园贷的真面目，收起自己的虚荣心，认认真真做事，踏踏实实做人，远离校园贷！

第六节　自我提升　诚信做人

虚假的学问比无知更糟糕。

——康图

【案例概述】

　　小B，广西北海人，就读于交通管理工程学院本科专业。大学四年各项表现成绩都较优秀，辅导员以及老师都比较看重她。但她在求职面试中被用人单位（部门）发现了有些荣誉证书属于伪造，该事情影响涉及她个人的前途以及学院的声誉。事情发生，我马上与小B联系，并与她进行面谈。小B在谈话中向我承认造假行为和自身的错误，同时也告诉我是在学校门口的打印社里制作的伪造证书，并且有很多同学有类似举动。而后与她详细谈话，她哭着说自己的问题，以及情况。她说："我也不想的，但诱惑力很大，只有伪造了就能够得到好处。""他们也这样做，也怕他们可以拿到其他父母方面的好处，而自己通过努力也不能够得到。"小B也因为这个事情，认真反省自身问题。

【案例分析】

1. 该案例从行为上看：毕业生小B在求职过程中存在伪造荣誉证书的失信行为；从认识上看：失信行为的背后是错误认识的影响。从环境上看：此失信行为并非孤例，校园周边外部环境也为失信行为的繁衍提供了温床。涉及三大核心问题：学生荣誉证书造假，是学生的诚信教育问题；很多同学有类似举动，是思想政治教育问题；造成的后果不仅对学生个人诚信与就业有影响，如果不加以及时纠正，更会严重影响学校的声誉，甚至会涉及学校的改革发展问题。

2. 根据《辅导员职业能力标准》，聚焦核心矛盾，该案例的本质为：大学生思想政治教育中的诚信教育问题。解决该案例核心是要聚焦主要矛盾，解决关键问题——学生诚信教育问题；首要是能明确身份定位，恰当发挥作用——发挥组织者、实施者、指导者的身份定位，多方借力，共同解决；重点是要立足当下，以点带面，着眼长远，持续发力——由见微知著到积微至远，全面做好大学生思想政治教育工作，消除不良影响。从而有针对性地帮助大学生处理好学习成才、择业交友、健康生活等方面的具体问题。

【案例处理】

1. 教育引导。

分析问题辅导员要与学生进行深入的谈心谈话，从正确的价值观引导角度，对于学生的这一问题进行有效解释，及时指出学生错误，进行教育和引导。同时，详细了解和调研目前毕业生求职过程中所涉及的普遍性的就业诚信问题，全面了解和分析学生目前的思想动态和行为倾向，为下一步工作，奠定基础，做好准备。解决思想问题的同时帮助该生解决实际问题、安慰其通过合理的方式定能找到满意的工作等。

2. 明确定位。

精准发力辅导员作为大学生日常思想政治教育和管理工作的组织者、实施者和指导者，要及时将上述问题的症结和学生状况进行汇报，及时反映学校周边相关单位存在的问题，由相关具体负责部门进行处理。坚持问题导向，针对调研后学生目前存在的主要问题，及时召开主题班会，深入分析问题的症结和原因，加强学生的诚信教育。抓住关键少数，发动学生党团骨干，建立"小蜜蜂先锋队""诚信大骨班"等机构，开展以诚信教育为主题的党支部组织生活会，主题团日活动，结合志愿服务、主题报告、电影展映、走访宿舍、观点辩论等具体做法，开展诸如"诚信大家谈""我眼中的社会主义核心价值观""诚信电影展播""诚信话剧大赛""学雷锋志愿服务活动月"等内容丰富、形式多样的活动，在潜移默化中加强正面的教育与引导。敢于主动担当，在院校学生关注的主要网络公众平台，辅导员个人博客上主动发声，因势利导，展开讨论，正锋亮剑，发动好宣传工作队伍的积极作用，渗透到基层宿舍的每一个具体个人。另外，辅导员还要与相关企业单位进行联系，敞开心扉，坦诚沟通，有必要时主动走访，消除不良影响，挽回学校声誉。

3. 成风化人。

着眼长远该案例呈现出工作的三个不足：毕业生诚信教育的缺失折射的是大学生思想政治教育工作存在的不足。尤其是在社会主义核心价值观的培育践行中，在中国梦宣传教育活动的具体工作中，在引导学生养成良好的心理品质和自尊、自爱、自律、自强的优良品格的过程中存在着不足。因此，辅导员要以"内化于心，外化于心"为准则，常态化地开展社会主义核心价值观的教育，要将工作有效落小落实落细。另外，毕业生离校在即，在解决当前问题的同时，更重要的是着眼长远，工作多想一步，早进一步。结合好诸如3月学雷锋活动月，5月五四表彰与团员教育民主评议会，7月"七一"党员表彰，10月爱国主义主题教育月等节点分步骤，有重点地开展工作。点上分类引导，针对不同学生特点，结合党课、团课、主题报告、团体辅导等形式逐一影响，面上广泛施教，把握好新媒体的思想政治教育的新形势和新载体，把有意义的事情做得有意思。

4. 以此类推。

通过学生干部、学生党员了解有类似举动的同学，与这些同学展开谈心谈话、批评教育，引导其树立正确的价值观和就业观。由点及面，开展全体毕业生就业教育，另外展开毕业调查，了解同学们在求职中遇到的实际问题，立足学生就业实际，开展具有育人实效的就业指导等。

【经验与启示】

1. 大学生思想政治教育工作，首先要坚持合规律性和合目的性的有效统一。就本案例而言，在思想政治教育对象、特点、载体、环境的不断变化下，面对着鱼龙混杂、泥沙俱下的社会现象，面对着激烈的社会竞争，学生出现诚信不足，伪造获奖证书现象出现有一定的外部原因和普遍规律，辅导员的具体实践及其实践结果必须围绕学生当下自身的需要、利益等价值追求的现实状况有效开展，把握原则的基础上，因地制宜，与时俱进，做到教育和管理相结合，解决思想问题和实际问题相结合。

2. 明确身份定位，提升职业能力

本案例的解决，涉及思想政治教育的基本理论和方法、社会主义核心价值观培养践行等多方面的职业能力，辅导员必须在明确身份定位，发挥好"中介"作用的同时，切实提升职业能力，根据学生的特点，能就学生深层次的思想问题进行沟通、挖掘、分析与辅导，走好一条专业化、职业化的发展道路。

3. 要坚持问题导向，围绕中心，服务大局。

以本案例为例，应坚持挖掘内涵，扩充外延并重，内涵上注重创新方法，契合特点，外延上要学会调动资源，共同推进。以抓好基层、打牢基础为重点；以坚定理想信念、创新方法途径为核心；以增强吸引力、唱响主旋律为关键；以强化研究意识、推动工作创新为突破，真正成为学生的人生导师和健康成长的知心朋友。

4.要做到风清气正就要赶走雾霾烟尘。

因求职压力引发的失信行为,侧面体现了我们在就业指导中诚信就业教育的缺失,日常思想道德教育跟进不足,暴露出我们工作的前瞻性不强、针对性不高、持久性不够。因此,也树立前瞻思维,把握好人好事,坏人坏事这个方法,既要考虑正向的灌输,也要提前预设壁垒,驱散负面的影响,提前做好就业诚信教育,提醒我们社会主义核心价值观的宣传教育不能"空对空",而是要抓住重点群体和重要节点,在贯穿结合融入上下功夫,坚持不懈、久久为功。唯有如此,真正实现"任尔东西南北风,我自岿然不动"的教育效果,才能达到风清气正的清新。

5.要想做到风调雨顺就要协调好关键元素

谁是关键元素,本案例中,学生的失信行为已经发展为不少学生的群体行为,但是辅导员却无法对情况第一时间掌握,暴露出我们的工作抓手不够、"关键少数"作用失灵,这是我们的关键元素。

6.解决环境矛盾的关键是要摸清规律。

用到思政教育领域就是正确的舆论引导人,高尚的精神塑造人,但是还有兼顾学生的实际需求,认识的问题源自于就业压力增大带来的能力恐慌,要一把钥匙开一把锁,把握时度效,加大对于学生就业能力的指导,同时也要举一反三,以防在毕业考试,论文撰写中再度出现此类诚信缺失问题,把握好工作的有效张力,做到以点带面,串点成线,步步为营,久久为功。

【精彩博文】

当下,每个学生都应该注重自身的能力提升,不要选择弄虚作假,大学生应该做到维护社会公正和正义。如果出现伪造行为,不但会给自己和学校造成不良影响,也会破坏整体的社会和谐。因此,同学们需共同努力,营造一个公正、透明、和谐的社会环境。同学们,好好加油努力,实力才是硬道理!

第七节　品行职责　为人之本

品德应该高尚些；处世，应该坦率些，举止，应该礼貌些。

——孟德斯鸠

【案例引入】

小妮，是一名在校大二学生。在我印象中，她是一位沉默少言，较为上进的学生。有一天，学校保安找到我，向我询问说："你的班级是不是有一个叫小妮的学生，她是不是昨天去银行取款机上了？"然后请我仔细辨认一个视频中的一个学生是不是我班级的学生，从视频中，我看到了一位同学从银行取款机上领取300元，我再次仔细看了一下视频，发现此人正是小妮，经过了解，保安告诉我说这张卡不是小妮的，是小妮盗取他人的卡领钱，我便觉得十分惊讶。

之后我就找来小妮，跟她聊聊家常，说说其他事情，在与她的交流过程中，我发现小妮家庭情况良好，但是由于父母长期不在身边，因此我感受到她是一个比较缺乏关爱的学生，她十分渴望得到别人的关心与爱护。同时我也了解到她的父母因为无法陪伴在她身边，所以每个月给她的零花钱比较多，可见她并不是一个缺钱花的人，但我问到这件事情的时候，小妮支支吾吾地说吾吾地说她看到前面取款的同学拿钱之后，就直接走了，那位同学没有把卡取出来，柜员机上的页面仍是取款页面，然后我也不知道怎么回事，头脑一热就上去从那位同学的账户上取了300元，最后把钱和卡带回寝室，就放在了柜子里，一直没有动过，心里想着只要自己不去动用那些钱就不会出事。我只是想开一个玩笑让自己出现在大家的视野中，却没有清楚地意识到这是一件违法的事情。之后，我跟她详细说了这件事情可能会导致的后果，让她懂得这是一件违法的事情，她知道这种事情的严重性后悔恨不已，也暗暗下定决心不再拿别人对自己的信任和自己的品行去开玩笑。

最后小妮自己主动去找那位同学说明情况并请求对方谅解。

【案例分析】

1. 品德

品德即道德品质，也称德性或品性，是个体依据一定的道德行为准则在行动时所表现出来的稳固的倾向与特征。

在本案例中，小妮看到同学忘记取卡并没有第一时间通知那位同学，而是头脑一热就从别的同学的账户上取去取钱，并收起来不花，她初心只是想让同学关注一下她，虽说初心不坏，但是这也说明了小妮的自身修养不过关，这是小妮仍需要继续提升自己的对不是自己的东西不要乱动的品德。同时可以看出小妮的法律意识浅薄，不知道这是一种偷盗行为，已经触碰到了法律的底线，因此小妮应当要提升自己的法律意识，提高自身修养.在最后，小妮通过辅导员的教育，意识到事情的严重性之后，仍勇敢主动地向同学道歉，这说明小妮知错能改的品德非常好，值得其他同学去学习。

2. 责任

责任通常有两层意思，一是指分内应该做好的事。二是指如果没有做好自己工作，而应承担的不利后果或强制性义务。

小妮以不正当的行为来博取大家的关注，这是对自己不负责任，也是对他人不负责任。因为这样子做是极其容易被他人所误解，被他人误认为自己是一个见钱眼开的人，这就有可能导致今后假如某位同学的钱丢失了或者被他人拿了，就会误会到小妮身上，纵使后面解释清楚了，但是有这个污点的存在，人会被他人指指点点，会引起很多的麻烦。同时小妮缺少法律意识，在不知其后果的情况下，仍然需要承担法律责任或者不利后果或强制性义务。

3. 情感

情感是指人对于客观事物是否符合人的需要而产生的态度的体验。

小妮因父母没有长期陪伴，缺乏关爱，导致她用这种不正当的行为来换取他人的关心。首先，小妮这样子做就是一种情感不健康的体现，虽说她需要别人和家人的关心和关注，但是她的行为存在不文明现象，她看到别的同学领取钱后没有拿卡，她的选择并不是第一时间找那位同学说明情况，而是从中领取钱财,从而引起他人注意。这种急需要他人关心的情感是不可取的,极其容易丢失自己的形象,导致被他人所厌恶和看不起,最终会得不偿失。

【案例处理】

我们作为辅导员,我们就应做到为学生守护秘密,并给予学生正确的指导和反思的空间,因此,我们应该从以下几方面去处理这类案例:

指导学生正确认识自己错误。让小妮了解事情情况(因想引起同学们的关注,盗取了同学的财产)。这件事的起因是自身交际方式的缺失和情感的缺陷,使交际方式受到的影响,因此我们作为多展开活动,让学生全部参与到这些活动中,培养同学之间的友谊。小妮不能很好地控制自己,脑袋一热做出了错事;明白许多违法事件都是一时冲动,一旦犯下就回不了头了,但不管出于何种原因,盗取他人财产都是违法的行为,是品行不端正的表现。在最后,小妮勇敢主动地向同学道歉,这说明小妮能做到知错能改。

让学生进行自我反省。身为辅导员理应以身作则,因此我们要教导学生从自身开始反省,多运用小故事讲大道理,思考自身的优缺点。沉默少言并不是社交的排除项,在大学的舞台有各式各样的人,只要肯积极社交,总会找到志同道合的结伴者;多了解自身,锻炼自己在突发情况的应对心态;了解法律,学习法律,让法律的种子在心中盛开,做到明辨是非;在处理事情的时候,多点思考,做到考虑周全。

让学生主动改正错误并弥补。勇敢主动地找到同学进行道歉,争取同学们的原谅,不用过多责备自己,认清自身过错,并以此为戒,在后续的大学生活中多多展现自己。

【经验与启示】

在大学里面,我们作为辅导员,不仅仅要提高学生为人处世的本领,更要提高学生的品德。因此,我们应当运用众多小故事去指引学生遇到事情的时候应当怎么做。当代大学生还处在青春的美好年纪中,他们应该不断地提升自己素质,完善自己,并勇于承担责任,为之不断努力。作为辅导员,我们有责任引导学生怎么样去承担自己的责任，引导他们培养合理的认知，不断鼓励他们发觉自己身上的闪光点，鼓励他们勇敢向前，不用害怕未来可能发生的事。教导他们勇于探索未来道路，勇于开拓自己的道路和承担自己的责任。

在帮助学生解决问题时，先明确要解决一个什么样的问题，然后要保持耐心。我们要经常和学生交流谈心，了解他们内心真实的想法，然后明确问题的存在的原因，只有有了明确问题才能解决问题，同时，我们也要深刻认识到，做事情要思考后果，做事情也要有足够的耐心，要有反思和多听取他人意见，只有这样，我们才能走得更久，走得更远，我们才能更好地掌握事情发展的动向。

当然，我们也要关注到学生的情感问题，我们要对学生的家庭环境和现状联系起来，要时不时对学生进行交谈，关心他们当下生活，了解他们的情绪问题，以防造成不可挽回的后果。

【精彩博文】

在这里，我们浅谈一下学生在校时的责任心问题。

在大学期间，每一位有责任心同学让别的同学可以信赖的人格品质，也能够让自己的学业一帆风顺。同时，我们也要让同学们明白一件事情：无论在什么时候，责任心是一种难以培养的素质，它可以弥补人的不足。因此，我们在校期间应当学生培养成责任心的人，不因不想做而不为。

我们要让学生清楚地知道：培养责任心是对自己负责的一种体现。众所周知，一旦形成责任感，标志一个人进入成熟期。因此培养同学们勇于承担责任，主动奉献的精神，有助于学生在大学期间完成自己的学业和提高自身的素质。无论何时，无论做什么事情都需要有明白自己要承担什么责任，只明确责任和目标才能不断向前进，同时，我们也要深刻认识到，做事情要越有责任和越有耐心，我们才能走得更久，走得更远，我们才能很好地很好地培养自己的责任感。

责任心表现为对自己所在的集体负责。一个人的责任心能够决定他对人对事的态度，决定其工作的好坏和成败。如果一个人没有责任心，再强的能力，也不一定能做出好的成绩来。一个人有了责任心，才会认真地思考，勤奋地工作，细致踏实，实事求是；才会按时、按质、按量完成任务，完美地解决问题；才能主动处理好分内与分外的工作，从公共利益出发，以集体为重，在有人监督与无人监督的情况下都能主动承担责任而不推卸责任。

第八节　学生干部　左膀右臂

青春虚度无所成，白首衔悲亦何及。

——［唐］权德舆《放歌行》

【案例概述】

徐同学、魏同学分别担任1班、2班的区队长（即班长一职），其中徐同学在入学后便积极加入学院部门，协助辅导员们完成各项数据的收集统计，无差错地向各区队传达上级下发的任务。两位同学在校期间品学兼优、学习勤奋、热情待人、热爱集体、爱好广泛、素质全面，他们将工作保质保量完成的同时，他们的成绩在专业始终名列前茅，在毕业时顺利拿到优秀事业单位的office。在徐、魏两名区队长的带领下，两个区队同学团结上进、相处融洽，在学习、生活和工作中互帮互助、相互鼓励，相互分享比赛、学习时的心得，大部分同学从入学至毕业取得了可喜的变化和进步，在学习、体育竞赛、实践活动等都取得了优异的成绩，两个班级取得了先进集体、五四红旗团支部等集体荣誉称号。

【案例分析】

两个班级的同学能够如此相互帮助，显然是有一种无形的力量将他们紧紧地团结在一起，形成了优秀的班级文化、班级风气，这种力量叫做"凝聚力"。

班级是一个由多人组成的团体，区队长则是对这个团体影响力极大的"引领者"。每个人都有自己独特的思考和想法，若一个班级缺少"引领者"将整个团体凝聚在一起，则大家会在各有其思的情况下越走越远，不利于班级的管理和建设。若班级里拥有一个"引领者"，不仅仅是利于班级建设，提高班级凝聚力；还能够让大多数同学相互学习、共同进步。

优秀区队长的一言一行、一举一动都能够从班级大局和整体利益的角度出发，维护区队每个同学的权利和利益，而非以个人利益和私心的角度为出发点去考虑和解决问题，以德为先、以德为本，处处以身作则、严于律己，起到一个积极的表率作用。区队干是联系老师和同学的纽带与桥梁。徐同学和魏同学在任职期间身体力行地树立了一个优秀的表率作用，他们在日常工作中顾全大局，公平公正，始终以一个班级的服务者和管理者来规范自己，而不以监督者和指挥者定位自己；在学习生活中，他们成绩优异、积极参加各项比赛，不断提升个人综合能力，始终以高标准要求自己，起到了一个良好的带头作用，带动了整个班级的学习氛围。

没有天生就十分优秀的区队长，优秀的区队长是需要培养和成长的。辅导员绝不能任由选举出来的区队干肆意成长，而不对其进行培养。我作为一名辅导员，在区队长的任职成长过程中，要做好言传身教，潜移默化中加强区队长对集体的责任感和使命意识；与此同时，我积极与区队长进行交流沟通，以自身工作经验指导区队长管理技巧，鼓励他们经营好学业并提升个人综合能力；帮助他们克服困难，关注他们的情绪压力并及时干预疏导；除此之外，向学生宣传区队干工作不易，引导他们理解和体谅班长辛苦与付出；在工作上不过多干预，适当放手，给予他们充足的成长、发展空间。

与此同时，在区队长的协助、支持下，辅导员可以更加了解每位同学的真实情况，利于制定适宜各区队的特色发展战略，提升班级整体实力。

【案例处理】

通过上述案例，我们清楚知道优秀的区队干对于一个集体的重要性，下面将从区队干的选拔、培养、任用、监管四个方面，提出个人见解：

1. 选拔

由于大一新生刚入学，彼此间并不了解，为避免出现盲目投票等导致选拔的区队干缺乏责任感和办事能力，在区队干竞选前可以设立临时班委。与此同时，辅导员进一步深入了解学生，全方位考察，以自荐与他荐相结合的方式，以开展演讲及民主投票的方式产生，并强调班级成员对于区队干们有监督权，促使区队干严格要求自己。

选出区队干之后，应该设立一个月的试用考察期，这个也是辅导员和学生的双向选择。在这个"试用期"里，辅导员会对区队干的工作成果进行考核，也会充分考虑班级内部学生对干部的评价；同时，区队干也能够在"试用期"了解自己是否能够胜任该职位，是否能够承担相应责任。"试用期"作为辅导员和区队干双方的磨合期，对日后工作的顺利展开，起着关键的作用。

路遥知马力日久见人心，对于态度不好，能力欠缺等表现不足的个别班干部，各区队可以每学期或每学年进行班干部换选，由同学们和区队干双方共同决定区队对=干是否继续留任，若出现某一职位无人任职则进行重新选拔。

2. 培养

（1）工作能力的培养

工作与学习的协调能力。培养一名区队干要消耗辅导员大量的心血，而区队干能把握好工作与学习之间的关系，具备良好的协调能力，将大大延长区队干的"使用寿命"，也为区队干成长打下良好的基础。

计算机能力。高效的计算机能力，是区队干快捷完成繁杂工作的一项最重要的"效率指标"。如"盲打""Excel公式运用""Word排版""快捷键""网络搜索""图像处理"等技术，能使辅导员的工作效率大幅提升。辅导员应有意识地培训区队干此类技能。

文档审阅整理能力。在高校的计算机能力基础上，区队干也应提前培养出较高的"校对能力"，即在使用计算机完成一定工作后，能够校对自己工作是否有问题；同时，对于文字、文档、纸质档案要有分类整理与审核能力，提升辅导员工作的"容错率"。如新生档案审核整理，党务工作审核整理，相关报表信息整理等。

模板化能力。在辅导员逐渐培养区队干成长的过程中，区队干应对于自身遇到的工作具有一定思考和总结能力，最终形成可供参考和使用的"模板化"工作方案，对于辅导员日常工作开展和后续区队干培养具有借鉴意义与实用价值。如，大学生入党的材料如何写，规范如何；奖学金评定流程应该从什么时间点开始，升国旗仪式如何准备，综合素质考评开展的过程等等。

（2）增强职位使命感，

明确班委岗位职责，强调每个岗位设立的意义与重要性，提高岗位认可度，增强职位使命感，使大家各司其职，互相配合，共同管理班级。

当班委对于职位有了使命感时，他会更加理解自己，也明白需要采取不断的行为实现这个使命，工作本身的意义也更强，因此职位使命感会同时通过提升班委的职位承诺和工作意义感而提升班委的工作满意度。当班委在工作的过程中遇到障碍或困难时，真正拥有职位使命感的班委会将工作当成是履行使命的过程，因此无论多大的艰难险阻，他们总能坚守自己的职位。正是这种从职位使命感而来的品质，导致了班委对于职位的满意度更强，从而会避免执行不力、工作滞后等一切问题的出现。

3. 任用

（1）敢于放手，提供支持：

辅导员在安排工作的时候，可以定出大方向，留出足够的空间给区队干发挥。每个学生都有自己的工作特色，一味地规定方法，很容易扼杀他们的创造性。辅导员作为引导者，更应该授之以渔，成为区队干的后盾，给予他们足够的机会和支持。

（2）建立区队机制，完善体系：

班级管理需要反馈机制、目标机制、奖惩机制等等，其中奖励制度是非常重要的一环，作为辅导员，需要制定较为灵活的奖励制度来鼓励工作出色的班委，以达到激励的教育效果。具体的奖励制度可以根据学校和学院的实际情况来制定，如对于表现好、认真履行职责的班委，在每学年的各类评奖评优中可以优先考虑，给予倾斜。同时，在每学期期末，肯定表现优秀的班委，在级队群里点名表扬并适当颁发奖品。适当的奖励和肯定，能调动区队干的热情，提高区队干们的工作效率和积极性。

每个区队干的工作，同学们心中都自有评价。辅导员可以建立一个意见反馈制度，号召同学们对区队干进行评议、监督；既能够提升同学们在班级管理的参与感，也能够促使区队干更加严于律己，培养自我反思、自我纠正

的习惯

辅导员在其他同学面前需要赋予班委一定的权利，首先选举班委时要正式地发个聘书，以此增强班委的光荣感、激发上进心、提高战斗力。其次辅导员需要注意的是，尽量不要在其他同学面前批评教育班委，要真正地成为班委的坚强后盾，正确引导班委处理与同学之间的关系，帮助班委树立威信。

（3）设定班委圈子，让他们持续"发热"

"圈子"这种东西其实是很有魔力的，圈子里的人可能会觉得没有什么，但圈子外的人都会很想进去看一看。为了更好地班级管理我们就是要把班委的"圈子"打造好，组织一些圈子里的专属活动，比如定期召开决定班级命运的班委会；定期组织只有班委能参加的劳动实践活动；建立每周例会制度，提出班级问题共同探讨；加大班委的培训力度，定期组织班委进行学习，邀请优秀的班委代表举办讲座，积极组织班委之间交流工作心得方法，总结经验，推进班委队伍全面建设。

圈子里的专属活动，首先可以更好地统一思想、落实工作，坚持"授之以渔"的教育方式。其次，可以更深入地了解班级学生情况、全面地了解班委的性格特点、做事风格，并且辅导员通过观察班委在会议上的行为表现也可以发掘出个人的潜质。

【经验与启示】

1. 坚持育人导向，做到因材施教

学生在成长期间难免会出现各种各样无法自行解答的问题，这个时候作为老师的我们要注意加强对学生的人文关怀，引导学生正确认识自己，善于发现自己的优点并保持和发扬；注重提升个人能力全面提升，总结经验教训，发现短板，补齐短板。同时针对每个班委的个性、潜在能力和发展空间实施有针对性地单独教育，为他们提供锻炼的机会，"大胆放手"，充分发挥他们的主观能动性。

2. 注重精准政策，突出价值引领

身为新时代的学生干部，作为青年代表，要以正确的思想为指导，积极学习党的二十大精神，深入贯彻习近平总书记关于青年工作的重要思想，秉承"德才育人，忠勇铸魂"的校训，以"全心全意为师生服务"为宗旨，牢固树立服务意识，做好学生与学校之间的纽带。

【精彩博文】

习近平总书记在二十大报告中强调："教育是国之大计、党之大计。培养什么人、怎样培养人、为谁培养人是教育的根本问题。育人的根本在于立德。全面贯彻党的教育方针，落实立德树人根本任务，培养德智体美劳全面发展的社会主义建设者和接班人。坚持以人民为中心发展教育，加快建设高质量教育体系，发展素质教育，促进教育公平。"

第九节　拒绝攀比　从我做起

虚荣心是拯救不了你的，因为它会让你迷道，就像粘上一层蜡，外表上可能看不出缺陷，但你内心深处却放不开。

——科林·贝尔

【案例概述】

小玉是一名就读于会计专业的本科大学生。她的家庭普普通通，经济条件不算太好，但还是能够供得起小玉读大学。每个月她的父亲都会打给她一定的生活费。步入大学后，一个月的生活费过千，小玉一下子没适应，所以刚开始她会把每个月剩下来的钱存起来。可是慢慢地适应大学生活之后，她发现周围的人个个穿得非常漂亮，打扮得花枝招展的，特别是周末出去玩，看见的每一个人都像从画里走出来的一样，又美美的，酷酷的。反观自己穿得非常朴素，一点特色都没有，每次出去和舍友吃饭，她都非常自卑，虽然舍友们嘴上不说，可是小玉总觉得她们看不起自己。所以小玉拿出了自己之前存的钱买漂亮的衣服和昂贵的化妆品，开始模仿舍友们，她总是会提前去发现新出品的化妆品或者新衣服，买回来给她的朋友们看，当她的朋友夸赞她时，她会觉得很得意。尤其是看到她周围的朋友们都在用苹果手机时，她非常想要，也想要和其他人一样拥有一台。于是她省吃俭用，经常不吃饭来省钱，一个月问父母要的钱一次比一次多，长期以来导致她的钱用得越来越多，每个月还会超出很多，目的就是满足她的虚荣心。看到别人有什么她也要有，而且还有比她们更好，而且她的关注点总是在穿着和打扮上，导致耽误了学业，考试也有挂科的现象。后面她的父母打电话给我，询问小玉的近况，她是不是在学校里面受到霸凌了，还是被电信诈骗了，怎么用钱越来越多，非常超出预算。我了解到大概的情况之后，找到了小玉进行谈话。小玉说："看到她的朋友一个个都穿得那么华丽，自己穿得这么简陋，产生了自卑感，于是她觉得自己也可以成为那样的人，然后变得越来越攀比，总想要比过她们，满足自己的虚荣心，没有考虑到自己家里的实际情况，让父母担心和失望，自己心里非常愧疚"。

【案例分析】

1. 攀比的两面性

攀比就是不顾自己的实际情况和条件，盲目地与超出自己能力的进行相比。这是一种很常见的社会现象，通俗一点来说就是别人有的我也要有，而且要更好，往往形成对比，虚荣心被逐渐放大。其实攀比在大学生活中很普遍，攀比的内容无非就是穿着和打扮，还有学习。正常的攀比有助于推动个人的积极性，可以引发个体积极的竞争力，克服遇到的困难。而负面的攀比指那些消极，带有巨大的心理问题的情况，会让自己陷入困境，为产生巨大的精神压力，会对自我进行否定。负面性的攀比主要还是在于缺乏对自己客观的评价，对周围的环境缺乏理性思考，一味地沉迷其中，无法自拔，对自己和他人都不利。严重的攀比心理不利于个人的成长，常常会脱离自己的实际情况而盲目攀比，这种负面情绪如果长期存在的话，会对人的身心以及生活带来巨大的影响。

2. 过渡地攀比导致学生心理压力过大

小玉进入大学后一直在与周围的人进行攀比，其实这大可不必。与其羡慕别人穿着打扮得华丽，还不如好好做自己。不要让自己做一个肤浅的人去进行无聊的攀比，笨拙地模仿，整天活在别人的影子中，盲目地攀比。虽然你当时是快乐的，实则自己的内心不但不快乐，还会带来更多的烦恼和更多的痛苦。小玉就是很在意他人的评价，一心想要在她人面前表现得很好，而没有考虑实际情况，忽略了自己的人格，这只会导致她心理压力更大，变得更加焦虑。

【案例处理】

1. 引导学生加强对自己的认同感

辅导员应该对小玉进行积极的引导，让小玉产生积极的自我暗示，让小玉加强对自己的认识，加强对自己的认同感。到了大学的确每个人的性格和家庭实际情况不一样，在大学学生们的个性会更加的凸显出来，会更加地注重外表的形象，所以就导致了各种各样的攀比现象的发生，尤为特别的就是穿着打扮上面。所以作为辅导员要积极地引导学生合理地认识自己，把重心关注点放在学业上，而不是穿着打扮上。我们现在作为学生要以学业为主，穿着打扮可以在以后的职场当中去体现。帮助小玉树立一个正确的人生观，价值观。及时地帮助小玉回归到正确的道路上。

2. 帮助学生提高自信心，全方位提高自己的能力

辅导员还要帮助小玉提高自信心，预防攀比心理的产生。小玉由于家庭经济并不算太好，所以在穿着打扮上可能显得比较简单，与周围华丽的服装形成巨大的反差，难免会造成攀比心理的产生，所以辅导员指导小玉有意识地去提高自己的自信心，即使穿着打扮显得略微简陋，但是我们只要内心强大，精神力量强大，全方位地去提高自己的能力，及时地发现错误并进行纠正，这样的话我们也不比他人差。关键就在于要发现自己的长处，开阔自己的视野，克服自己内心的攀比心理，不要去追一些虚无缥缈的事物，让这些东西蒙蔽了自己的双眼。用心去看待这个世界，可以很好地有效避免攀比心理的形成。

3. 教会学生反思自己的行为，正确看待问题

辅导员要教会小玉站在父母的角度去考虑问题。毕竟父母赚钱不容易，辛辛苦苦赚钱为的就是供我们上大学，希望我们在大学里面好好学习，有所成就，以后毕业了能找个稳定的工作，这样他们就心满意足了。父母的初心

也是为我们好。所以小玉大量的浪费钱是一种错误的行为。我要教导小玉去反思自己的行为，多多体谅父母，要以自己的家庭为豪，以父母为豪，做一个有孝心的人，合理地用钱，把钱用在正规渠道上。

4.帮助学生树立正确的目标，端正学习态度

帮助小玉树立正确的目标。我们作为一个大学生是一个学生的身份。学生的主要重心就是学习，应该把注意力都放在学习上，当然课后也可以参加一些相关的学校比赛，丰富自己知识的同时也可以提高自己的各方面能力。引导小玉积极学习，关注点在学习上，而不是去考虑穿着打扮，把时间浪费在没必要的事情上，这样只会得不偿失。所以教导小玉明确自己的学习目标，端正自己的学习态度，树立正确的人生观、价值观，努力学习和钻研，鼓励小玉去参加学校举行的比赛，为自己的以后和将来负责，以后找个好工作，好好地报答父母，回报社会，回报国家。

【经验与启示】

在这物欲横流的社会中，各种各样的诱惑在向我们招手，所以有时攀比心里就会在我们内心深处不断地生长，让虚荣心占据着位置，然后变得越来越强烈，当我们在遇到困难时就会有时不知所措，无从下手，常常会碰壁，这时我们就会为达到目的不择手段，忽略掉了自己心中的那一份正义，变得越来越面目全非。所以作为辅导员，要时时关注学生们的具体情况，善于观察，及时发现问题和解决问题，及时地引导学生们走上正确的道路，防止误入歧途。辅导员要教会学生们人生应该比什么，应该去比那些学业，比勤奋与努力，比理解与宽容。而不是去比较那些琐事和毫无意义的事。也不要害怕自己落后于别人，或者技不如人，我们要从中吸取经验与教训，活在当下，攀比只是为了更好地成就自己，让自己变得更好，在不断地外界刺激下去提高自己，我们要相信自己的能力，通过自己的能力去闯出一片新天地。

【精彩博文】

格雷姆曾经说过："虚荣心是一种狭隘的思维，它把自我价值的衡量标准定位于外在的表象，便会掩盖你的真正潜能，失去了改变和进步的可

能"。攀比产生的虚荣心，它只会蒙蔽我们的双眼，将我们的价值定位引导到错误的地方，使得我们越来越迷失自己，找不到最初的那个自己，我们的巨大潜能也被隐藏起来，使得我们的心变得面目全非，严重的会使得我们迷失自己，为达目的不择手段，误入歧途。所以我们如果想要更好地进步的话，就要把攀比往良性方面去引导，正确利用攀比去改变自己，突破自己，超越自己。在与他人的竞争中，很好地锻炼自己的能力，发掘出自己的巨大潜能，去创造出属于自己的伟大成就。到那时你就会感谢那时候顽强拼搏的自己。

第十节　无声叹息　有形保护

让名者名归之，让利者利归之。

——《弟子箴言崇礼让》

【案例概述】

小铁，雄性，5年电梯。对于学生而言，小铁可以说是最贴切之一，同样的，学生传达到小铁的信息，我们也可以从小铁本身得知。在J大学校园6栋宿舍楼，小铁跟随存在5年，5年中小铁看着一批熟悉面孔的远去，迎来一批新面孔，循环往复。但不久前发生的一件事总是让小铁既担心又无奈——全校停电，学生被困电梯。小铁刚来J大那一会，是满怀热情的，然而在经历了各种事情后，小铁发现自己的存在的时间越来越少了，和同学初见时，都是洋溢笑脸的，有时候还可以听到一句青春气息的"早上好！"相处一段时间后，开始有同学对小铁进行抱怨，意思在于太多人乘坐电梯，坐不上电梯只能走楼梯，等电梯还耽误时间，有电梯跟没有一样。再到后面，开始有同学踢打电梯的墙壁和电梯身，或者频繁开关电梯门，在电梯里倒垃圾等行为发生。

小铁假如可以说话，可能声音不是那么活泼，假如将其拟人化，我们看到的绝不是一个生机勃勃的个体，它更多呈现的只会是体态虚弱，情绪低落的个体。而造成它短短时间里的转变的，不是别人，正是我们使用者本身，这是一个极其讽刺的事，对于自身财产不进行爱护的行为，电梯小铁的遭遇可能只能算是一个小小缩影，在我们所不知道的地方类似小铁的事件正在发生。

在这次的全校停电事件中，实际在发生停电的前一天已经通过学生群通知学生了，但第二天还是出现学生搭乘电梯被困的情况。在电力恢复之前，我们前往小铁面前，里面是被困学生。但我们站在小铁身前久久不能言语——小铁的身上满是划痕，铮亮的梯身也蒙上一层暗沉，在两侧有着数处凹痕，我们甚至在小铁的左上方发现了铁皮撕裂的痕迹。

在恢复之后，被困学生陆续被解救出来，他们无不对维修人员、宿管阿姨表达感谢，但我们认为，可能小铁也应该受到感谢，它用伤痕累累的身躯牢牢接住了被困学生。

【案例分析】

首先，本次事件属于学生在特定情况时期下的日常管理方面问题，我们应该综合考虑同学们在日常学习生活中对公共物品的使用以及认识、着重思想层面的特点，本案中，据考究得知，在未停电时期同学们在上下楼梯和乘坐电梯之间更倾向于乘坐电梯，这好比一个容器载量就这么大，但是导入的成分还在不停增多。这终会有一天会使容器报废。

其次，据部分同学所言，电梯小铁有很多时候被一些坏同学用笔乱涂乱画、手打脚踢。这一方面就涉及该部分坏同学的思想方面问题，对于公共事务的认识不清，缺少公共事务爱护理念。因此，我们可以以此为切入点，对学生就思想和现实事物处理问题方面采用以心理疏导为主，现实调解为辅的方法进行改变。

不仅如此，这种争抢电梯的现象假使不加以干涉干预，那么极有可能造成学生身体上、心灵上的懒惰，还可能造成同学矛盾。

除此以外，关于本案例的消息实际上都来自学生本身谈话，遇事才提出的现象普遍存在。这对于辅导员对于在校学生的日常管理的问题解决可能提升困难度且造成一定困扰，这个方面我们可以得知，辅导员同在校学生一定要多交流沟通，同时多提问说生活中遇到的问题，确保更早发现问题，更好得出决策方法，更好为同学在成长成才的道路上保驾护航。

【案例处理】

基于以上分析，我们应该把自己放在客观的位置上，更深入地与学生沟通，明确整体事件的起因、经过、现状，并帮助学生分析问题，让学生自己看清问题所在，做好权衡。

第一：积极同被困同学交心，在被困后的时间多关注被困同学的心理、学习方面问题，假如有被困学生产生心理阴影，我们一定要通过多种方式鼓励被困同学，首先消除被困同学的在被困电梯的恐惧害怕心理，稳定其情绪，采取循循善诱的方式方法引导被困同学从故步自封的笼子中走出来。

第二：建议被困进行其他方面的关注度转移，将被困后的心理在进行其他活动后慢慢排解，在心情不佳的时候可以听音乐缓解或进行体育活动疏散，以此来排解内心的压抑，长此以往，可以更好地使被困同学从阴影中走出来，恢复健康内心。

第三：加强被困同学及在校同学对于公共物品、公共设施的认识和重视度，争取培养在校同学对于保护公共财产的意识，计划定期进行爱护公共财物意识的书籍阅读、影视欣赏、宣传栏警示等知识传播，同时由班委机构进行活动进展的监督、推进。使在校学生对于公共财产财物的认识更深，更好地爱护公共财产财物。

第四：就本案例而言，被困学生作为受害者同时也是犯错者，我们要对被困学生进行深刻的思想引导和矫正，使其认识到自身错误，能更好地对被困学生起到思想教育矫正，同时对其余学生培养正确的三观起到良好的警示作用。

第五：作为学生辅导员的信息来源方式当进行转变改变。在现在的大数据时代，电子代替了书信，新物质代替旧物质；辅导员管理学生的方式当与时俱进一些。对于公共设施，公共财物，在不涉及学生隐私处，我们可以架设摄像头，定期检查，以此达到消息迅捷性及时效性的目的，同时成立学生监督机构，对日常生活中的损害行为进行监督并记录，一旦出现问题，辅导员要及时解决。

【经验与启示】

　　学生阶段即是学习知识更是学会做人的关键时期。在大学时期，良好习惯的形成、对于今后步入社会，立足于社会都有着深刻意义。舍弃不良习惯、培养良好品行对自己的未来至关重要。人为损坏公物的行为是不道德的，将为社会所不容。将为人们所不齿。只有培养好学生珍惜公共事务的良好品质，才能更好地加速学生的成长成才。

　　争抢公共资源、损害公共设施是大学生常见的问题之一。就搭乘电梯而言，大学生在有电梯可搭乘的意识驱使下，往往会把起床时间一拖再拖，直到快要迟到为止。在拥有这种想法的人增多之后，在极短的时间里出现一大批搭乘电梯赶早课的学生，拼命挤入电梯，使电梯时刻处于超载状态，一方面减少电梯使用寿命，同时也增加了电梯内人员的生命威胁度。而搭乘不上电梯的同学会产生愤怒这种不良情绪，这一方面导致同学关系的恶化，一方面对愤怒情绪本身的主人而言也不利于身心成长。这种情况逐渐成了辅导员日常管理教育中的一道难题，帮助大学生树立正确的爱护公共设施和处理学生损坏公共设施的问题，既有助于大学生健康成长，也有利于学校进一步做好学生日常管理工作。

　　如果碰到学生不爱护公共财物、损坏公共设施的情况，在充分了解事实情况下，一定要尽快跟学生进行谈话，不能不够重视，更不能简单处理化。要主动知悉该生损坏公共财物的原因，辅导员一定要认真倾听，因人因事的具体去分析，认真仔细地对待每一个犯错同学，为其进行心理疏导。

　　爱护公物是全体同学生活和学习的需要。校园里的一切设施，都是为全体学生服务的公共设施、是让我们学习和生活更方便的设施。试想，一个同学不爱护公物。十个同学不爱护公物，百位学生不爱护公物，那么我们的校园会成什么样，也必将给每位同学的生活和学习带来许多的不便和影响。

　　辅导员在引导犯错学生的过程不能马虎。在充分了解事情经过后，着重强调其错误性，在疏导的同时应该对该学生的后续活动进行关注。

　　在本案例中，因为停电引发的被困学生问题，折射出的却不仅仅是表面上的问题，带出的是学生损害公共财物的深刻问题。

只有学会处理好学生对于公共财物的使用处理问题，才能更好地成长成才，作为辅导员，在日常学习生活中，一定要多同学生进行沟通交流，有助于更早发现问题，解决问题。

【精彩博文】

"如果人人都能把公共设施当成家里的东西一样来爱护，就会延长它们的使用寿命，为大家供给更多的方便。"我们应当共同对这些行为及时地加以制止，要经过各种形式，在社会上构成强大的舆论压力，从心理上对破坏者产生威慑力，并且给予其严厉惩罚，让这种不礼貌的现象称为过街老鼠，人人喊打。

第十一节　破除阴霾　方是暖阳

生命力顽强的种子，从不对瘠土唱诅咒的歌。

——佚名

【案例概述】

小楷，男，2021级学生，日常是个活泼开朗性格，品学兼优的学生，在同学中很受欢迎。然而最近一段时间开始变得沉默寡言，甚至有同学告知我：小楷同学有自残行为。听到学生消息的我很是担心，立马对事情进行复盘了解。

阿正是小楷的室友兼好友，平日里他们都是形影不离的好哥俩，阿正对小楷的一切很是熟知。阿正告诉我，大概是在小楷刚入学那会，小楷在没课时喜欢在宿舍打游戏，认识了一个女孩子，名叫小微，各自感官都不错，他们就约定一起打游戏，大概是在大一下学期，小楷和小薇确定了情侣关系，在接下来的一段时间里，因为有共同的爱好特点，两人感情进展神速；但从大二中期的时候，两人开始因为一些鸡毛蒜皮的小事争吵，这种状态一直持续到了最近不久前，在一次通话中，以小薇提出分手终止。自那以后，小楷情绪一直低落，整体郁闷，总是感觉是因为自己的问题，小薇才提出的分手，最近上课也不停，经常登录游戏账号寻找女孩，但自从小薇与小楷分手，就没再出现过。小楷在等不到小薇消息的情况下，直接逃课，整日守在电脑前，有时甚至连饭也不吃，最近甚至出现用小刀在身体上刻小薇名字的情况。这让阿正很是担忧，这才紧急联系到我。

听完阿正的叙述，我的心中是又担心又着急，忙让阿正先看好小楷，自己则是马上赶往小楷的宿舍。到了宿舍，宿舍的其他同学都不约而同松了一口气，阿正看到我，忙说："导员，您快来看看小楷吧，他刚刚又开始自残了！"忙上前查看小楷的情况，小楷完全没有了以前阳光的样子，整个人散发着低气压，两个黑眼圈压着几乎看不见眼睛，手臂、小腿上刻着小薇的名字。

【案例分析】

首先，本次事件属于学生思想品德方面的问题，我们应该综合考虑小楷同学的日常行为、着重思想层面的特点，本案中，据考究得知，小楷出身于一个低薪家庭，每月生活费都是只够温饱，这可能导致在小楷开朗外表下同时有着自卑、敏感的心。

其次，据同学们所言，小楷极重感情，而小薇是小楷的初恋，小楷在同小薇交往的时间里，两人并没有真正见过面，都是通过游戏交往交流，在此期间，小薇总是向小楷索要游戏人物或皮肤之类的消费品，这对于小楷来说，就是几天节衣缩食的结果，这种不稳定的交往关系，使得小楷付出了很多又得不到对应的回复，长久以往，我们不难想到小楷的内心一直认为自己付出的不成正比，这种心理在他们争吵时愈发浓烈，在小薇提出分手的那一刻达到顶峰。我们不难得出小楷现在的失恋问题有很大一部分在于其一味地付出却得不到回复的心理状况，因此，我们可以以此为切入点，对小楷主要以心理疏导为主，现实调解为辅。

不仅如此，小楷本身引以为傲地学习在其谈恋爱后开始有下降趋势，在分手那一时刻跌到低谷，这成功让内里敏感的小楷更为自卑，由于其经历过恋爱的新鲜、刺激感，他开始认为只有恢复恋爱关系，他的一切才会恢复正轨，开始寄希望于小薇能回心转意，在一段时间的寻找未果后，他的精神开始衰落，开始自残寻求肢体上的另一种安慰。

除此以外，关于本案例的消息传播实际上属晚了，这对于辅导员对失恋学生的问题解决可能提升困难度且造成一定困扰，这个方面我们可以得知，辅导员在学生的日常学习生活中当时刻关注学生动向，同时提出学生督导员的概念，专为学生出现问题而服务，作为辅导员的另一双眼睛，确保更早发现问题，更好得出决策方法，更好为同学在成长成才的道路上保驾护航。

【案例处理】

基于以上分析，我们应该把自己放在客观的位置上，更深入地与学生沟通，明确整体事件的起因、经过、现状，并帮助学生分析问题，让学生自己看清问题所在，做好权衡。

第一：积极同小楷同学交心，在学习或生活中要多多关怀他，通过多种方式鼓励小楷，首先消除小楷同学的自卑心理，提高他的自信心，采取"温水煮青蛙"的方法引导小楷同学从自我封闭的笼子中走出来。

第二：建议小楷多增长兴趣爱好，转移生活中的注意力，寻找精神寄托，在心情低落的时候可以听音乐缓解或进行体育活动疏散，以此来排解内心的压抑，长此以往，可以丰富充实小楷同学的日常生活，坚实内心。

第三：加强小楷对于身体健康的认识和重视度，争取培养小楷"身体发肤，受之父母，不可擅自损伤"的意识，计划定期进行爱惜生命的书籍阅读、影视欣赏、宣传栏警示等知识传播，同时由班委机构进行活动进展的监督、推进。坚决杜绝学生自残的行为。

【经验与启示】

失恋是大学生最常见的情感问题之一。大学生一旦失恋，绝大多数会表现出深刻的悲伤情绪，部分学生会因无法调试内心而出现自杀或轻生念头。这种情况逐渐成了辅导员思想政治教育中的一种崭新课题，帮助大学生树立正确的恋爱观和处理失恋学生的问题，既有助于大学生健康成长，也有利于学校进一步做好学生教育管理工作，只有真正从失恋的阴霾中走出，才能迎接耀眼的暖阳。

如果碰到学生因失恋而迷失方向的情况，在充分了解事实情况下，一定要先尽快确保学生的精神状态，不能不够重视，更不能简单处理化，经验所得，每一个在失恋后迷失自我的学生，大多是由多种原因堆积而成，且大多方面在于学生的思想意识情况，辅导员一定要认真分析原因，因人因事的具体去分析，认真仔细地对待每一个失恋同学，这样学生才能更为健康地学习成长。

成长是需要磨砺的，没有谁生来就是一帆风顺，多多少少都经历过挫折。这些挫折可能是无形的，软刀子慢磨的，这对于正在青春期成长的学生来说，需要的不只是一个领路人，学生更需要的是自己的内心足够强大，这些都是在无数的挫折中一点一点积累起来的。辅导员必须要让学生明白，倘若遇到一点困难就想退缩，遇到一点意外就开始摇摆，那么他的成长注定是缓慢的，成长贵在坚韧，只有足够坚韧，才不怕成长道路上的障碍。

辅导员在引导失恋学生的过程不能马虎。不能大肆宣扬失恋同学的境况，在疏导的同时应该向其余学生传输互帮互助、出现问题及时报告及正确思想。

在失恋学生完全恢复之前，要时刻关注失恋学生的各种情况，可以拜托失恋学生的室友或好友对其进行情况监督、疏导。这样做的目的在于，更安全地进行失恋学生找寻方向的工作，同时培养学生互帮互助的良好品质。在进行疏导过程中，严禁过躁过急，要循循善诱，避免压力过大损害学生的心理健康。

爱情不是人生的全部，不能因为失恋而失去自我，只有学会处理好失恋的心情与事实，才能更好地成长成才，作为辅导员，在日常的学习生活中，一定要多同学生进行沟通交流，有助于更早发现问题，解决问题。

【精彩博文】

一个人总要走陌生的路，看陌生的风景，听陌生的歌，然后在某个不经意的瞬间，你会发现，原本费尽心机想要忘记的事情真的就这么忘记了。

第十二节　人际交往　诚实守信

照耀人的唯一的灯是理性，引导生命于迷途的唯一手杖是良心。

——海涅

【案例概述】

某年10月23日正在忙碌工作的我突然接到我们学院某级某专业1班李景同学的电话，哭着告诉我她被人上当受骗了，我在安抚她之后，与她了解到：她与某学院某级某专业2班的女生王宇于同年9月被学校安排在某市某机构实习，俩人由于是校友就互留了电话和微信。李景在与王宇接触过程中感受到这个学姐为人谦和、热情大方、人又友好、言语交谈中全是经商之道，并称自己家里条件一般，但是自己很上进、很独立。自己上学的生活费都是自给自足，李景通过浏览王宇微信朋友圈，知道她是做微商的，主要卖减肥产品。出于好奇心，李景同学向王宇了解微商情况，该如何做微商，王宇就向李景讲做微商的种种优势。告诉她做微商本小利大，特别赚钱，对19岁的女生来说这是不小的一笔投资，但是李景并没有马上行动。可是在后来的交往中王宇告诉李景：还是尽早加入微商比较好，机不可失失不再来，并强调借钱没那么可怕，当下做微商特别合适，只要交了代理费学姐会手把手教她经商方法，并赠送她引流方法、吸引客户、发展代理。之后的几天，王宇就天天给李景洗脑：说微商是互联网发展的大趋势，先下手为强，要提前抢占市场，李景的心理防线很快被攻破，听从王宇的劝解到360软件借钱，由于360借条给初次使用的人最多借3000块钱。王宇当即表示：让李景在360借3000元，剩下的600元缺口王宇自己出钱免利息借她，另外，还赠送她价值100元的3盒保健产品。让李景跟公司保密，不许告诉别人这么优惠的价格。李景备受感动，马上行动，于10月3日在王宇的指点下在360软件上操作借款3000块钱。家住市内的李景把一箱子减肥产品偷偷地拿回家藏在床下，20多天过去了一盒也没卖出去，马上到还款期了，李景面对每个月必须还款500本金和52.5元利息，瞬间崩溃了，越想越害怕，才意识到自己上当受骗了，根本没有能力还钱,她特别后悔做这件事,无奈之余就把事情的来龙去脉告诉了父母。并主动给我打电话交代了一切。

【案例分析】

这个案例从表面上看,似乎这是大学生的社会认知问题,但经过跟踪分析后,究其根源,还包括了社会监督环境问题、教育问题、法制观念薄弱、自我意识警惕问题等。从社会监督看,在网络时代,由于互联网的发展瞬息万齐,一些涉世不深、分析认识学生也极易落入诈骗的"陷阱"中,而意志力较淡薄的大学生世界观、价值观也会出现错位,从而极易产生社会隐患现象。对在校大学生们遭受风险的能力比较差。随着互联网加的高速发展,微商已经出现在我们大众当中,很多成人也在兼职做微商,但是成人有一定的社会经验、人脉资源、资金储蓄,一旦微商失败,能够应对。微商的经营权对在校大学生应该有所控制。

1. 教育问题

父母是孩子的第一任老师,父母的言行和思维习惯都在潜移默化中深深地影响着孩子,是儿童的模仿对象。现代大学生中许多人为独生子女,父母们虽然自幼就对孩子呵护得非常好,但却很少进行相应的基本安全教育,这就使得孩子们失去了在校园生活中开展基本安全教育、了解基本安全知识的恰当机会,从而对于风险也就缺少了必要的警惕性,从而非常容易给犯罪分子以可乘之机。再者,在本案例中,李景的爸在外地工作而妈妈在手机店卖手机,由于父母们因忙于本职工作,与孩子们没有了适当的交流机会,又因未能适时地对孩子们进行了防止受骗等基本安全教育,李景稀里糊涂地就上当受骗。

2. 法治理念淡薄问题

该案件中,李景受骗后产生恐惧和懊恼,自怨自艾,法治理念淡漠和自我保护意识不足,应该庆幸的是该生心理健康,及时告知我和父母,并没有产生更加重大的影响。本案中的王宇同学其实自身也是受害者,她家境一般,在金钱的诱惑下走上了微商,受了微商的欺骗为了还钱她才想到了拉比她小的学妹。

3. 本人思想警惕方面

李景由于年纪较小，且长期缺乏脱离开的校园经验，与社会接触也较少，因此思想比较单纯，对于某些人和事缺少相应的分析认识，也没有经过刨根问底地学习，对事情的分析也总是停留在表象上，没有经过实质性的分析，甚至压根就没有进行过分析，因此给诈骗等犯罪分子有了可乘之机。王宇同学来自农村，家里有四口人，除父母外，还有一个正在上学的妹妹，是低保户家庭。母亲身体不好，不上班，家里靠父亲打工。该生在学校表现一直挺好的，不惹事，同学关系也都不错，一直挺老实的。该生的初衷是因为家庭贫困想赚钱给家里减轻负担，结果走错了路。

【案例处理】

作为辅导员，凡是遇到与学生人身财产有关的安全类事情必须第一时间与家长沟通。在了解了整个事件后，请李景和家长到校，同时把某学院某级某专业2班的女生王宇本人和家长及辅导员叫到辅导员谈话室对整个事件进行了调查和梳理。双方家长都很通情达理，都对孩子的行为表示歉意。大家都是本着教育孩子的目的解决事情。经与双方家长沟通处理结果如下：

1. 解决问题，退回钱财，彼此进行检讨。

一是，王宇马上停止微商工作，个人做出保证在校期间不允许再发展任何人做微商，否则严肃处理。保证把全部精力投入到实习工作中。二是，王宇面对面向李景和家长道歉，并退回3600元现金。同时李景把17盒减肥产品原封不动还给王宇。三是，两人对彼此都进行深刻的反省和检讨，对以后的人生路有个警醒，并保证事件结束后好好相处，不许互相诋毁。

2. 关注孩子心理健康，避免不良事件发生。

四是，由于本次事件李景醒悟得比较早，及时与家长和老师沟通，没有造成更加严重的后果，本次给予王宇口头警告，假如李景贷款来越多，后果不敢想象，王宇要承担更多的法律责任。因此和双方家长及王宇同学的辅导员建立迅速建立同盟关系，大家多关心孩子的心理健康，共同教育学生早日从这件事情的阴影中走出来，避免后续不良事件的发生。

【经验与启示】

作为一名辅导员，本人以此为契机，在某学院的全体学生中开展了案例警示教育。同时要求高校法律辅导员与学法指导教师加强对学生们的关注和指导，以增强大学生们的法律保护意识，逐步养成依法、守法、懂法的法律观念。要端正好学生的生活态度，并正确处理学习与打工或兼职工作之间的关系。具体工作如下：

1. 开展班级宣传教育

通过防范诈骗学校安全教育专题班会，使学校全体同学更清晰地了解到欺诈的风险和防范措施，并教会他们预防受骗的实用技巧，从而竖立学校诚信品牌。辅导员们需要积极适应网络时代的新要求，理清工作思路，更多关心他们的微信朋友圈、qq动态，及时掌握他们的最新动态，并引领他们重新树立正科学的世界观、人生观和价值观。

2. 家校合作，协同教育

学校与家长的共同目的正是希望他们能健康成长发展，将他们培育成具备较高能力、具备一定实际水平的高层次人才。网络加社会，当学校面临着各种网络威胁，单纯依赖校方的家庭教育政策是难以达到理想的教育教学效果的。而在全网络视野内，高校也应积极改变教育理念，形成优势互补、平等合作和任务目标明晰的学校家庭双向协同教育体系，强化学校与学生家长之间的接触与交流，发挥学校家庭教育政策对大学生观念、理论、品格与技能培养上的积极影响，逐步建立校园与家庭共同合作的新状态，积极推动大学生全面健康成长。

【精彩博文】

李贺在《秦王饮酒》中说过：劫灰飞尽古今平。龙头泻酒邀酒星，金槽琵琶夜枨枨。这几句诗句警醒着我们千万不要自甘沉沦，千万一定要理智清醒。当代的大学生们很容易理智不清醒，容易被人骗上当，所以这就需要大学生们提高警惕，不贪小便宜，做好自己该做的事就可以了，千万别太容易相信别人的话语，这样很容易上了别人的当，而且也要增强自己防止被骗的意识，凡事都留个心眼，都有个警惕之心，不要对任何人任何事都不加防备全部去相信，而且一定要保持脑子清醒，理智清醒。

第十三节　理智在左　恋爱在右

爱情如火，有时燃烧，有时熄灭。

——普希金

【案例概述】

曲婷婷（化名）是我校一名交通运输专业的学生，性格内向。尽管她的成绩并不突出，但她一直努力学习，积极参与校内外的实践活动。在大二时，她发现自己多次逃课、旷课，甚至在那个学期达到了学业预警。为了解决这个问题，我决定找她谈话，了解她的情况。当我与曲婷婷交谈时，她坦言自己的感情生活出现了问题与男友分手了。她认为这是因为自己不够优秀和漂亮，导致男友离她而去。这种想法让她产生了很大的心理压力，她的心思完全不在学习上，在接下来的一段时间里，曲婷婷不断地否定自己，内心的焦虑和痛苦愈发严重。她开始逃避现实，把注意力转向其他事物，例如化妆、美容和购物。然而，这并没有让她感到满足，反而让她在学习上更加松懈。长此以往，她的成绩一路下滑，渐渐地对学习失去了兴趣。

【案例分析】

1. 恋爱心理

曲婷婷自从她与男朋友相识以来，她一直在恋爱中对他产生了过多地依赖。在她看来，男朋友是她生活中不可或缺的一部分，他们彼此之间有着强烈的情感纽带。然而，这种过度依赖的关系却让她在人际交往方面存在一定的问题。有一次，学校举办了一场盛大的文娱活动，曲婷婷觉得这是一个展现自己才能和特长的好机会，便要求男朋友帮她报名参加。然而，事有不巧，当时她的男朋友因为学习原因，无法帮她报名。这让吴婷婷非常生气，她认为男朋友不关心她的事情，甚至觉得他并不是真心爱她。

  我在了解了这个情况后，发现曲婷婷在恋爱中过于依赖对方，缺乏换位思考的能力。我决定帮助她认识到自己的问题，并学会体谅他人。首先引导曲婷婷回忆过去的一些经历，让她明白自己在面对问题时的思考方式存在局限性。接着指出曲婷婷在人际交往中存在的问题，并告诉她要学会设身处地地为别人着想。在我的耐心开导下，曲婷婷逐渐认识到自己确实存在过度依赖和缺乏换位思考的问题。她开始尝试站在男朋友的角度思考问题，明白了他的困境和苦衷。同时，她也开始调整自己的心态，努力培养自己独立自主的能力。

  2. 学习能力

  为了帮助曲婷婷解决失恋导致的学业困难问题，尽快适应大学学习生活，提高学习兴趣，重拾学业自信心。首先，我深入了解曲婷婷的具体问题和需求，以便有针对性地提供帮助。了解到曲婷婷因为失恋导致学业上遇到困难，失去了学习的热情。在与她沟通时，发现她面临着较大的学习压力，这主要源于失恋所带来的自我否定。这种负面情绪进一步加剧了她的厌学情绪，使她对自己的能力产生了怀疑。她认为自己并未找到正确的学习方法，在恋爱期间，在男朋友的帮助下，她能够顺利完成学业任务。然而，如今她已经失恋，因此无法找到继续规划自己学业的方向。我鼓励曲婷婷进行自我调整，引导她学会面对失恋带来的心理困扰，并帮助她建立积极的心态，以便更好地投入学习。在班级中建立一对一学习帮扶关系，鼓励同学们互相帮助，共同进步。这样可以让曲婷婷感受到来自同学们的关爱和支持，有助于她尽快适应大学学习生活。同时邀请了经验丰富的学长或学姐分享学习心得，引导曲婷婷找到适合自己的学习方法和技巧，提高学习兴趣。为曲婷婷推荐一些有益的学习资源，例如图书馆、网络资源、课程等，帮助她扩展知识面，提升学习能力。

  3. 性格

  我通过与曲婷婷宿舍同学沟通，了解到她性格较为内向，平日里她很少参加课外活动，也很少与舍友进行深入交流。她更多地选择一个人待在宿舍里，通过手机与男朋友聊天以排解内心的孤独。在失恋之后，她的孤独感和无助感愈发强烈，进一步加剧了她的厌学情绪。为了帮助曲婷婷摆脱困境，我开始定期与她进行一对一的沟通，了解她的想法和感受。我鼓励她参加一些有益的课外活动，与舍友多交流，结识新朋友，提高人际交往能力。同时，我也建议她关注自己的兴趣爱好，发挥自己的特长，让生活更加丰富多彩。在我的引导下，曲婷婷开始尝试参加一些社交活动和兴趣小组。她逐渐发现，这些活动让她结交了许多志同道合的朋友，也让她的生活变得更加充实。她还开始学习一些新的技能，如绘画、舞蹈等，这些都让她重拾自信心。此外，我还邀请了一些已经走出失恋阴影的同学，与曲婷婷分享他们的经验和建议。这些同学的经历和建议给了曲婷婷很大的启发，她开始意识到失恋并不意味着生活的终结，而是一个新的开始。她学会了如何调整自己的心态，积极面对生活中的挑战。在一段时间的努力下，曲婷婷逐渐走出了失恋的阴影，她的学业成绩也有所提高。她开始学会如何更好地规划自己的学业，并积极参加各种活动，不断提升自己。这些改变让她的生活充满了阳光，她也重新找回了失去的自信。

【经验与启示】

作为辅导员，我们的职责不仅仅是关注学生的学术表现，还包括关心他们的情感和心理健康。在这个案例中，曲婷婷同学所遇到的情感问题是一个非常值得关注的问题。曲婷婷同学所面临的失恋问题并非罕见，而是许多大学生在恋爱关系中可能遇到的问题之一。建立和谐稳定的恋爱关系以及树立正确的恋爱观念对于大学生的全面发展、心智成熟和人际交往能力具有重要意义。然而，当面临恋爱挫折时，不正确的恋爱观念可能会导致学生产生一系列学业或心理问题。以下是我从这个案例中获得的经验启示：

1. 职责与实践

作为辅导员，我们需要关注学生的成长变化，及时调整我们的关注重点和支持策略，确保在学生遇到问题时能够得到及时有效的帮助。同时，我们还需要建立良好的师生关系，营造一个平等、尊重和关爱的学习环境，鼓励学生主动与老师沟通，分享他们的困惑和困扰。通过定期与学生开展一对一的谈话，了解他们的学习、生活和心理状况，给予关心和支持。此外，我们还可以组建一个由辅导员、心理老师、班主任、学生干部等组成的团队，共同关注和解决学生的困难。团队协作可以提高工作效率，确保每个学生都能得到及时的关心和帮助。

2. 搭建家校合作桥梁

为了帮助学生克服困难并实现全面发展，我们与家长保持紧密联系，定期与家长沟通，了解学生在家庭中的表现。在家访、家长会等活动中，与家长共同探讨如何帮助学生克服困难。同时，家长需要了解孩子在学校的表现，包括他们在学习和生活中可能遇到的困难。通过家校合作，共同关注孩子的成长，为他们提供更多的关心和支持，帮助他们渡过难关，实现全面发展。

3. 关注学生的情感健康

在与学生进行沟通时，我们要展现出真诚的关心和倾听，让他们感受到我们是真心愿意帮助他们。在倾听过程中，我们需要保持耐心，理解学生的问题和困惑，给予他们情感上的支持和建议。在学生的学习、生活中，情感健康与学术成绩同样重要。在这个案例中，我们看到了曲婷婷因为情感问题而导致的学业问题。因此，我们需要引导学生树立正确的恋爱观，教会他们如何处理恋爱关系中的挫折，避免因为感情问题而影响到学业和生活。对于像曲婷婷这样因为情感问题而出现学业问题的学生，我们需要提供及时的心理辅导和支持。可以邀请专业的心理老师或心理咨询师与学生进行沟通，帮助他们认识到自己的情绪问题，学会调节情绪，从而更好地应对学业挑战。

4. 培养学生的自我调适能力

面对情感挫折，学生需要具备一定的自我调适能力。我们可以通过组织心理健康教育活动，帮助学生认识到情绪波动是正常现象，学会正确地表达和处理负面情绪。同时，培养学生的抗压能力，让他们在面对挑战时能够更好地应对。培养学生的自我成长意识，教育学生认识到自己的价值和潜力，让他们明白每个人都有自己的优点和不足。我们可以通过举办成长故事分享会、励志讲座等活动，帮助学生建立自信心，激发他们积极向上的生活态度。引导学生学会自我反思，鼓励学生在遇到困难时进行自我反思，帮助他们发现问题的根源。我们可以通过与学生进行深入的讨论，引导他们分析自己的行为和情绪变化，从而找到解决问题的方法。培养学生的自我调适能力，教会学生在面对困难时如何调整自己的心态，学会适应和应对。我们可以通过分享成功案例、传授应对技巧等方式，帮助学生建立自信心，增强他们的心理韧性。通过这些方式，我们可以帮助学生具备应对情感挫折所需的自我调适能力，实现全面发展。

【精彩博文】

弗吉尼亚·伍尔夫在她的作品《奥兰多》中提到，失恋是人生中不可避免的一部分，我们需要学会从中成长和提升。她认为，失恋是一个反思自己、探索内心世界的好机会。通过这一经历，人们可以更好地认识自己，实现自我成长。

第十四节　追星狂热　生活失衡

偶像只是你生命中的一部分，不要让他们成为你生命的全部。

——泰勒·斯威夫特

【案例概述】

林灵（化名）是我们学院一名19岁的交通运输专业学生。最近，我们注意到许多同学抱怨林灵经常向他们借钱但又不还，同时，她的任课老师也反映她上课状态不佳，经常缺席，并导致她的学习成绩急剧下降。在对林灵进行深入了解后，我们发现，她经常冲动购买偶像代言的产品，这导致她的生活费用压力非常大，甚至不得不向多个同学借款。此外，她还经常组织粉丝去机场接机，尽管她知道这种行为不好，但她无法克制自己的行为。

【案例分析】

此案例反映的是不良"饭圈文化"严重影响了学生的正常学习生活，并导致学生价值观出现偏差等问题。

1. 认真倾听，走进学生内心世界。

刚开始，林灵对于我们的关心和沟通表现出一定的抗拒。为了帮助她缓解紧张情绪，我们决定从她感兴趣的话题入手，与她聊一聊近期的明星动态，以此拉近我们之间的距离。经过一段时间的交流，林灵逐渐放下戒备，开始敞开心扉。通过她的自我陈述，我们了解到她在中学时就已经开始追星，但因为家长的严格管教而不得不收敛。进入大学后，林灵终于能够自由地释放自己的兴趣，毫不犹豫地加入了粉丝后援会，开始全身心地投入到为偶像打榜、应援的活动中。为了支持偶像，林灵不惜花费大量时间，付出金钱。她会自掏腰包购买偶像代言的产品，甚至在生活费不够的情况下，向同学借钱以满足自己的追星需求。每当偶像取得好成绩或者在代言中取得佳绩，林灵都会感到无比地满足和成就感。为了帮助林灵从追星中找回平衡，我建议林灵重新审视自己的消费观念，学会在追星的同时，保持良好的生活品质。为此，她可以设定合理的消费预算，确保自己的金钱支出在可承受范围内。我帮助林灵学会合理安排时间，确保追星和学业互不影响。为了达到这个目标，她可以制定学习计划，并尽量按照计划执行。

2. 制定规划，增强自信心和行动力。

针对林灵学习成绩下降的情况，帮助她制定科学合理的学业规划，我们鼓励林灵主动与同学、老师沟通，分享自己的困扰和需求。这样，他们可能会理解她的处境，并在她需要时给予帮助。同时启动"朋辈帮扶"，安排学生干部督促其实施计划。林灵平时在粉丝后援会中主要负责活动策划、文案撰写等工作，就积极鼓励她加入学生会更好地发挥自己的特长，同时我们鼓励林灵将注意力从追星转移到其他方面，例如发展自己的兴趣爱好、参与社团活动等，以此提升自己的价值感，而不是将自我价值建立在偶像的成功上。如果林灵发现自己难以应对追星带来的压力，她可以考虑寻求专业心理辅导帮助，以便更好地调整自己的心态和行为。一学期后，林灵的成绩有了明显的进步，学生会工作也越来越得心应手，还积极参加志愿服务活动，每天都过得很充实。

3. 借力打力，发挥偶像榜样力量。

在和林灵的交谈过程中，发现追星是她目前唯一快乐的事，因此不能直接阻止其追星行为，否则容易适得其反。我们可以采取以下措施：我们可以搜集一些关于偶像规劝粉丝理性追星的言论，并用偶像的口吻传达给林灵。

这样，她会更加重视偶像的观点，从而调整自己的追星行为。我们可以在交谈中向林灵传递一些积极的追星观念，例如：追星并非不可，但不能盲目追星，甚至影响正常的学习生活。让她明白理性追星可以成为一种动力，帮助她在学业和生活中取得进步。我们可以引导林灵关注偶像在工作和生活中的优点，并鼓励她向偶像学习。这样，她不仅可以汲取偶像的正能量，还可以不断提升自己，成为一个更好的人。我们可以告诉林灵，追星并非一定要与偶像时刻保持联系，而是要把偶像当作一个榜样，共同努力，不断成长。这样，她可以在追星的过程中，与偶像一起实现各自的目标和梦想。

4.以案说法，开展警示教育活动。

为了帮助学生掌握政策、了解法规，我们可以通过各种活动和方式，从现象到理论，一步步引导学生们认识到盲目追星的危害性和不良"饭圈文化"的消极影响。在这些活动中，我们可以利用主题班会和辩论赛等形式，从具体的事件和现象出发，让学生们展开深入的思考和讨论，逐渐深入到理论层次，帮助他们正确认识到盲目追星的不良影响以及不良"饭圈文化"的消极影响。通过这一系列的活动，我们可以引导学生们明辨是非、分清善恶，抵制"流量至上"、拜金主义等畸形价值观，帮助他们追求积极、健康、向上的生活方式。这不仅有助于培养学生们的理性思维和批判精神，而且能够帮助他们更好地认识到社会现象背后的问题，更好地了解社会和世界，培养他们成为更加成熟和有智慧的公民。此外，为了更好地引导学生们追求积极、健康、向上的生活方式，我们还可以组织一些公益活动和志愿服务，让学生们通过实践体验，进一步认识到社会责任和公民义务的重要性。这些活动能够培养学生们的团队协作能力和社会责任感，让他们更加深入地理解社会的意义和价值。

【经验与启示】

作为一名辅导员，面对大学生追星现象，我们应该理解学生的兴趣和需求，同时引导他们正确认识追星行为和注意行为的正常度。

1.关注学生的情绪。

对于大学生而言，追星已经成为一种十分普遍的现象。许多大学生在追逐自己喜欢的明星时，会产生很大的情感需求。这种情感需求可能涉及很多方面，如寻找和确认自己的身份、寻求精神上的支持和安慰等。因此，作为辅导员，我们需要关注学生的情绪，以满足他们的情感需求，并引导他们更加健康地追星。我们应该鼓励学生积极地表达自己的情感。通过学生自己的表述，辅导员能够更加深入地理解学生的情感状况，进一步了解追星行为对学生情感的影响，从而为学生提供更好的帮助和支持。总之，关注学生的情绪对于辅导员来说是十分重要的。只有通过合适的方法引导学生积极表达自己的情感需求，并提供一定的情感支持，才能更好的影响学生，在追星过程中实现自我认同的价值，同时更好地促进学生的健康成长和发展。

2. 拒绝盲目一刀切。

在面对学生追星现象时，辅导员最重要的任务是根据情况采取因势利导的方法，不能简单地一刀切禁止其追星。因为绝大多数追星行为是正常的，辅导员的主要工作是通过引导和教育，帮助学生更好地掌控自己的追星情感和行为，从而获得正面的经验和成长。如果辅导员过于专横地阻拦学生的追星行为，反而会给学生带来负面影响。这可能会激起学生的反感和对抗，并导致学生采取不理性的行为。因此，在引导学生行为的过程中，辅导员需要采取开放、灵活的方法，在理解学生、支持学生的同时，引导其更加理性地对待追星行为。在引导学生时，辅导员应该注重疏而不是"堵"。辅导员可以借助学生崇拜偶像的情感，引导学生更多地关注其偶像身上的闪光点，了解其成功的秘诀和背后的励志故事。同时，辅导员还可以和学生一起分析追星对他们的影响，鼓励他们寻找自己的追星激励和生活动力，从而更好地实现自身价值和成长。总之，引导学生正确对待追星现象，需要辅导员以开放的心态和灵活的方法，引导学生作出理性、健康、成熟的判断和选择。辅导员的工作是为学生提供帮助和支持，解决学生的困惑和问题，推动学生更好地发展和成长。

【精彩博文】

易烊千玺在接受采访时表示，他希望粉丝们能够理智追星，关注他的作品和品质，而不是盲目追求消费和疯狂行为。他强调，一个人的价值观和行为应该建立在自己的生活和学习基础上。粉丝们应该理性看待追星这件事，将其视为生活的一部分，而不是全部。是的，在关注偶像的同时，粉丝们还要关注自己的学业和事业发展，努力提高自己的能力，以更好地实现自己的梦想。因此，粉丝们应该在追星的过程中找到平衡，将偶像视为一种激励，而不是生活的负担。通过关注他的作品和品质，粉丝们可以汲取力量，更好地面对生活中的挑战和困难。同时，在自己的生活和学习中努力奋斗，成为一个有理想、有抱负的人。这样，粉丝们才能真正从追星中取得成长和进步。

第二章　大学生日常思想教育篇

第一节　脚踏实地　知行合一

"学习与实践相结合，不仅能够增加知识，也能够培养实际能力。"

——狄更斯

【案例概述】

小张同学从幼年时就对创业和经商充满兴趣，从小酷爱新鲜东西，在高中阶段他经过高考成功考入重点大学，并在学校里认真学习经济理论模式和管理模式，同时结交了很多志同道合的朋友们，这也为他日后的创业道路打好基础。在大一期间，他保持了高中的学习状态，认真听课、积极参加课堂讨论、并关注自己感兴趣的电子产品，研究其组成。同时，他通过自己的对外界的了解成功找到了自己的第一份兼职，在兼职过程中通过发传单结识了一些做电子产品的"朋友"。经过一段时间的经验积累和思考，他于大一下学期创立了自己的网上商城，销售二手电脑和手机等电子产品。虽然这些工作过程中他需要处理诸如货源、采购、财务、宣传推广等方方面面的琐事，但他坚信自己的创业梦想，同样也忘不了努力地完成自己的大学学业。

然而到了大二时，小张感觉失去了大一时的那股奋劲，对理论知识的重要性产生怀疑，他开始蹭课，甚至逃课，用作弊和突击学习的方法来维持自己的成绩。虽然他的网上商城一度获得了一定的商业成功，但是这种成功对于需要深入理解行业背景的知识仍然不够。到了大三，他结束了自己的兼职工作，专注于管理自己的店铺和设计工作。然而，由于大部分时间都放在了自己的事业上，忘记了自己还是个学生的身份，当他意识到自己需要加强对课程知识的理解，已经为时已晚。最后，由于小张大三课程不及格和大四学分不够，无法毕业，这严重影响了小张，导致他离目标职业道路越来越远。

【案例分析】

随着我国高校教育体制不断改革和市场经济的日益完善，社会对高素质人才的需求也越来越高。典型如小张同学，是当今大学生中实践过渡的代表。社会相关企业在追求人才数量的同时，更需要关注人才质量，即在具备实践能力的同时，也要有深厚的理论功底。因此，高校在倡导学生深入社会实践活动的同时，也应加强理论课程的学习，提高学生的理论水平，确保在不耽误自己学习的时间进行相应的课外实践或者自己的事业。这可以帮助学生在未来更好地适应和应对社会的各种挑战，并引导学生在实践中有意识地深化理解、归纳规律、总结经验，并将其运用到实践中，从而在未来的职业生涯中勇于创新和提升。我们认为，小张同学出现此类问题的原因主要有：

1.当前，社会实践、社会创造已成为大学生教育的热门话题。

然而，一些学生在进行社会实践、社会创造时，出现了偏激的认识和错误观念。学校和社会应该共同强调重视学生的理论知识学习，不仅要具备实践能力，还要有深厚的理论功底，方能更好地应对未来社会的各种挑战。一些学生，包括小张同学，在实践过程中过于注重实践基础，却轻视理论知识，甚至认为"读书无用论"。这种思想明显是错误的，因为理论与实践相辅相成，相互促进。如果重视理论、轻视实践，就容易走向思维脱节和坐而论道的错误认识；如果过于注重实践、轻视理论，就会造成知识凌乱、缺乏规范，并导致理论与实践的发展不均衡。所以要把二者有机地结合起来，共同发展。

2.用人单位在聘用大学生时，通常要求其具备丰富的实践经验。

为了满足这种需求，许多学生在假期甚至学习时间都会尽可能多地参加社会实践，以获得理想的职位。但据数据显示，用人单位对大学生社会实践能力的评价中，"一般"占比最高，而"很强"和"较强"的比例非常少。

因此，学校应该鼓励学生积极参与社会实践，但同时也要提高理论课程的质量，加强基础知识的学习，理论知识是实践的基础，进一步提升学生的综合素质和实践能力，从而更好地适应未来社会的发展需要。然而，这种过度强调社会实践经验的做法，却导致学生忽视了理论的学习，只注重对实践能力的培养，导致学生在课外实践过于投入，忽视了自己的本职属性。

【案例处理】

大学生的实践能力是评价综合素质的重要标准之一。然而，如果只注重动手能力而缺乏理论基础，则无法真正应对复杂的现实问题，并停留在"会做不会想"的状态；反之，过于强调理论基础而不将其应用到实践活动中，也会使学习效果大打折扣，无法达到预期的水平。因此，在校期间，老师应该注重理论教学和实践教学的结合，以全面提升学生的综合素质和实践能力，使其能够更好地适应未来社会的发展需要。大学生应该注重实践能力和理论基础的平衡发展，相辅相成，相互促进。所以在学习和生活中，大学生要不断提升自己的综合素质，实现自身价值的最大化。对于案例中的小张同学，辅导员可以从以下三个方面入手进行教育引导：

1. 引导大学生正确看待学习生活，加强大学生的思想引导和行为管理是非常必要的。理论和实践相辅相成，缺一不可。

在大学教育中，应该注重理论与实践相结合。辅导员是能够帮助学生在思想上正确认识理论和实践之间关系的重要力量。为了引导学生掌握实践和理论的协调发展，辅导员需要以谈话的形式向学生介绍一些成功的典型案例和理论基础，帮助他们从多个角度认识到实践和理论之间的关联以及其中的重要性。只有充分认识到并掌握理论与实践的联系，大学生才能在现实生活中更好地应对各种问题并成为未来的有用人才。因此，对于大学生来说，掌握实践和理论的有效方式，就是同时在工作中深入理解理论和实践。这样可以逐步调整学生的观念，引导其在学习中更好地平衡实践与理论，发展综合素质，为将来的工作和生活做好充分准备。

2. 帮助小张同学充分认识到理论学习的重要性，辅导员可以从组织学生入手，建立起理论学习与实践应用互补的团队。

在团队建设中，辅导员可以引导学生共同思考问题，探索学习和实践相结合的方式，让学生通过团队协作的形式在实践中应用理论知识，在实践中理论与实践相互促进。这有助于学生更好地掌握实践和理论的协调发展，更加深入地理解知识和应用知识的内在联系。因此，通过合作学习，小张同学能够更好地认识到理论学习的重要性，丰富自己的知识积累，并在团队中发挥自己的优势实现个人的价值。在这个团队中，较好理论知识但实践技能较差的学生可以与小张同学一起工作，而实践技能较强但理论水平薄弱的学生也可以加入其中。通过共同的实践活动，小张同学可以在团队中相互学习，彼此发扬优点，相互补充自己的短处，同时也更好地体会到理论学习与实践应用同等重要。辅导员要在精心设计实践计划的同时认真督导实践过程、全面总结经验，使小张同学及其他团队成员都能够体验到理论与实践的相辅相成，发挥出团队的优势，更好地提高学生的综合素质和实践能力。

为了提高小张同学的理论到实践的转化能力，辅导员可以采用学习迁移方法来帮助他掌握理论并将其应用到实践中。实现这一目的，辅导员可以利用校园文化生活，举办情景剧、话剧等活动，模拟实践情境，让学生在掌握理论基础的同时提高应用能力，从而促进理论到实践的转化。创设的情境需要与实际应用情境相类似，这样学生才能更好地将所学的理论知识应用到实际情境中，达到更好的迁移效果。通过这种方法，小张同学可以更好地认识到实践必须以理论为基础，并且提高自己的应用能力，更好地应对实际情境。

【经验与启示】

在青年时期，个人的人生观与态度开始逐渐形成，高校学生因其可塑性和接受能力强，思维敏捷，求知欲旺盛和创新精神强烈等特点，使辅导员的工作任务变得更加繁忙。辅导员不仅是道德教育者，还是智力教育者，负责组织和保障大学生的思想政治教育工作。为了加强和改进大学生的思想政治教育，辅导员应从三个方面不断努力。

1. 需要让学生树立正确的世界观、人生观和价值观，引导学生正确处理人际关系，合理处理好自己的关系；

2. 需要提高学生的思想品质，培养学生的创新精神和创造力，以适应社会发展的需要；

3. 应加强反腐倡廉教育，引导学生树立健康心态，培养正确的道德观。通过这些努力，辅导员可以更好地保障大学生的思想政治教育，帮助他们度过这个关键时期。

总之，作为学生思想政治教育工作的组织保证，辅导员应该充分利用学生青年时期的特点，鼓励学生扩大自己知识面，提高各方面素质，增强创新能力，培养创新意识，为学生的未来奠定坚实的基础。

【精彩博文】

我们的开国领袖毛泽东说过这样一句话："学习和实践是互相促进的。一个人只有在实践中不断学习，才能不断进步。"理论和实践是相互促进的，但在实践的时候我们不能忘了理论，只有将二者结合起来，才能够获得真正有价值的知识和技能。我们不能带着天真的想法，只靠实践和去获取自己想要的东西。理论只有在实践中得到应用，才能成为有用的工具。我们必须在实际情况下运用理论，不断进行试验和实践，从中获取经验和教训，并把这些知识应用到实际工作中，从中不断提高自己。实践和学习必须相互促进和融合，只有这样才能获得真正的知识和成就。我们必须不断地学习和实践，从中获取经验和教训，不断提高自己的技能和素质，以此为基础获得成功和成就。

第二节　迎合兴趣　探寻动力

每个人都有他们的独特之处，每个人都有他们的优点和缺点，没有人是完美的。

——安吉拉·李

【案例概述】

张寄（化名）是一名在学术方面表现优异的大三学生，但他近来遇到了一个无法解决的烦恼：他感到自己的学习兴趣和动力正在逐渐丧失。他不知道自己究竟应该如何继续前进，于是决定向我求助。我了解到小张的情况后，尝试和他进行了深入的交谈。通过交谈，我发现，小张对学术研究领域的兴趣正在逐渐消失，他觉得自己的研究并不能够拓宽自己的眼界，而且感觉自己的基础的巩固和增强上并没有取得实际上的进展。

【案例分析】

张寄之所以会出现学习兴趣和动力逐渐丧失的情况，可能是由于长期的学术研究压力导致他的学习逐渐感到乏味和枯燥，导致缺乏新的挑战和刺激。同时，繁重的课业负担也可能使他感到焦虑和无所适从，缺乏效率和成效感。多方面的压力与疲惫，致使张寄的内心形成了巨大的落差感，开始感到迷茫和无助。为了帮助张寄解决这样的问题，辅导员应该帮助他更好地应对学习和心理上的问题，提高学习效果。具体而言，可以从以下四个方面进行处理：

1. 帮助他寻求新挑战。

可以引导他从其他学术领域汲取经验和灵感，拓宽自己的视野和思路，找到一个新的研究方向和目标。尽量让他找到新的挑战和学习兴趣，尽可能给他带来积极的心理及学术上的益处。辅导员可以帮助张寄寻找适合他的学习资源和平台，提供更广阔的学习空间和机会。并帮助他寻找适合的学习资源和课程，提供更多的学习机会和挑战，激发他的学习兴趣和动力，更重要的是要让他感受到学习过程所带来的收获，而不是仅仅为了某个单一的领域而去奋斗，科学实践表明，人真正有了属于自己要奋斗的目标，才会有无限的动力。辅导员还可以引导学生参加各类学术活动和工作坊，纳入学生评价计划。同时，为他提供相关资源，例如学习手册、研究报告、指导和协助等，以提高学习效果。

2. 制定计划和目标。

经过了解后，辅导员可以和他深入讨论他的研究目标和计划，帮助他确定一些切实可行的学习目标，以促进学习和研究成果的突破，用经验引导他走出"死胡同"。辅导员可以帮助张寄调整学习计划，制定合理的学习目标和计划。通过合理的规划，张寄可以更好地掌握学习进度，避免因课业压力过大而产生焦虑和无所适从的情况。同时，辅导员可以帮助张寄寻找新的学习方法和技巧，进一步提高张寄的学习效率，找回属于"学霸"的成就感。

3. 给予心理上的支持。

辅导员可以通过心理咨询、心理疏导等方式，帮助张寄缓解焦虑和压力，保持积极的心态。可以倾听学生的心声，以理解和响应他的内心需求，同时提供积极的反馈和鼓励，以激发学生的兴趣和动力。鼓励他寻求帮助，在减轻压力的同时，帮助他更好地适应学术和社交方面的需求。辅导员可以帮助张寄建立良好的心理状态，减轻学术研究压力对他的影响。同时，辅导员可以引导张寄积极参与校内外的活动，扩展他的社交圈子，增加他的生活乐趣和兴趣爱好，从而减轻学业压力对他的影响。

积极与张寄的家长沟通，了解他的兴趣爱好和特长。通过和张寄的家长沟通，我们可以了解他平时喜欢做什么，对什么感兴趣，有哪些特长。比如，他是否喜欢阅读、音乐、运动、科学等等。这些信息可以帮助我们更好地为他提供更加个性化的学习和发展方案。还可以与张寄的同学沟通，了解他们对张寄的看法和了解。同学是孩子日常生活中最密切的伙伴，他们了解张寄的性格、行为和表现。通过和同学的沟通，我们可以了解张寄在同学中的地位、受欢迎程度以及他们对他的评价。这些信息可以帮助我们更好地了解张寄的社交能力和人际关系，为他提供更加全面的发展方案。通过这些途径更好地给予张寄心理上的支持，对症下药，才是最好的良药。

4. 增强他的自我管理能力。

自我管理能力是每个人都需要掌握的技能，它可以帮助我们更好地掌控自己的生活和工作。然而，对于一些学生来说，他们可能会遇到一些困难，比如说缺乏自我激励、缺乏自我约束等等。辅导员可以帮助张寄建立良好的自我管理和自我激励机制，快速提高他的学习自觉性和自主性。同时，辅导员还可以为张寄提供一些鼓励和奖励，以激励他们更加努力地学习。制定定期的学习反馈和评估，帮助张寄了解自己的学习状况和进步情况，及时调整学习计划和方法。辅导员还可以引导张寄学会自我激励和自我鼓励，进一步提高他的学习自信心和成就感。

综上所述，张寄之所以会出现学习兴趣和动力逐渐丧失的情况，主要是由于长期的学术研究压力和繁重的课业负担。为了帮助他解决这样的问题，辅导员应该从学习计划、心理状态、学习资源和自我管理等方面进行处理，提高他的学习效果和成就感，激发他的学习兴趣和动力。

【经验与启示】

1. 了解和沟通

辅导员在遇到此类案例时应该关注学生的心理状态和情绪变化，并尊重他们的想法和感受。此类学生通常面临一系列的困难和挑战，如学术压力、研究方向缺乏新鲜感、学业负担过重等问题。这些问题可能会导致学生对学术研究领域的兴趣逐渐减少，对未来的迷茫和困惑。因此，辅导员在处理此类案件时必须采取全面的方法。首先，侧重于建立良好的沟通和互动关系。辅导员需要与学生进行深入的交流，以了解学生的想法、看法和感受，充分尊重他们的意愿和需求，并提供具体的解决方案和支持。

2. 激发学习兴趣

辅导员应该为学生提供多样化的学习体验和资源。辅导员可以向学生介绍新的学习方法、新的研究领域、新的学习场所，以激发学生的兴趣和动力，帮助他们重新找回学习的乐趣。例如，如果一个学生对历史很感兴趣，辅导员可以推荐一些历史学家的书籍或者博物馆，或者可以利用学分激励让学生参与进去，真正去体验过，才会有真实的感受，以便学生更深入地了解历史。为学生提供实际的帮助和支持，建议他们参加相关的学术活动和研究项目，提供一定的经济和物质支持，以鼓励他们为自己的学术梦想努力奋斗。

3. 用心理解学生

在分析此类学生的心理状态时，辅导员应该注意到他们的焦虑和困惑，并尝试从他们的角度出发去理解和倾听。同时，辅导员应该了解他们的生活和学习环境，以清醒的旁观者和朋友的角度，为他们提供更为有效地支持和帮助。研究表明，在个人环境和延续性互动的支持下，学生往往会变得更加积极和乐观，从而找到自己的理论研究方向并实现自我价值。而辅导员往往在这样的学生心理状态下，扮演着最重要的角色，每一个学生都是自己用心浇灌的孩子，纵使再累再苦，亦是心甘情愿。

【精彩博文】

奥巴马曾经说过:"成功并不意味着没有挫折和失败。事实上,成功的路上往往充满了挫折和失败。"这句话告诉我们,即便是那些在学术领域中表现出色的学霸,也会遇到挫折和失败。这些挫折和失败并不意味着他们不够优秀,而是正常的人生经历。即便是学霸,他们也会面临挑战和困难。然而,他们有勇气面对这些挑战并克服它们。这种勇气是他们成功的关键。我们应该尊重他们的努力和勇气,并帮助他们克服困难。

第三节　干部辞职　从容应对

教育不是注满一桶水,而且点燃一把火。

——叶芝

【案例概述】

大一下学期临近期末,D班班长突然给我发信息,有点犹豫地向我提出要辞职的申请,我感到很震惊。在我的印象里,该班长家庭条件一般,在大一时是班级和校团委的骨干成员,学习刻苦、成绩优异,是个很优秀的学生。

经过与她深入沟通后,才发现原来她身兼数职,导致管理班级并不是精力十足,班委之间并不能很好地合作与分工,反而把所有的工作都推到了班长身上,压力巨大。

在军训期间,矛盾还没有激化,当时她的工作做得还是很到位的,但是军训结束后,班上各种小事逐渐增多,在朝夕相处的宿舍中,女生宿舍矛盾日益激烈,男生宿舍更是"拉帮结派",学风问题日益凸显。她提出最严重的一个问题引起了我的思考,她说她的工作实在无法进行下去,从班委就出现了内部矛盾,班委不团结,甚至与班长对着干,根本没有集体利益与集体荣誉感。同时,由于学校过多的规章制度,班长不得不实行,在沟通方面有所欠缺,引起某些同学的不满,甚至得罪一些不守规矩的同学,于是各种有关投票的奖项她都无一落选,她对未来开始怀疑、迷茫,觉得做学生干部浪费了时间、影响了学习,评优评先希望渺茫,因此她想辞去学生干部的工作。

【案例分析】

1. 班委分析

首先,我们可以看出该班长具有一定的责任心和担当能力,通过她身兼数职可以看出,她的个人能力并不弱,在某个层面来说,积极主动担任大学班长,本身就有足够的勇气,并没有人天生就适合当班干部,经验都是需要积累的。

其次我们可以看到,更大的问题出现在班委组成上,学生干部缺乏管理经验,缺乏必要的培训指导,特别没有经过学生干部职责培训和工作方法及能力培训,班委之间没有办法团结工作,在班长身上,肯定是有分身乏术这个问题的,分工不够明确,也是一个致命的弱点。但是某些班委公然与班长"作对",会导致班级更加散漫,凝聚力更加减弱。此时,我们就应该把重点放在如何解决学生干部队伍建设出现的问题上。

不仅如此,案例中的D班班长工作任务重,但她没有合理调动和利用其他的资源,导致在班级的全面管理中显得能力不足。且班委干部分工不明确,班委建设有很多需要开展的活动,涉及学生学业、日常管理、思想建设、就业等各个方面,这些都需要班委共同努力,团结一致,稍有不慎,就会出现案例中班委相互推卸责任,甚至公然"反抗"的情况出现。再者同学们之间没有向心力和凝聚力,集体荣誉感更无从谈起。

2. 客观引导

基于以上分析,我们应该把自己放在客观的位置上,更深入地与学生沟通,明确学生的辞职动机,并帮助学生分析问题,让学生自己看清问题所在,做好权衡。

我们在谈话过程中,要在学生身后一步,适当地引导学生把眼光放长远,而不是死盯着眼前的利益和价值,让她意识到还是有很多同学支持她,而不仅仅只是那些捣蛋的"街溜子",这样会引起她更多新的思考和感悟,会让她觉得付出还是会有回报的。而且要注意语言妥当，保持开放和好奇，听到学生谈出自己的优点和努力时，要及时给出反馈肯定，积极鼓励，帮助她看到自身的闪光点，以及在做班干部时的所见、所思、所感。

3. 班级建设

我们要积极投身班级建设，在选取班委时就一定要深思熟虑，了解和掌握每一位班干部的能力和性格特点。对于班干部的职责要经过班委讨论划分清楚，避免干部间矛盾冲突，尽量做到均衡分配，加强正确引导学生干部，成为学生的好榜样，教导他们如何处理好学习和工作之间的关系，适当缓解学生干部的压力，要做好班级文化建设和制度建设。

【经验与启示】

1. 耐心对待

如果遇到班干部要辞职，在做思想工作行不通的情况下，一定要给学生缓和空间，不能盲目逼迫，更不能简单处理化，经验所得，每一个想要辞职的班干部一定经过了很长时间的心理斗争，才会到辞职的地步。辅导员一定要认真分析原因，因人因事地具体去分析，认真仔细地对待每一个班委，这样学生工作才会更加顺利。

成长是需要磨砺的，没有谁生来就是一帆风顺，多多少少都经历过挫折。很多学生干部都是从零开始做起的，靠的是自己的摸爬滚打，靠的是敢于攀登，不畏流言风语的强大心理素质，然而这些都是在工作中一点一点积累起来的。辅导员必须要让学生明白，倘若遇到一点困难就想退缩，遇到一点意外就开始摇摆，那么他的成长注定是缓慢的，成长贵在坚韧，只有足够坚韧，才不怕成长道路上的障碍。

2. 重视班干部建设

辅导员在选拔干部的过程不能马虎。可以通过组织学生多参加学校的各类比赛，多些召开主题班会，还可以举行一些专题演讲活动，多方面了解学生的语言表达能力、组织能力、工作态度。这样既能确保学生干部选拔的科学性，也能保障学生干部的能力以及适合的岗位，更有利于学生和老师的合作。

在正式任职之前，要设立一个"实习期"，这样做的目的在于，学生干部能够更加重视班级建设，可以充分发挥她们的主观能动性。要引导学生干部学会处理学习和工作的关系，学会利用各种身边的资源，学会分工协作、统筹安排，不要一个人埋头苦干，学会合作。尤其是在遇到难题或不好协调的情况的时候，可以寻求辅导员老师的帮助，进而避免学生干部自行随意处置或闷头低效工作所带来的各种潜在隐患，更避免压力过大损害学生的心理健康。

注重平衡，不能只喜欢某个班干部，反而忽略了其他有才干的学生，学生的可塑性是很强的，辅导员要做好培训工作，尽力做到让每一个班干部都成为一颗"美玉"。最主要的就是要奖惩分明，对那些不负责任的干部要建立引退机制，对工作出色的干部要进行奖励，保障他们的获奖荣誉，让学生干部有荣誉感、获得感，有干劲，有利于形成干部工作的良性循环。还要积极创新，发挥班干部的主动性和创造性，发挥学生的头脑风暴，进行创新性的班级建设活动。

学生干部队伍建设需要辅导员投入一定的心思，时刻加强与干部队伍的沟通，及时发现问题和解决问题。努力找到在建设班集体中的荣誉感。"凡事预则立，不预则废"，辅导员在推动班级建设之前，必须进行全局性、系统性的规划，形成整个学期甚至四年的班集体建设方案。

【精彩博文】

在这个世界上没有人能永远成功。只有在失败中总结经验教训，不断进取才能走出自己的道路。学生干部的工作，不是一个人，而是一个集体，是一个团队，这个团队有很多人组成，可以是同学，也可以是老师，还可以是其他社会组织的成员。在这个团队中，大家共同努力完成一件事。因此，要想做好学生干部的工作，除了要具备一定的业务知识外，还要有较高的综合素质和高尚的道德品质。这就要求学生干部在工作中既要有认真负责的态度，又要有吃苦在前、享受在后的奉献精神；既要有高度的事业心和责任感，又要有良好的人际关系和较强的组织能力。一个人如果不能为别人服务，那他就是一个弱者。服务是学生干部的本职工作，是对学生干部的基本要求，也是学生干部价值所在。作为一名学生干部，应时刻牢记自己的职责和使命，积极主动为同学们服务。

要从自己做起，从身边小事做起，想同学之所想，急同学之所急，为同学们排忧解难。在同学们遇到困难的时候及时给予帮助和鼓励。如当有同学遇到不懂的问题时，应耐心地解答并指导他正确解决问题；当有同学需要帮助时，要及时伸出援助之手；当有同学生病时要及时看望，给他送去温暖和关怀；当有学生遇到其他问题时也要及时提供帮助等等。只有这样，才能做一名真正合格的学生干部，才能更好地服务于同学。只有不断地创新才能让我们不断进步。如果不敢尝试新事物，那么你就永远不会进步；如果不敢去闯、去拼、去超越，那么你就永远无法进步。只有把奉献作为一种自觉行动、一种人生态度、一种价值取向，才能使奉献成为一种习惯，成为人的行为自觉。要做到这一点，就必须从小事做起，从自己做起。要坚持走自己的路，把别人认为不可能完成的事情变成可能。

第四节　拥抱抑郁　呵护成长

在治疗抑郁症的时候，最起作用的是思想，人生规划，而不是镇静剂。

——〔美〕伯恩斯

【案例概述】

小黄，19岁，是交通运输专业的一名大一在校学生。同时也是某学生会部门的同学，她平常看起来积极乐观，又活泼。因她多次请假在宿舍休息，不去上课，导致影响学习。从别人口中了解得知，她在面试部门过程中，说自己有抑郁症，平常也比较自卑内向。甚至开玩笑地说："本人很内向，出门走下水道。"问她其原因才知道。原来小黄爸爸妈妈常年外地打工，从小就跟随其爷爷奶奶在一起生活到10岁，后面才被父母接回，跟父母生活。由于自小未与父母生活在一起，与父母感情不是十分融洽和谐。后来在异地上初中的时候，弟弟的出生，小黄感到父母对她缺乏关心、关爱，更偏向弟弟。

后来，由于父母从不考虑她的想法，只看成绩，成绩不好就会被骂被说。导致小黄在高三时期曾因为学业压力大，休学过一年，经心理医生诊断其存在中度抑郁症状。每次与她进行对话，她总是很平淡地描述每一件事，比如"我正在吃抑郁症的药""可能是吃药吃多了""我晚上睡不着"等等。这每一件事都令人大为震惊，可她却见怪不怪。有一次对话中，她说，"其实现在比之前好多了，以前的情况更难受，有些情绪也无法控制，很无力。"我问她："晚上能睡着吗？"她说："我对安眠药的药效扛不住的，不过我很喜欢吃完药晕乎乎的感觉，好像所有的东西在眼里都是可以动的。"

【案例分析】

1. 本案例是由小黄童年留守以及原生家庭经历导致的心理，导致的"生病"。

本案例中，重点集中在学生家长对学生的心理健康教育与维护的意识不足。矛盾点聚焦在小黄与父母关系紧张，亲子沟通不畅；家长对心理健康的相关认识不足，教育方式失当。

2. 对小黄来言，亲子及同胞关系是小黄心理问题的焦点。

在初中这个较为"敏感"的年龄段，突如其来的较大年龄差距的弟弟使父母关心关怀的"短期缺位"，巨大的落差感使其无法在第一时间构建好正确的家庭角色认知，心理产生了深深的不安全感，家庭归属感降低，独立意识和独立能力的培养和形成没有跟上。这种负面情感在异地求学后被再度放大，地理上的现实距离会让其有"被遗忘""被排除"的悲观想法，从而愈演愈烈，情感上自我封闭，逐渐不愿意他人主动交流，拒绝融入集体，这也导致情绪抑郁，不稳定。

3. 该案例主要呈现出以下特点：

（1）自我发展焦虑

学业压力、人际关系危机，当焦虑无法调节时伴生抑郁情绪，该案例中小黄在高三时压力大，导致无法调节。

（2）家庭亲子关系失和。

原生家庭关系紧张，导致小黄长期在家庭中得不到应有的关爱、理解和支持。不恰当的家庭教育方式，使小黄抑郁因为父母的忽视、冷漠及不正确做法让小黄产生负性童年体验，遇到应激性事件容易内归因及自我否定，陷入消极情绪。社会生态系统理论认为，个体生活在特定的环境系统之中，个体行为与社会环境系统的交互促成了个体心理行为的发展。家庭是与个体联系最为密切的微观系统，对个体的影响是直接且持久的。

4.学会"授人以渔"。

高校辅导员需要根据情况采用充分调度及发挥个体社会支持系统作用的方式及时开展疏导工作，更重要的是学会"授人以渔"。

【案例处理】

1.联系家长，发挥作用，形成教育合力。

发现小黄情绪问题，由于其当时为大一新生考虑到其可能存在一定的心理问题，就第一时间联系了小黄家长。小黄家长十分配合，主动交代了小黄存在一定的亲子关系问题（开学两个月来拒接父母电话）且有一定的抑郁倾向，具体表现为失眠。在了解到这一情况后，我立即请求家长提供小黄的抑郁症诊断病历。小黄家长提供了小黄在入学前三个月时的病历，显示小黄为中度抑郁。由于抑郁症也可能随着时间变化加深，我请求家长配合去学校指定医院进行一次诊断。同时联系家长并召开线上座谈会，在座谈会上耐心告知学生目前所处的境况，心理健康指导中心的老师从专业角度解释抑郁症的形成原因以及可能发生的后果，引起家长的足够重视。并秉持着一切为了学生的健康成长和成才的信念去尽最大力量予以帮扶，引导学生正确认识原生家庭关系和角色，完善自我意识和规划意识，用积极美好的人生目标和实际行动来与原生家庭"和解"。充分调动多方角色形成合力，共同帮助大学生摆脱心理困境。在对大学生心理困境的干预和帮扶过程中要做好角色分工，形成合力。辅导员、班主任等一线学生工作者要及时掌握学生思想动态，发现潜在心理危机，马上开展排查，如需心理医生、心理咨询师等专业人员介入要及时转接。

2. 发挥朋辈作用，积极联系小黄室友。

关注该学生在校的情况，辅导员对该学生进行主动的关心与帮助，走访宿舍并与其进行亲切地谈心谈话，承诺为其保密。一开始发现小黄具有害怕的心理，随后我找与谈话，了解更多情况。后面又从侧面了解小黄状况，与室友进行了面谈，并交代其寝室中一名相对稳重的学生留意小黄日常动向，如果有特殊情况及时向我汇报。经过这一系列的工作解决了我与小黄家长常常联系不上小黄的顾虑。

3. 制定长期解决方案

一是持续与小黄家长保持沟通，让小黄家长及时了解小黄状况，与家长形成合力促进小黄状况向好的方向转化。在每个假期开始前嘱咐家长寒假期间多关心小黄状况，留意小黄病情，督促其按时吃药。二是与小黄同宿舍同学每周进行谈话了解小黄动态状况。三是日常工作中把握机会多关心小黄，在小黄心中留下一个好的可以信赖的形象，促使其态度转化。

4. 让其加入朋辈团体心理小组

相信朋辈帮扶的力量，要发挥好心理委员、心音使者等学生干部的作用，形成和谐友爱、互相帮助、共同成长的良好班级氛围。大学生心理问题处理难度大、突发性强，一定要运用集体的智慧和力量，将帮扶措施落到实处，将关心关爱做得长久，建立起足够的信任感，化解学生的心理负担，起到真正的帮助作用。为帮助该学生尽快建立起更加牢固的社会支持系统，心理健康指导中心的老师推荐其参加朋辈团体心理小组。小黄加入之后，在心理小组安全、友爱、接纳，平等的团体氛围中，逐渐打开了自己的心扉，也在小组中收获了新的朋友。

【经验与启示】

1. 要树立对抑郁症的科学认识。

根据世界卫生组织的相关报告，抑郁症在全世界的发病率约为11%，目前已成为世界第四大疾患。在大学阶段，抑郁障碍的发病比例较高，给学生的心理健康和生命安全带来了严重威胁，也给高校思想政治教育工作带来不小的挑战。因此，高校必须高度重视抑郁症的负面影响，做到早发现、早干预、早处理。

2. 关注学生心理健康，提升自身职业素养。

对学生进行心理健康教育与咨询是辅导员工作的重要职责，这就必然要求辅导员具备一定的心理专业知识。因而在日常工作中，辅导员需更加主动学习心理专业相关知识，积极参加心理培训，掌握相关的技能，从而具备对学生心理问题进行初步排查和疏导的能力。

3. 加强家校联动，携手共育未来。

抑郁症的形成与学生个人的成长经历、负性生活事件、挫折体验等有着很大的关系。抑郁症的成功治疗更需要深入剖析其形成的影响因素，包括家庭、学校、社会等，也就是说，除了精神卫生机构的药物，还需要家庭、学校的密切配合。学校和家庭都应各尽所能地为抑郁症学生提供足够的理解、支持与帮助，付出足够的爱心、耐心、责任心与陪伴，用爱去驱散学生心中抑郁的阴霾，重新燃起其对生活的憧憬与希望。

4. 发挥朋辈互助的力量，推动健康成长。

辅导员要注重发挥心理委员的作用，开展心理健康教育相关培训，提高心理委员的心理工作水平，利用朋辈之间交流障碍少，沟通及时的优势，将心理健康问题在第一时间得以上报，有利于问题的及时解决。

5. 发现学生的闪光点和资源，增加锻炼机会。

辅导员要以积极视角看待得过抑郁症的学生，在关心爱护的基础上，发现其闪光点和资源，帮助其找到自身优势，鼓励其发展健康兴趣爱好，通过参与富有意义的实践锻炼增强其自我效能感与成就感，创造性地帮助其找到实现自我价值的渠道。

【精彩博文】

抑郁症并不可怕，只是心理有时生病了而已，就如同身体生病需要吃药打针一样，心理生病了同样也需要及时就医治疗。拥抱心灵让我们一起坦然地迎接生活中的不顺虽然心情偶有"阴霾"也依然坚信阳光终将穿过云层裹着四季的温柔拥抱你！同学们，人生路那么短，我们一起扶持着走过，可好？

第五节　有借有还　将心比心

借人物，及时还，人借物，有勿悭。

——《弟子规》

【案例概述】

大一上学期，小明住在东边二栋的学生宿舍。刚开始大家并不熟悉，彼此都比较客气，并未发生不愉快的事情，后来小明与其他同学关系慢慢熟络，就开始借东西。从最开始的开始"借"纸巾、纸，到后来的水卡、零食、洗发水和沐浴露等其他东西，用完到处乱放，舍友想用的时候找不着，刷完舍友的校园卡还钱还不赶紧还钱，隔天第一次提醒还不还，过几天提醒第二次才给舍友微信转过来，对于"借"的这些东西，小明认为东西并不珍贵，因此很多东西也没有归还的意思。自己有的东西也鲜少分享给舍友，这令室友们非常不满，小明也没有关注舍友的情绪。

然而有一次周末，小明早上要出去玩，但是手机没多少电量，自己的数据线又找不到，于是向小赵借。起初小赵并不想借，一来这是他唯一一条原装数据线，二来是因为小明的名声在宿舍不好听，但又考虑到未来还要在同宿舍生活四年，最后还是借给了小明。待到晚上，小明回来之后，小赵要求小明归还数据线，小明声称数据线丢了，小赵要求他找回或者买一条相同的数据线回来，小明拒绝，于是两人发生口角摩擦，最后双方动起手来。

经过与他们的舍友深入沟通，才发现小明已经不是第一次弄丢舍友的东西，主要是之前所丢失的物品并不贵重，舍友考虑到今后还要一起生活四年，也不想过多计较。"我是宿舍里的宠儿"，小明总是自恃道，"我借了室友的物品不还，他们也不敢怨我多久"。然而这次小赵的原装数据线比较贵，并且跟自己的手机匹配，充电更省时间，加上小明的态度不好，导致小赵情绪比较激动。同时小明也不知道这数据线对小赵的重要性，以为会像之前那样不了了之，他认为这件事并不是什么大不了的事，于是双方便发生了摩擦。

【案例分析】

首先，从上面案例中，我们可以看出：小明缺乏互相理解、互相尊重的观念。小明没有认识到大学读书期间的室友和同学之间的和睦相处，是在为将来步入社会做铺垫。在大学期间提高宿舍的和谐的氛围，今后步入社会后和他人也能友好相处。若想和舍友们好好相处，首先就应该懂得理解他人、尊重他人，这样一来，舍友方能对自己的尊重和理解。

其次，小明总是借东西不归还且缺少分享感。小明老是跟别人要东西或者借东西，这是个很不好的习惯。不管自己想要什么样的东西，首先就得通过自己的努力去争取，总是管别人借，或者管别人要，长期下去会引起舍友们反感且影响宿舍内部的和谐氛围。因此，小明应该把"借"东西的习惯改掉，不管自己想要什么，得通过自己的努力，只有通过自己努力得到的东西才是最好的。小明除了做到自己争取和有借有还的同时，也要学会主动分享自己的东西。分享可以有效促进舍友之间情感和谐，减少矛盾纠纷。

最后，我们也发现，小明没有学会站在对方的角度看待问题，总是为自己而考虑。我国有句俗语叫"己所不欲勿施于人"，意思就是自己都不喜欢、不想要或者不想做的东西，不应该强加给别人，更不应该要求别人能做到。而在大学期间，要保持室友间的友好相处，宿舍每个人应该学会换位思考，这样一来，可以让学生更加灵活地处理室友间的关系，减少宿舍的矛盾。

【案例处理】

综上，作为辅导员，我们应该将自己放在一个客观的位置上去看待这个事件。我们遇到学生宿舍矛盾问题时千万不能掉以轻心，一定要重视这个事情，不能因为自己认为这是件小事就敷衍了事，同时要给学生抒发情绪的机会和空间，要确保弄清事实，做出正确决定。像本案例中的小明因多次借东西不归还或者不重视同学的东西而引起宿舍矛盾，如果仓促给这件事情下定义或调整宿舍人员，不仅不能解决问题，反而会伤害到学生的自尊，引起学生反感，给今后的学生管理工作带来诸多麻烦。

我们还要建设积极向上班风，开展关于提升道德品质的主题班会及娱乐活动，加入学生之中，了解学生的想法，关注学生在宿舍内的真实情况，正确引导学生要有互相尊重、互相理解的观念。还要给学生开展学会站在对方的角度看待问题的座谈，让学生之间互相理解，适当的时候给予相对应的帮助，让学生感受到温暖和爱，避免走上极端。多给学生传播正能量，避免学生受不良思想的影响，也可以促进校园文化的建设和学生的社会责任意识的提升。

从教育角度来看，"借而不还"这种行为是一个缺乏公德心和责任感的表现。这种行为的主体可能是因自私自利而懒于还物品，也可能是因为缺乏对自身物品管理的知识和技能而不能妥善管理好借来的物品。因此，教育方面的解决措施应该从两个层面入手，既强调道德和责任感，也注重提升自身物品管理的能力。

总之，在解决大学生宿舍矛盾时，我们一定要重视起来。我们要做到充分信任同学，尽量让他们自己用合适的方法化解宿舍内部的矛盾，当然在这过程中也需要我们正确引导学生要有互相尊重、互相理解的观念，使他们以积极的心态来解决学生宿舍矛盾。我们相信：当学生想通其中道理，懂得换位思考，放下思想偏见的时候，会让学生宿舍有着和谐氛围。

【经验与启示】

这个借而不还的案例给我们特别的启示。首先，我们要让学生明白借东西要有责任心，借来的东西不是自己的，是别人对自己的信任才借的，因此，一定要及时将东西还回去。此外，也要教育学生要对别人的东西保持敬畏之心，不能随意弄坏或丢失别人的东西。

其次，这个案例也让我们意识到在教育中要重视品德教育。品德教育不仅涉及学生的个人修养，更涉及与他人的关系和社会责任。只有学生有了正确的道德观念，才能树立良好的人际关系和社会责任意识，以基础的道德规范来维护社会秩序，对他们的成长和未来的社交生活都有极大的益处。

最后，我们也要建立一个包容和宽容的学习氛围，既可以严肃对待每个借而不还的案例，也要针对年龄和行为作出相应的普法教育和道德教育。

我们应该鼓励学生在公共场合借助他人的物品，以提高其社交技巧和交往能力。同时，我们也要让学生理解，遇到被借不归的情况，不能轻易地抱怨与选择怒斥他人，而要寻求公正的解决方案。

综上所述，小明借而不还案例是一个经典的教育案例，对于我们在日常教育学生上也有很多的借鉴和启示。只有我们注重品德教育和社会友好关系建立，不断努力理解和寻找道德教育的答案，从小培养好的品德，才可以更好地迎接未来更为复杂和多变的社交生活。

【精彩博文】

俗话说：借人物，及时还，人借物，有勿悭。它的意思是：借用他人的物品，用完了要及时归还；别人向你借东西时，如果自己有就应该答应，不要吝啬。作为新时代的辅导员，我们要正确指导学生的有借有还的品德，培养他们"自己的事情自己做"的能力，引导他们不要一味地依赖他人，要靠自己。同时我们也要让学生清楚的知道：别人借东西给自己是情分，不借是本分，别人愿意借给自己，是因为别人对自己的一种信任，自己应当要进行归还，事后若是自己有好东西或者别人要借自己的东西，自己不应该吝啬，要分享东西和借给他人东西。毕竟，俗话说得好"有借有还，再借不难。"在大学时期，同学之间借与还是非常普遍，因此，我们也要加深同学之间的友谊，开展多种活动，要求全部学生参加到活动中，增强同学之间的凝聚力，让其凝聚力更上一层楼。

最后，希望同学们能在大学都能拥有自己的友谊，能够有互相理解、互相尊重的观念，让今后的大学生活更加充实。

第六节　适应环境　找回自我

理智的人使自己适应这个世界；不理智的人却硬要世界适应自己。

——萧伯纳

【案例概述】

聪聪，男，是在校大一的学生。开学两个多月，聪聪在QQ给我说："大学的环境太难适应了，学又学不懂，有时候还不如直接在宿舍打游戏、看小说算了吧，这样子还有一些快乐感，但是我又不甘心，不想让自己再颓废下去。"一看到留言，我立刻重视起来并开导他。

和他深入交流之后才知道，在高中时期，他的父母为了让聪聪能上一个较好的大学，就没收了聪聪的手机和电脑，并且让聪聪每天有做不完的练习题，聪聪也理解父母的苦心，学习也努力刻苦，最终高考过后，聪聪如愿以偿进入到一个很好大学。刚上大学，他开始有了"喘口气"和想要"自由"的念头，就迷恋上网络的游戏世界和众多的小说情节之中，一天不玩的电脑游戏和不看的小说，他就觉得浑身难受、不舒服。同时他觉得大学和高中不一样，上课没人监督，大学老师很少安排具体的学习任务和作业，使自己无所适从，他渴望得到帮助但是说不出口。渐渐地他开始旷课停留在宿舍玩游戏、看小说，无心再去努力学习，作业直接抄袭舍友或者同学的，也没有兴趣再做社团的事情。此外他感觉上大学后身边的同学都有自己的特长，高中时期那种被众人瞩目的眼光不再落在自己身上，也没有人在意他过去光辉的成绩，因此他觉得自己存在感不强，于是开始沉迷游戏和小说，希望自己能生活在玄幻世界，从而进行自我封闭，不再参与班级上的集体活动。

【案例分析】

1.适应

适应是指当个体与外界环境之间处于不平衡状态时，个体通过不断调整自身或者改造外界环境，从而使其与外界环境重新达到平衡统一的良好的生存状态。

在本案例中，聪聪在高中时期学习刻苦、努力，最后如愿考上了理想的大学。但是，对聪聪而言，从高中升到大学，意味着学习生活环境即将改变，这就需要聪聪学会角色适应和环境适应。角色适应就需要聪聪认清高中生与大学生之间身份的转变。一方面是在学业上的自学模式，在大学的学习生涯中，大学学业将更加倾向于主动性，这也就意味着依靠学生自己的主动学习能力；另一方面是在生活上的独立自理能力，在大学的生活中，大学生将更加倾向于独立自理能力培养，这就需要学生拥有自律能力。环境适应就需要聪聪适应生活环境的变化。首先就是适应大学的学习环境，在高中的时候，高中老师每天会适当安排的具体的学习任务和目标让学生进行学习和预习等。而进入大学后，大学新生将面临自己设置大学学习规划和学习目标等相关问题，同时也要适应大学授课方式，大学授课方式是高效快速而且信息庞大的，这导致不少学生因离开了老师的安排、家长的监督等，从而无所适应大学的生活环境里。为满足聪聪自己的安全需要、光辉需求以及归属需求，最后能够实现自我价值，这就需要聪聪在大学的"必修课"中必须包含适应，这也是聪聪能在大学的生活中健康成长所必须经历的过程。

2. 情感

情感是指人对客观事物是否满足自己的需要而产生的态度体验，包括心情感动和人受外界刺激而产生的心理反应，如喜、怒、悲、恐、爱、憎等。

这是一起因中学升大学带来情感复杂变化和学业困境的心理工作案例。在本案例中，聪聪在高中时期对学业充实的喜欢到大学的"自由"和"喘口气"的轻松，再到后来环境变化后带来不适的恐惧。从中，我们清楚地看到，同学们之间的交流甚少。聪聪渴望得到帮助，但是他没有主动向同学们表达自己的真实情况和所感所想，同学们也没有询问聪聪是否需要帮助，使聪聪在大学期间极度不适应，让他觉得自己在大学里存在感不强，最终颓废。因此，我们需要更加注重学生之间相互交流，相互表达的能力，只有真诚地表达出自己情感，才能真正地解决问题的方法。

【经验与启示】

1. 开展座谈会，了解学生的忧虑，助力大学新生进行角色转换

我们要积极开展座谈会，借此来建设良好班风，多指导大学新生主动参加主题班会、娱乐活动等，丰富学生的课余活动。我们还要加入大学新生之中，了解大学新生的上大学之后的顾虑，时刻关注大学新生的情绪状态的变化，正确引导大学新生适应大学的生活。还要给输入互爱互助的思想，让他们彼此之间给予帮助和关心，充分发挥大学新生之间的"传、帮、带"作用，让大学新生能尽快确定自己的大学奋斗目标和职业生涯规划，尽快适应大学的教育教学方式并找到适合自己的学习方法，尽快安排好自己的课余生活并养成良好的生活习惯。让他们感受到集体的温暖和爱，避免个别同学思想存在错误，导致走上极端。最后，帮助大学新生调适角色转换心理，给新生传播大学生应该拥有的思想和觉悟，要让新生学会抛开自己过去的角色光环，重新建设和定义大学生这一新角色，开始新角色征程之路。

2. 培养学生学习主动性和生活自理能力，助力新生适应大学环境

一方面，我们要积极培养学生的主动预习、主动完成作业的能力，帮助大学新生主动接受和面对学习环境上的变化，明确自己需要进行改变的地方。就是让学生尽快识别和区分学习环境与高中有哪些不一样，主动去接受大学学习过程中不可改变的因素，并尽快熟悉这些环境的具体位置，如教学楼、图书馆。另一方面，学生的生活自理能力我们也要积极培养，如独立生活、适度消费。我们可以通过开展主题班会教育活动和个体单独指导的行动，让大学新生形成独立负责自己衣食住行的意识、养成良好的生活作息规律及具备基本的生活技能礼仪。同时帮助大学新生学会适度和理智消费，适当指导他们一些金融理财的知识，让新生们明确自己的消费情况，不可盲目攀比，理智进行消费。

3. 鼓励大学新生之间主动交往，助力改善新生之间关系

我们作为辅导员，要带动大学新生的积极性，鼓励新生主动与他人交流，多开展各种集体活动，助力大学新生拥有一个广阔的沟通平台，让大学新生走出自己孤独的身影。与此同时，我们要让大学新生知道自己身边有哪

些可沟通平台可以进行交流，提升大学新生的人际沟通技巧和能力和集体归属感，如读书会、英语角、兴趣会、老乡会等。此外，我们在提升大学新生的人际沟通技巧和能力和集体归属感的同时，也要言传身教用心建立与大学新生之间的关系，耐心了解他们的需求、关心他们的生活、解除他们的困惑。我们还可以通过开展以上的一系列活动，让大学新生学会懂得倾听、懂得尊重、懂得赞美等，努力提高自身内涵。最后，要助力大学新生勇敢、有信心地与他人进行交流，鼓励学生要多说多讲，要主动地与人交流；同时注重培养学生养成自尊、自爱、自立自强、自制等优秀的心理品质，提升学生在人际交往中的魅力值。

4.搭建学习交流平台，助力大学新生适应大学高效学习

我们作为辅导员不仅仅要关注大学新生适应的生活情况，也要时刻关注新生适应学习的状况。我们要为学生搭建起学习交流、创新创业交流、资料分享等各种平台，使大学新生在入学时就能够明确规划自己未来的学习目标、建立新的学习模式、拓宽自己的知识面。一方面，我们要组织开展新生和老生的学习经验交流会、学生和导师见面会、新生入学教育等活动，这就有助于学生了解高中学习方式和与大学学习方式具体存在哪些不一样，进而了解大学学习方式有哪些、学习平台具体在哪里、学习共享资源的地方在哪里等。另一方面，我们要搭建专业教师与新生的沟通交流平台，如邀请专任教师尤其是系主任加入班级群为学生解读专业培养方案进而确立适合自己的学习目标，同时指导学生进行选课、竞赛、创业、实践等。最后，我们要将校内外各种力量结合在一起为学生搭建全方位的学业促进系统，从而让大学新生的学习情况更加稳定，同时还能提高他们在大学的自主学习和研究的兴趣，助力大学新生加快适应大学高效学习能力。

【精彩博文】

大学学习不同于中学。俗话说"师傅领进门，修行看个人"，在大学里更多的是靠自觉和自学！诚然，书本并非万能，学生在学校除了掌握专业知识外，更重要的是学会做人。老话说得好：大学生活就像一个小型社会。因此学生学会如何与同学、老师、领导打好交道，锻炼自己的人际沟通能力和

为人处世的能力，这才是学生在大学期间获得的最大财富！最后，祝大学新生们学有所成，活得舒畅！男同学争做高富帅，高在学识，富在精神，帅在行动；女同学争当白富美，白在品行，富在内涵，美在心灵。

第七节　沉迷网游　伤身伤心

如果把帮助青少年戒除网瘾的所有因素铸成一把金钥匙，那人格、素质和哲理这三大要素，就是那金钥匙上开锁心的前齿部分即金钥匙开启网瘾青少年心锁的最为关键的部分。

——陶宏开

【案例概述】

大二上学期刚开学不久，A班一位成绩优秀的学生突然给我发信息，给我留言说：某某电脑游戏很好玩，一到自习或者其他空余时间我就想着玩游戏，我一直都告诉自己要放下但是又没办法，经常告诉自己玩一会，再玩一会儿就好，结果一玩又过了一天，这导致我学习、锻炼和社交的时间都大大减少，我现在非常的苦恼，但我真的不知道该怎么办了！这令我感到很震惊。在我的印象里，该同学在是一个学习刻苦、成绩优异，平时又爱好运动的很优秀的学生。

我经过与他深入沟通后，知道他没有加入学校里的社团，空余时间比较多，上大二之后又没找到自己的目标，很迷惘，导致精力过剩，无所事事。就开始学习玩起某某电脑游戏，但是没想到最终沉迷其中，无法自拔，甚至是把学习，运动和社交的时间都花在上面。现在他很痛苦，他知道自己不应该这样，但是自己又没有办法控制自己。

大一上学期，该同学学习很刻苦努力，喜欢运动，喜欢社交。他经常会参加各种竞技比赛，提升自己，也很喜欢运动，还在校运会拿过奖。但是一个学期后，他发现身边那些参加社团、做学生干部的同学越来越忙，很难约到一起。由于自己没有加入学校的社团，也没有做什么学生干部，在完成学习和训练的任务之外，还拥有大量的自由支配时间，这些时间让他感到十分无聊。他的舍友在天天在宿舍打游戏,有时候也会叫他一起玩,之前他一直都是推脱的,但是那段时间真的是太无聊了,也不知道要干什么,想着就玩一会,尝试一下,打发一下时间,没想到一发不可收拾。因为他是在混合宿舍,舍友都不是自己班上的同学,沉迷游戏之后他跟自己班级的同学的沟通较少,在班级里面各种有关投票的奖项他都一一落选,使他对未来开始怀疑、迷茫,觉得做学习好的用处不大,评优评先的希望渺茫,因此他对未来的规划渐渐失去的动力,把时间都花在玩游戏上,荒废学习,抛弃自己的兴趣爱好。但是上了大二之后,他看着之前一起玩的同学都有自己的目标,都在不断提升自己,他感觉自己不应该是这样的,他想要改变,但是又没有办法摆脱游戏。

【案例分析】

首先,我们可以看到,该同学本身是一个刻苦学习的学生,也有自己的兴趣爱好。他会有自己的计划,会自觉主动参加经济活动,喜欢运动,保持状态。但是该同学没有明确自己的长远目标,所以自己的计划会有空余的时间,在身边的同学都在忙各自的事情的时候,自己却无所事事,碌碌无为。所以在学生面对这样的问题时,我们应该鼓励他们发掘自己的潜力,寻找自己的长远目标,然后慢慢向这个目标前进。

其次,我们也很容易发现该学生的好奇心是很强的,愿意去尝试新的事物,但是他的自控能力却有点弱。在自己无聊的时候,好奇心促使开始尝试一下游戏,但是他本意也只是想打发一下时间,就是因为自己的自控能力不够,没有严格自己控制玩游戏的时间,没有分析游戏利弊,才会导致自己神沉迷于网络世界,无法自拔。由此我们可以知道,保持好奇心是很重要的,但是一定要有自我控制能力,要学会分析事件的好坏,才能让我们在面对事件的时候既能深入探索,又能全身而退。

最后,我们也能看出,该同学是一个有"错"就改,很有勇气的同学。在意识到自己这样的行为跟自己带来的损害后努力去改变,在发现自己没有办法自我解决问题时,及时向老师请求帮助。不管在什么时候,只要我们发现所作所为不利于自己的成长,发展时,我们都应该要勇敢开始改变,不要担心前面的道路有难。

【案例处理】

作为辅导员，面对这样的学生，我们肯定不能上来就一味地指责学生。我们一定要深入了解学生的经历，了解学生真实的想法。在交谈过程中，要多鼓励学生把他们找回自己兴趣爱好，找到自己的目标，引导他们要正确认识自己的目标，并且脚踏实地，一步一步向前走。同时积极鼓励学生参加社团活动或者竞选学生干部，告诉他们如果还不确定自己的目标，参加社团活动或者当学生干部可以让他们在忙碌中慢慢找到自己真正感兴趣的事情，从而确定自己的目标。

在了解学生的情况之后，明确学生的需要的帮助之后，要积极给学生提供建议，帮助学生完成改变计划，并且告诉他，有任何需要都可以和自己交流沟通。我们应该认识到，想要戒掉网瘾是很难的，而且该学生也明确表明了自己一个人无法改变，所以我们要有足够的耐心去帮助，要引导他们一步一步，脚踏实地地改变，不能强迫自己。要不断鼓励学生，给他们足够的信心去改变自己。

在学生已经有所改变时，要继续帮助他强化这样的行为，并且鼓励他坚持下去。我们都知道，想要改变一个坏习惯并不是一件容易的事，特别是在改变刚刚有成效的时候，很容易重蹈覆辙。所以当学生有所成效时，一定要积极关注学生的状态的情绪，必要时让他适当地放松，避免适得其反。

【经验与启示】

要引导学生自觉主动寻求自己的目标，并向这个目标不断前进。作为当代大学生，现在的他们还处在青春的美好年纪中，他们应该不断地提升自己，完善自己，坚定地选择自己的目标，并为之不断努力。作为辅导员，我们有责任引导学生探寻自己的目标，引导他们培养合理的认知，不断鼓励他们发觉自己身上的闪光点，鼓励他们勇敢向前，不用害怕未来可能发生的事。我们要经常和学生交流谈心，了解他们内心真实的想法，同时要公平公正地对待每一个学生和他们的梦想，不能嘲笑，讽刺，否定学生梦想，要多鼓励学生，增加他们的自信心。

在帮助学生解决问题时，先明确目标，然后要保持耐心。无论做什么事情都需要有明确的目标，只有有了明确目标才能不断向前进，同时，我们也要深刻认识到，做事情要有耐心，又有足够的耐心，我们才能走得更久，走得更远，我们才能离自己的目标越来越近。这也是我们要让学生自己意识到并且在生活中实践的。

多开设一些班集体活动，增加学生之间的交流。在本案例中我们可以看到，该同学是一个喜欢社交的，但他跟班上同学的交流并不多，说明他们一起交流的机会并不多，所以可以多开设一些班集体活动，增加彼此的相互交流，帮助他们更加了解彼此。

传播正确的游戏观。沉迷于游戏当然是一件十分有害的事情，但是如果能正确利用游戏带来的利益也是很不错，现在的许多游戏都是组团游戏，可以让学生通过游戏去培养团队意识。但是需要强调的是，要有一定的自控能力，不然会造成不可挽回的后果。

【精彩博文】

俗话说：知己知彼百战不殆。学生要想脱离网瘾必须先知道自己为什么会上瘾，因什么事情而上瘾。这个过程其实是一种自我博弈，对手是学生大脑中的"多巴胺陷阱"，所谓多巴胺陷阱，也就是由游戏、APP的策划者刻意设计的反馈机制塑造，借此来深刻地改变学生的行为模式，使学生沉迷于其中而不自知。因此，学生想要脱离网瘾，就得立刻行动起来，接受最真实的自己，而不是对自己进行刻意掩饰和全面打压上网的兴趣。当然，学生在脱离网瘾的过程的过程中，第一步就是树立自信心，相信自己一定可以做到脱瘾！这一步是尤为重要，若是连脱离网瘾的信心都没有，那就没有必要再进行下去了。第二步就是运用有效的方法。学生可以将手机和电脑进行关机处理，自己再去找一些感兴趣的事情做，这样做的好处是：一方面远离诱惑，另一方面培养在正事中的沉浸式体验。第三步就是允许自己有所反复。以我自己为例，我现在做不到一天里坚决不玩游戏，事实上我主观上也不想完全不玩。但是我能做到重要的事优先处理，如果重要的事没有全部处理完，我可以先不玩游戏。我再也没有在卸载游戏与重新安装的怪圈里打转。游戏就在那里，我做到了可以先不玩它。这三步是一个持久性的过程，必须要有耐心，方能达到脱离网瘾的过程。

第八节　跳楼风波　化险为夷

热爱生命是幸福之本，同情生命是道德之本，敬畏生命是信仰之本。

——周国平

【案例概述】

轨道专业大二的两名学生艾达嘉与毛不闹向来不和，矛盾积累已久，碍于同学一场，并没有出现严重的冲突。一天下午，两人无课待在宿舍（宿舍在6楼），后因琐事发生争吵，言语愈发激烈，毛不闹多次扬言要跳楼，艾达嘉不以为意，甚至还宣言：有种你就跳！随后，毛不闹便爬上了宿舍飘窗上，舍管阿姨在巡逻过程中发现了这个情况，于是立马打电话给我，我迅速赶往了现场。

【案例分析】

事件的起因为宿舍内部矛盾冲突，从无到有从小到大，积攒到一定程度终于在此刻爆发。但毛不闹同学选择以轻生解决宿舍内部矛盾冲突，实属不应该，也是对自己的生命极其不负责任。

1. 对生命不负责任

毛不闹同学的欲轻生行为不仅是对自己生命的不负责任，也是对宿舍内部矛盾冲突的不负责任。他的选择不仅没有解决问题，反而让问题变得更加复杂和严重。宿舍内部矛盾冲突的积累是一个长期的过程，需要大家共同努力去解决。如果每个人都选择逃避或采取极端的行为，那么问题只会越来越严重，最终导致不可挽回的后果。

2. 看热闹不嫌事大

再聚焦到艾达嘉同学，他是推动本次矛盾升级的"催化剂"。在争吵期间，他嚣张跋扈，口不择言，在听到毛不闹同学说要轻生时，不仅没有对他进行劝说，反而还"推波助澜"，用激烈的言语去刺激他。艾达嘉同学的做法是典型的看热闹不嫌事大行为，针对学生的此类行为，我们应该要采取行动对其进行引导和劝说，将他的思想拉回正轨。

3. 退一步海阔天空

在现实生活中，矛盾和冲突是不可避免的，但我们应该以理智和成熟的态度去解决问题，而不是选择逃避或采取极端的行为。此外，学校和社会应该加强对学生心理健康的关注和支持，提供更多的心理咨询和帮助，避免学生动不动就想要轻生的事件发生。

我们应该以理智和成熟的态度去解决问题，尤其是在面对矛盾和冲突时。首先，我们应该学会沟通和妥协，尽可能地化解矛盾。如果无法化解，我们也应该寻求帮助，比如向老师或心理咨询师寻求建议和支持。

【案例处理】

1. 确保速度，立刻赶赴现场处理

在赶往现场的同时，我第一时间将此情况报告学院分管学生工作的相关领导，然后联系两位学生家长，告知家长该生因琐事与宿舍人员发生冲突，有轻生念头，正在赶往现场处置，希望家长此时配合学校，协同处理此事。到达现场后先疏散围观学生，防止人员起哄，造成事件恶化；先让艾达嘉同学离开现场，然后与毛不闹同学谈心谈话，交谈中晓之以理动之以情，从家庭到学校、从当下到未来，稳定学生毛不闹同学的情绪，引导他先下来。在确保毛不闹同学的安全前提下，找其他人员先行照顾他，然后着手协调处理此事。

2. 给予温度，了解矛盾根源

逐一找同宿舍其他人员谈话，了解宿舍矛盾根源，并嘱咐他们要多关心、引导一下这两位同学，帮助他们化解矛盾。

3. 表明态度，化解矛盾冲突

经过多方面的谈话与走访，发现学生艾达嘉与毛不闹之间的矛盾冲突并非单方面的，而是双方少有交流，缺乏深入了解导致的。在与两人当面谈话时，表明调宿是下下策，是在逃避问题，能解决一时不能解决以后；采用乔哈里模型，扩大两人的公开区，缩小盲目区，增进彼此之间的了解，学会换位思考，多体谅对方，从而更好地减少矛盾和冲突。

4.朋辈帮扶，持续关注学生情况

组织班委、寝室长、心理委员持续关注两个学生情况，有异常及时反馈给辅导员。

5.谈心谈话，了解学生心理动态

建立心理台账，将学生情况反馈到心理中心寻求专业的心理辅导，定期与学生进行谈心谈话，了解学生的心理动态变化。

6.增加深度，强化心理教育

以此次事件为背景，结合后疫情时代的新特点，召开生命安全教育专题会议，让学生真正感受到生命存在的珍贵；借用瑞格心理服务平台，要求所有学生进行心理测评，全面掌握了解当下学生的心理现状；采用情绪ABC理论，让学生针对一些诱发性的事件，表达自己的看法，记录下自己的情绪变化和所导致的行为结果。

【经验与启示】

由于大学生的活跃性和缺乏实践经历，他们常常容易受到情绪的影响而出现争吵和暴力行为，有的更可能导致自杀的想法。若辅导员能够迅速、准确地解决这些问题，可以有效地缓解纠纷，避免更加恶劣的结局。

当面对复杂的挑战时，辅导员应该以理智的思维去解决，并且以宽容的心态去面对。无论是从何处而来的，无论是从何处而来的，大学生们都会经历各式各样的冲突，而且，当他们发动暴力或者选择轻生的行为时，就显得尤为可怕。作为一名辅导员，我们应该保持良好的情感，并以一种宽容的态度来应对学生之间的冲突或者逃跑。

现在，许多辅导员在处理学生打架和轻生的事件时，更倾向于采取教育性的方式，而不是像过去那样以批评和训斥的方式来解决问题。一些学校甚至制定"家庭教育"法，认为打架是一种严重的违反纪律的行为，因此必须要求家长将学生带回家进行一周的家庭教育。

1. 预警与反馈机制相统一

作为一名优秀的辅导员，我们需要不断努力，积极参与学校举办的紧急救援演习，熟悉如何有效处理学生集体事故。我们还需要不断增强我们的安全意识，并且不断提升我们的应对紧急情况的能力。此外，我们还需要经常拜访学生，关注他们的感受，并且不断提高我们的工作效率。最后，我们还需要提醒他们，当他们遭受挫折和挑战时，我们需要给予支持和指引，让他们有信心克服问题。

2. 家庭与学校沟通相衔接

通过良好的家校沟通，可以促进家庭与学校的共同努力，使学生能够更加全面地了解自己，从而更好地解决教育过程中出现的问题。当学生之间的矛盾升级时，家长可能会介入，因此，应该尽量避免家长与学生的直接接触，以免引发更多的纠纷；辅导员应该成为解决问题的主导者，不受家长情绪的影响，以确保学生、家长、学校之间的利益得到最佳的平衡。

3. 心理与思政教育相结合

通过利用校园广播、网络媒介、宣传墙等多种载体，组织开展心理健康知识、沙龙、主题教育等活动，让学生积极参与，不仅能够提升他们的心理素质，还能够增强他们的思想道德修养；通过实际案例，向他们讲解心理健康的相关理论，帮助他们更好地理解和应对学习和生活中的挑战；建立一个网络心理联系平台，让学生们能够在这里进行互动交流，从而更好地发挥自身的优势，解决自身的问题。

同时，我们也可以从以下几个方面下功夫。第一，加大主流媒体宣传引导，树立正确观念。主流媒体应该利用官方网络、官方平台、三微一端、短视频等平台，向家长、学生群体以及教师群体去宣传平等，尊重青少年成长的教育理念。另外，向学生发出倡议，作为当代青年人应该具备解决问题的能力，以及学会与人沟通的技巧，放下手机，学会与自己的父母、老师、朋友面对面交流。第二，学校切实做好教育管理。在这个时代，我们的学校需要致力于培养孩子的良好品德，让他们明白自己的责任，并且能够在这个时期发挥自己的潜力。我们需要通过各种形式的培训，来提高孩子的道德修养，让他们能够在未来的社会中发挥自己的最大潜力。学校不仅仅要抓学生的学习，更应该从德智体美劳去引导学生全面成长，尤其是德育教育。充分利用课下活动等多种方式，让同学们树立一个正确的人生观念。第三，教育者树立正确沟通理念。无论是家长、老师还是学生的任何长辈，在和学生交流的时候应该意识到当代学生作为一个独立的个体，在平等尊重的基础上进行交流，要注意维护学生的尊严；并且，在平时的生活上、学习上也应该注意不要过分溺爱。

【精彩博文】

生命是多么深邃的话题，它包含着人世间一切最极致的体验，生命可以是能够被毁灭，但不能够被打败那般顽强，也可以是"亦余心之所善兮，虽九死其犹未悔"那般博大。

第九节　激情换寝　发帖造谣

君子之交淡如水，小人之交甘若醴。

——《庄子》

【案例概述】

艾柑静（化名），大一女学生，突然有一天晚上深夜给我发 QQ，情绪激动地提出想要换宿舍。原因是她所住的宿舍为六人间，平时杂物较多，只有一个床头柜可以放杂物，艾柑静同学和习迢迢同学的洗漱用品都放在了柜子上，早上艾柑静同学拿东西的时候不小心把习迢迢同学的东西碰掉了，习迢迢同学十分不满发起了牢骚，艾柑静同学也很生气地和她发生了争执。晚上回到宿舍，艾柑静同学发现自己的垃圾桶被放置宿舍门外，生气地回宿舍质问，习迢迢同学表示垃圾桶味道较重，不及时倾倒就不得不放置门外，两人产生激烈的争吵，艾柑静同学觉得其他舍友们都不帮助她，一致欺负她，于是情绪激动，提出换宿舍。与此同时，习迢迢同学也发消息告诉我说：艾柑静同学将此事添油加醋地在加醋地在网上发帖，说全宿舍的人都孤立她。

【案例分析】

1. 家庭经济条件和成长环境存在差异

同一宿舍内女生来自不同的地区、不同的家庭，其地域文化、家庭条件、成长道路等方面的不同，必然带来生活习惯、思维方式的迥异，如果缺乏理解包容之心，女生容易产生矛盾。尤其，艾柑静同学在宿舍所表现出的是不爱干净的行为，引发其他舍友的反感。当艾柑静同学的垃圾桶被放置在宿舍外时，她第一反应不是觉得抱歉，反而是抱怨舍友，从而引发一系列的争吵矛盾。艾柑静同学的这一行为也可能是导致了舍友不愿与其交往的关键原因。

2. 宿舍矛盾爆发的真相

宿舍矛盾最终的爆发往往是因为舍友间不能当面、真诚、心平气和表达自身的内心感受，导致不信任、不理解被放大，最后两人不欢而散，再也难以和平相处。由于艾柑静同学的种种行为，使得她的舍友都不愿与她往来，而她非但没有自我检讨，反而还在网上发帖污蔑其他舍友孤立她，我认为她产生了较为严重的心理问题，应立即联合心理咨询师出手对她进行心理干预。

【案例处理】

1. 安抚学生情绪，了解事情详情

接到艾柑静同学的消息后，首先安抚她的情绪，耐心听她讲事情的来龙去脉，并承诺她一定会解决问题，紧接着立即向其寝室长、班干部多方了解情况，并向班主任了解艾柑静同学的情况。

2. 教育引导，中止偏差

与艾柑静同学谈心谈话，一是从"就事论事"和"造谣生事""个人"和"集体"的关系角度引导学生分析其中差异，鼓励学生对周围发生的事情要反思本质、想全局，并就宿舍中舍友是否集体孤立她与其展开讨论，对艾柑静同学在网上随意发表不当言论这一行为，指出其错误。要求艾柑静同学第一时间删除该条帖子，以免更多人关注从而引发不良影响。二是从"如何做一名校园好网民"的角度，与艾柑静同学探讨在面对问题时，应如何在网上理性发声、怎样做到在网上弘扬主旋律，传播正能量。三是对艾柑静同学给予互联网纪律、校规校纪等方面告知和普及，让艾柑静同学明确规矩意识的底线和红线。四是从有效化解冲突的角度，和她探讨，在宿舍里发生矛盾冲突时，作为宿舍的一员，我们应该如何应对。

3. 教育学生相互包容，学会欣赏他人

"希望清单"是一份详细的规范，旨在帮助艾柑静同学的宿舍成员更好地遵守"希望清单"，包括：定期检查床头柜的使用情况，定期清洁公共区域，及时处理宿舍垃圾，以及其他一些有益的行为。通过引导学生懂得由于成长环境、个人经历不同导致每个人在性格、生活习惯等方面存在差异，每个人都有自己的闪光点和缺点，应该学会包容他人的不足，欣赏他人的优点。

4. 搭建沟通平台，客观分析问题

与艾柑静同学以及舍友习迢迢展开谈心谈话，作为一个桥梁和纽带，倾听两位学生的心声。经过一番畅谈，艾柑静同学表示会换位思考，相互理解，舍友习迢迢也表示自身存在意气用事等问题，没有做到互帮互助，表示以后将与艾柑静同学和谐相处，把宿舍当成共同的家。

5. 持续保持关注，增强宿舍情感

在"调解之后"的日子里，通过多种途径了解她们的思想和学习生活情况，持续关注该宿舍的各项动态。利用批假条、查寝等各种机会和她们进行交流，建议她们以宿舍为单位组建团队，多多参与学校和学院层面举办的各类赛事活动，从而加强交流，相互学习，拉近彼此之间的距离。同时交代班干部对艾柑静同学以及该宿舍多加关注，做到有情况第一时间向辅导员反馈。

【经验与启示】

在遇到此类情况时，要准确判断，及时上报。辅导员应立即前往宿舍，与宿舍同学进行深入沟通，仔细研究事件的特征和可能产生的影响，并尽快做出准确的分析，以便及时向上级领导汇报有关情况。

1. 分别谈心，共情聚焦

通过与"受害者"艾柑静同学的一对一交流，我们希望能够帮助她培养换位思维的能力，并且能够接纳其他人的独特的生活方式，以及能够控制自身的情绪，从而营造一个良好的宿舍氛围。此外，我们还希望艾柑静能够尽快查明事情的原委，并且能够有效地分析其中的原因，以便更好地解决"受害者"艾柑静的问题。A同学的叙事值得我们仔细聆听，并且要能够深入理解他们的内在需要。二是对于动手打人的艾柑静同学，辅导员首先要批评其行为，给予校纪校规教育，告知其动手打人可能产生的后果。通过分享B同学在大学时期的经历，我们可以帮助他们学会换位思考，并能够理性地处理问题，从而获得他人的认可与尊重。

2. 举行"圆桌会议"，重归于好

首先，我们应该和所有的室友坦率沟通，并且将所有室友聚到一起，坦率地讨论问题，消除彼此的隔阂。然后，我们可以通过"我心中的室友…宿舍故事会"这本书，向大家介绍"批评与自我批评"，这本书可以帮助我们更好地理解彼此的想法，并且可以帮助我们更好地指出我们的不足。

3. 多方联动，标本兼治

一是家校联动，共促成长。辅导员鼓励家长以积极的态度来关注和指导孩子，并邀请他们参与宿舍文化的建设，共同见证孩子的成长过程。二是线上线下，消除影响。在线，我们将邀请一支由优秀的学生领袖组成的网络评审小组，来为我们的社区提供有益的信息。我们将采取多种方法，如发布帖子、分享视频、在社区中宣传我们的社区理念，并鼓励大家在社区中表达自己的想法。我们还将举办"我秀我宿舍""疫路同行，宿你最棒""以心迎新，携手同行""人际交往与沟通技巧"等主题的课程，来提高我们的社区氛围。我们希望能够在这些方面取得更大的成功，为我们的社区带来更多的支持。通过"法络法制教育"的辩论比赛，让学生深入了解如何进行有效的社交互动，培养他们的良好的网络文化，激励他们成为一名优秀的社区公众。

4. 客观公正对待

当宿舍发生矛盾时，要倾听多方的声音，全面掌握与事件有关的有效信息，分析矛盾产生的原因，做到客观、公平、公正地对待每一位学生。

5. 提前做好预防

"00"后学生是网络原住民，各类问题的出现有一定的隐蔽性，应加强相关专业知识的学习，提前做好干预和预警。通过日常教育，我们可以帮助学生学会如何处理人际冲突，并为他们打造一个和谐的宿舍环境。

6. 建立上报机制

学生干部是教育系统的关键组成部分，他们能够帮助教育系统更好地完成其他任务。特别是，当教育系统遇到困难或者出现挑战的情况下，他们需要尽快提出建议并采取行动，以避免更多的冲突。

7. 要善于解决问题，营造网络好氛围

为了更好地服务于社会，辅导员应该不断提升网络评论员的能力，完善舆情监测体系，并在实践中融入思想政治元素，激发网络主流价值观，传播正能量，创造良好的网络氛围。

8. 要敢于面对问题，解决关键问题

辅导员对学生的情况要做到动态把握，心中有数。直面问题，多方面了解事情真相，对于复杂问题要挖掘矛盾源头，梳理问题所在，解决关键问题。

9. 开展多样集体活动

为了营造一种和谐良好的宿舍氛围，我们应该大力支持学生们积极参与"五育宿舍评比""宿舍设计大赛"等团队活动，通过共同努力、凝聚合作，促进彼此之间的友情，提高信息沟通交往的能力，为建设一段更美丽的未来打下扎实的根基。

【精彩博文】

充分理解别人情绪，乐观对待自身问题；对他人慷慨，懂得为他人着想；只有帮助和给予，才能换来更多回报；知道去爱，去关心，去尊重，去关心，去理解，去体谅才能实现心比心的理想。一个彼此善待、理解和尊重的社会，才是和谐的世界，才是美好的世界。

第十节　同窗之谊　久不能忘

己所不欲，勿施于人。

——孔子

【案例概述】

J大校园是一所政治性较强的学校，对于其他大学的最大不同在于：管理严格，按时进行早操、训练等，集队上教室。女寝5栋603宿舍的学生来自同个专业同个班级，同属一个辅导员管理，但由于该专业是J大第一届专业，该专业学生大多为调剂生。在枯燥无味的训练生活之余，女寝5栋603的女生每次交谈的话题总有对自己专业的不甘。在讨论的时候，6位女生，我们用A、B、C、D、E、F来代表，A、B、D女生在大二开学以来便形成了三人小组，E、F女生走在一起，C女生和其他女寝女生更为相熟。

走进女寝5栋603，会明显感觉到压抑、怪异的氛围，在进行同班同学或是宿舍隔壁的学生走访调查后，所有的学生都告诉我：女寝5栋603的女生个个都不是"省油的灯"。

在军训时间段，女生B和宿舍的全体矛盾开始显现：由于J大管制严格，这在新生军训时得到了贴切体现。在来校报到的第一天即军训开始时间，这对于同样来自普通高中的六人而言，迅速有了共同话题；然而同样的是，在白天及傍晚结束一整天苦闷的训练后，并没有迎来所谓的一天中的休息时刻，六位女生只能在短短的半个小时结束洗澡、洗衣服、洗漱等活动，到床上休息，手机放床下的课桌上。不能带手机上床，也不可以大声喧哗，会有带队带班的小教官负责突击查房。在这样的一个晚上，女生B在熄灯上床后突然出声："啊！我的手表。"紧随着的是该女生下床的声音，虽然手表安全拿回来了，但在B爬梯子的时候，宿舍的门伴随着手机手电筒光打开，"603的女生，全体下床换衣服，带水壶马扎，5分钟后操场前集合！"甚至没有反应时间的，603女生开始紧锣密鼓地行动，至这以后，A、D、F开始怪B，产生第一次正式代表性的隔阂，万幸的是，在后面的学习生活中，603

其余女生开始没有讨厌B。

第二次有代表性的事件在于，F和C的矛盾，她们的矛盾主要原因在于F在C背后说小话。在发生这一件事之前，F和C走一起，感情很不错，爆发的导火索在：平常的一天，除C外，603其余女生都在宿舍，F突然说起C的坏话，大致意思为，C三观不正，在交往一个男朋友的同时和两个三个男生搞暧昧。在当时的603其余人心中直接掀起了滔天巨浪。自那以后，宿舍的其余女生开始无意识地默默疏远C，直到有一天，比较直话直说的E开始接触C，在发现其实事实没有那么死的时候，纳耐不住，告诉了C事实真相，后续在C这里听到的完全不一样的回答。在同宿舍其余女生观察F后，得出的结论在于，F在造谣。至此，F开始被排挤。

最后一次具代表性的事件便是最近的这一次事件。在经历了频发的矛盾之后，603女寝开始暗自分裂，A、B、D三人行，E、F两人行，C同其他宿舍女生一起走。这一次的导火索，据调查同学情况得知，在熄灯时间过去后，本应休息的603，除了E以外，都没有睡觉的意思，在E请求无果不被重视后，E开始强烈要求其余女生熄灯，在第二天的时候，在不知是谁的一句玩笑话中爆发，开始责怪其余女生，首当其冲的是当晚E请求的C，这场争吵持续了一个早上，至此，女生E和宿舍开始有隔阂。

【案例分析】

在本次案例中，首先我们的第一感觉是：女寝5栋603的"成分繁杂"。第一印象在于各自相同点太少，各持己见。对于此类型，我们建议具体问题具体分析，在对女寝603进行"实地考察"、对学生进行单独谈话、对宿管员的交流以及周围宿舍的走访，我们可以得出以下问题的分析结果。

其一，对于女寝603的第一次矛盾，我们给出三个重点要素，即：环境、经验、熟悉程度。环境在于J大是一所政治性较强的院校，其在对于新生的管理、教授方面极为接近军事性院校，初来乍到的六位新生，在见识严格度后自身造成落差，本身便伴随着负面情绪；经验即处理同处屋檐下人的交往问题经验，在进入大学以前，都没有真正长期地同人居住，这一定程度上造成学生在处理问题时往往不能把握好度，不能很好调解宿舍关系；而熟悉程度是精神意义上的，即六人对各自的真正意义上的认识程度，其中包含初印象、接触三观契合程度、共同语言及爱好。走访调查得知，第一次事件的主人公B实为第一次住宿，这对于其成为导火索是一个关键点。

其二，关于女寝603的第二次矛盾，可以说是F和D的个人关系带动着宿舍的轰动。其中的一个关键点在于，消息的传递性，在各自互相猜忌的时候，假如没有人主动提出，挑明问题，那么可能问题会经过更长的时间发酵，这导致的后果更为严重。

其三，则是出现一人对抗全宿舍的戏剧性的场面，虽然好像令人觉得不可思议，但实际上类似的案例不止女寝603。我们可以得知，其中最主要的前提，也是女寝603缺少的最重要物质：即制定规定、约定。

【案例处理】

基于以上分析，我们应该把自己放在客观的位置上，更深入地与学生沟通，明确学生的辞职动机，并帮助学生分析问题，让学生自己看清问题所在，做好权衡。

我们在谈话过程中，要在学生身后一步，适当地引导学生把眼光放长远，而不是死盯着眼前的利益和价值，让她意识到宿舍关系是很重要的，在大学四年中，可能接触最多的便是室友，这样会引起她更多新的思考和感悟。要对学生进行一次深度的思想正规和教育，宣传院校的校训，讲述校规校纪，在学生心中打入一剂强心针。

我们在进行"宿舍建设"的时候，要事先对宿舍长进行思想技能培训，使其有事先约定、制定宿舍约定、冲突发生的应对等思想。不至于在事件发生后束手无策。

【经验与启示】

宿舍关系是大学生最常见的交际问题之一。大学生一旦出现宿舍矛盾，绝大多数会表现出激烈的争吵，部分学生会因无法调试内心而出现自杀或轻生念头。这种情况逐渐成了辅导员思想政治教育中的一种崭新课题，帮助大学生树立健康良好的宿舍关系思想和处理宿舍矛盾的问题，既有助于大学生健康成长，也有利于学校进一步做好学生教育管理工作。大学四年的同窗之谊，万不可因小矛盾而留下遗憾。

如果碰到学生闹宿舍矛盾的情况，在充分了解事实情况下，一定要尽快进行干预措施，不能不够重视，更不能简单处理化。辅导员一定要认真分析原因，因人因事的具体去分析，认真仔细地对待每一个宿舍矛盾中的同学，这样学生才能更为健康地学习成长。

辅导员在引导失恋学生的过程不能马虎。在疏导的同时应该向其余学生传输互帮互助、出现问题及时报告及正确思想。

只有学会处理好宿舍关系，才能更好地成长成才，作为辅导员，在日常的学习生活中，一定要多同学生进行沟通交流，有助于更早发现问题，解决问题。

【精彩博文】

时间的滚轴从不为任何人停止，生活的花絮只能定格于过往的云烟。我们每个人是别人生命中的匆匆客，不管多久，终有一别。但愿这样的相聚给你我生命增添一份永恒的回忆！

第十一节　克制欲望　避免冲突

坦白是使人心得轻松的妙药。

——西塞罗

【案例概述】

大二上学期某日晚，宿管阿姨突然给我打了一个电话，说责任年级中有一个学生小何因拿外卖的事情跟B学院的学生在宿舍楼发生了矛盾，B学院学生的外卖在宿舍楼下被偷了，因为在此之前该名学生的外卖在宿舍楼下被偷盗不止一次，而这次对方通过监控查倒是小何拿的外卖，而小何却坚称自己只是"拿错"了，而当对方要求小何提供购买记录证明清白时，小何拒绝出示。双方在宿舍楼下闹得动静很大，引来了许多人围观，彼此僵持着谁也不让谁都无法解决问题，当中最属生性孤僻的小何情绪最不稳定一直不停反驳对方的话语，整个人脸色又气又红。因此，宿管阿姨只能打电话向我求助。

【案例分析】

1. 深层次考虑事情的来龙去脉，不能顺便解决。

小何一直声称自己只是"拿错"了外卖，但是拒绝提供外卖订单，导致双方学生都没能自行解决这个问题，此时就需要往更加深入的层面进行考虑了，有涉及"面子"的维护学生自尊和涉及"里子"的违纪行为管理两个层面工作。小何不提供购买记录，就说明存在一定的隐情，此时不能简单粗暴当众呵斥他或者当众给他的行为定性，也不能随便判定到底是小何的错还是B学院学生的错或者是对待B学院学生进行息事宁人的措施。

2. 站在双方立场理解双方，明确了是缺失教育问题。

B学院学生之前多次外卖都被偷盗没有抓住小偷，此次却能从监控查到"人赃并获"，想必也是终于能"扬眉吐气"了一回，此刻千万不能因为对这件事的不重视，小事一桩就草草解决。从学生违纪管理方面来讲，小何缺乏对学生管理条例的认识，对学生管理条例不够熟悉，同时也反映出来，日常学生工作存在覆盖面不全面，警示教育缺失的问题。

【案例处理】

1. 充分表达，还原事件。

双方学生现在已经处于僵持的状态，应该先让双方尽可能完整地表达各自观点，一方表达的时候另一方不能打断，并且在一方说完之后再进行补充或者更正，以此避免双方的争吵。在足够了解过时间始末后，稳定双方学生情绪后，已经可以把握问题的关键点就是小何如果能出示购买记录，事情就能简化解决，但是他拒绝提供，说明有问题存在，此时应该单独跟小何沟通了。

2. 重点突破，亮明观点。

在相对安静空间中，在没有第三人在场情况下，跟小何一对一谈心谈话，逐步询问他拒绝出示证明的原因，一开始小何态度强硬，表示，"为什么我要自证清白，很伤人自尊，我就是买了，就是错拿了"。经过对事件现状的逐一对比分析，小何也在长时间沉默后，拿出手机，展示订单，粗略一看发现确实有一个订单，但是当点开订单详情时，发现小何的订单是事发的第二天。此时，小何已经低下了头。事情大白，小何为了隐瞒事实，在事后"补买"了一个订单，但是下单时间无法修改，糊弄不过去所以就拒绝提供订单给对方。此时应当明确告诉小何，你得不对，告知他这种行为属于学生违纪，并且告知他学校的相关规定和处理措施。

3. 背后原因，更应关注。

在明确了小何违纪行为后，更重要的是关注他此行为背后的原因，单独谈话时，讲明白学校的相关规定，但处罚不是目的，目的是找到原因，并教育该生行为恢复正常，询问该生，"偷外卖"的原因，该生表示，当时过了饭点，很饿，路过货架发现这个外卖看上去挺好吃，就抱着侥幸心理拿了。在跟家长的电话沟通中，家长首先表示震惊，家长谈到该生小时候非常顽皮，喜欢做一些恶作剧，大人批评他还不以为意，现在上了大学，跟家长沟通少之又少，导致很多时候家长对他的生活状态都不很清楚，也并不了解他具体在干什么。

4. 做好后续工作，扩大教育范围。

得知了事情始末，教育过小何后，先带他跟B学院学生真诚道歉，并赔偿。然后向学院领导汇报，学院对小何采取了相应处理，并同时告知小何家长，与学生家长就近期的行为表现进行一次专门沟通，广泛了解影响因素，积极争取家校合力，着力规避家庭教育的缺失，重点加强教育，避免小何再次犯错误。个人教育过后，开展年级范围集体教育，在一周之后的年级大会上，带领全年级同学共同学习学生手册，重点解读关于学生违纪的处理办法，并且提醒同学们要规范个人行为，不以恶小而为之。事件处理完后，定期走访小何宿舍，并且经常与小何一对一谈话，关注其心理健康状况，防止此次事件对小何产生负面影响。

【经验与启示】

1. 因势而化，具体问题具体分析。

辅导员工作的重点和难点是关于教育学生这个人的工作，而做好人的工作，就要具体问题具体分析，具体实际去了解，没有通用的模板，辅导员熟悉小何，知道他平时就是个性情孤僻，有自己想法但是不愿意交流的人，当他做了错事，又被当众"抓了个现行"，此时不能简单粗暴当众过分不留情面批评他，难免他会做出一些极端行为。在跟他交流中，让他明确自己的个人行为的不正当不正确，并且告知他做错事要承认，知错能改善莫大焉。

2. 充分沟通是化解误会最好办法。

对于长篇幅的违纪行为规定，虽然组织过学习，但是仍然有学生不熟悉"红线"，因此由个体事件应当扩展到集体教育，开展例如年级大会、班会等教育活动，辅导员通过走访宿舍，进一步了解学生所思所想，有疑问面对面沟通交流。要做到"情"和"理"有机结合，既要讲明白规定和道理又要从关心学生爱护学生的角度出发，了解学生真实想法和现实需求。

3. 有重点但全面地关注到责任年级所有学生。

分类管理学生，重点群体关注，定期且较频繁谈话、走访宿舍，把握学生状态。非重点的学生，在重要节点例如期中考试或者月考后集中谈话，开展集体辅导。尤其是受过处分，或者平时经常违反一些规定的同学，例如多次不按时完成常态化核酸的同学，就需要重点关注了，避免该生由平时"不守规矩"演变成重大的违纪行为。

4. 要坚持"以学生为中心"。

作为一名辅导员，必须正确认识到自己的职责和工作目标，它既是一名管理人员，也是一名导师，而不是一名"工具人"，而是一名"教导的人"，而非"只是一个挂名的人"；更准确地说，是从学生的角度出发，真正帮助他们解决问题，起到引导、督促和鞭策的效果。辅导员不仅要牢记自己"学高为师，身正为范"的崇高地位，还要树立"以学生为中心"的管理观念，将工作做精、做实、做细，将教育管理与大学生的尊严、价值和目标联系在一起，用心、用爱、用道理、有针对性地进行思想政治的教育和管理，并且要对学生一视同仁，尽可能一视同仁，切实尊重、教育、关爱和引导每一个学生。

5. 注重与同学的沟通与互动。

辅导员是连接同学与同学之间的桥梁，应仔细地观察、理解和领会同学，与同学们进行深度的沟通，把握每一个可能的时机，走进同学们的生活、学习之中；在每天的工作中都会碰到一些问题，并进行分门别类的引导。要对所负责的班上的同学进行详细的登记，以避免一些同学有越轨行为。

6. 有较强的计划和分析能力，并能持续地进行工作中的工作。

由于心理辅导工作的繁重和困难，对不是心理辅导人员的辅导员工作提出了更高的要求；这就要求辅导员始终保持着一颗清明的心，要进行全方位的剖析，要镇定地去应对枯燥无味的学生管理工作，要做到井然有序，面对有心理问题的学生时，要沉着冷静地处理。

【精彩博文】

萧伯纳说过：控制欲望是最强者的本能。这句话给我们很大的启示，生活在物欲横流的时代，如今的大学生们很容易就被一点小欲望控制，也受到周围各种各样欲望的诱惑，容易受到欲望的驱使做出一些违背自己本能的事，而且还有一些大学生控制不了自己的欲望，让自己的欲望滋生得越来越大，所以这就要求我们控制好自己的欲望，知道什么该做知道什么不该做，这样才能达到作为一个最强者的标准，如果都控制不了自己的欲望，那么将来也容易因为欲望走上一条违法犯罪的道路，到时候追悔莫及，所以，大学生们必须控制好自己的欲望，阻止欲望毫无目的的滋生。

第十二节　军营风骨　大学适应

人是社会动物，他们无法逃避社会的束缚。

——马克思 韦伯

【案例简介】

马国涛是交通管理工程学院2021级交通运输类大二学生，经退役复学转入到班里学习。马国涛在回到校园后经常因保留军队的一些行为，在学校里，马国涛的生活节奏比其他同学更快，他的行为举止也透露出一种严谨和自律的气质。显得与身边的同学格格不入，周边的同学都称他为"老干部"。久而久之马国涛与周边同学的关系从疏远转变为愈加激烈矛盾冲突，其最尖锐的矛盾莫过于一块"豆腐"引发的风波。据了解马国涛在校期间与寝室舍友经常因生活作风问题发生口角、辱骂、冷战等宿舍矛盾。矛盾的关键点仅仅是因为被子是否该叠成"豆腐"的形状，马国涛坚持认为舍友应该和他一样养成良好的习惯，把被子叠得子叠得像豆腐一样整齐，每日要按时维持整洁的宿舍卫生，到点熄灯上床睡觉。对此，寝室舍友则直言他不该把军队里的条条框框带出来，该把带出来的优越感放下，大学不是军队，没有条条框框的制度，谁都拥有选择生活的权利，只要把被子叠好整齐就行，没必要纠结于是否是标准的"豆腐"形状。除此之外，他与寝室舍友在其他生活习惯方面也存在矛盾，比如寝室清洁、作息时间（是否应在23:00就该熄灯上床）、吃饭（是否可以在寝室吃饭）等一些行为习惯问题。这一系列宿舍矛盾导致同学们的怨声载道，马国涛同学存在厌学情绪，甚至有退学想法，严重影响了该生的学业发展。

【案例分析】

通过分析该案例可以看出，这是一起以退役复学大学生适应校园生活为背景的典型宿舍人际关系案例。在本案例中学生马国涛重新回到学校，在与舍友相处中出现不适应的情况，和舍友交流没有话题感，自己的生活习惯与其他同学大不相同，无法很好地融入宿舍生活，出现了摩擦、争吵等不愉快的事情，导致心理以及精神上承受很大的压力。

1.状态调整

学生马国涛在部队两年的生活已经形成了较强的组织性和纪律性，外化为马国涛的生活习性、行为表现，他还依旧保持着在部队生活时的节奏，以部队高要求、高标准的状态要求自己，时刻保持着军人本色。他在对周围环境认识和个人定位方面未做出较大改变。但战士已不是战士的身份，从一个军人变成了学生，曾经听命于连长、班长变成了任课老师、辅导员，严格的军事训练场变回了充满青春气息的大学校园，曾经的"战友"变成现在的"同学"这些一系列的身份变化和生活环境的变化使得马国涛一下子无法适从，没有及时进行身份的调整转换。此时我们要对马国涛的状态进行观察，同时分别同马国涛及其室友们进行沟通，舍友一致认为马国涛同学还保持着原来军队的一些习惯，别人喊他时，他的第一反应是大声答"到"，对各种物品的摆设有一定的"强迫症"，一定要按顺序排好，会不适应宿舍同学的生活作息和卫生习惯。之后与马国涛交流时，其表示自己不知道该如何去和大家沟通，感觉大家不太喜欢他，认为个人的能力是有限的，无法改变同学们的生活习惯以及态度。面对此情况，我们可以建议马国涛同学做心态调整：他需要认识到自己已经脱离了部队生活，现在身处校园，应该逐步适应并融入新的环境。尝试在不同场景中调整自己的心态，以便更好地更好地适应生活及跟上学习的节奏，同时可以学习一些有效的沟通技巧，提高与他人交流的能力。在与同学交流时，先倾听别人的想法，在尊重别人的观点的基础上表达自己的观点。任何时候，拳头都不能解决问题。

2. 行为差异

在部队的经历，有着约束性较强的生活作息规律和生活作风。部队生活中纪律要求很严格，比如：将被子必须叠成"豆腐"形状，所有人做事都听从指挥，行为举止必须干脆迅速，不准拖泥带水。但大学同宿舍来自五湖四海同学，都有自己的生活习惯，所有舍友之间都是平等关系，没有了发号施令，每个同学都专注于自己的事情，其实，"豆腐块"只是此次事件的一个导火索，它展现了在大学校园里，每个人都是独一无二的个体，处处存在着不一样的生活习惯，我们要教导马国涛及其舍友们需要学会尊重来自不同地域和文化背景的同学的生活习惯。他们应当意识到每个人都有自己的生活方式，要保持开放和包容的心态，以便更好地融入集体生活中。积极主动地有针对性地鼓励他们宿舍参加班级和学院组织的适合他们实际情况的"特殊"活动。通过各种互动的小游戏，增强马国涛和舍友间的互动，体现出团结协作的能力。会让每个人都感觉自己是集体的一个部分，增加对宿舍集体责任感和班级认同感。

3. 互相理解

由于退伍复学的学生年龄普遍较大，面对现在的学长是之前的舍友，反而年龄普遍比自己小的师弟是自己舍友，由于年龄差距带来了一定的代沟，对退役复学后的马国涛构成了心理上的一道坎，在老师的印象中经历了军营磨炼的他，能力的各方面应该更强，给他心理上带来了一定的压力。双方在日常生活的相处中，因为一些细小的生活习惯而发生矛盾，站在自己角度看问题。问题的解决方法、看问题的立足点仅局限在自我考虑的基础上，坚持自己的认知，没有从对方立场出发，为对方考虑。不以发展的眼光去包容一切，消极应付，认为所有"问题"均在对方身上，而未静心反省自己，以至于局面两极化，矛盾愈演愈烈。因此为退役复学大学生创造机会，充分发挥退役复学大学生马国涛的特色和优势，树立榜样力量。让我们成为对大学生思想政治教育的"鼓手"，成为辅导员对寝室管理的"助手"，成为辅导员对班级管理教育的"推手"。其次加强引导，帮助退伍复学大学生马国涛在生活方面转型，完成角色转换。组织往届和应届退伍复学大学生进行困难交流和经验分享；开展优秀退役复学大学生讲座研讨会，邀请学校心理教师对他进行"一对一"的心理辅导和疏导；辅导员经常和其谈心，帮助他减轻内心负担，重新适应一名在校大学生的角色。

【经验与启示】

通过对此次事件的处理和对该方法的思考，总结了处理寝室矛盾问题的三个要点——一个原则、两个构建、三个注重。

1. 一个原则

（1）求同存异的包容性原则

大学不同于中学，大学生已有较完善的世界观和人生观，宿舍每个同学之间都存在不同的目标和习惯。包容性原则可以在日常生活中对同学之间的矛盾进行钝化，从而减弱因习惯性格不同而造成锋锐性矛盾。因此，"求同存异"的包容性原则就显得极为重要。

2. 两个构建

（1）构建寝室管理制度建设

在大学的日常生活中，宿舍是学生的重要活动场地，也是学生"家"一样的象征存在。构建寝室管理制度，方便合理地对学生进行管理，有利于规范学生行为，养成良好的习惯，提高自我管理水平。

（2）构建自我调节的人际关系和自我提升的人际心理体系

构建自我调节的人际关系是引导学生拥有包容他人的心理，促进学生更好地更好地适应大学生活。而自我提升的人际心理是学会自我学习，自我管理，以此提升自我思想水平和道德水平。

3. 三个注重

（1）注重寝室文化的影响

大学生的寝室文化是寝室的一面旗帜，是一个方向标，指引寝室每个学生的行为和方向。营造优良的大学生寝室文化氛围，有助于学生养成互帮互助的好习惯，规范自身行为，发挥榜样引领作用。

（2）注重个性差异的影响

由于每个大学生有不同的经历，形成了很大的差异性。注重个性差异的影响有利于把矛盾之火扼杀在摇篮里，从而进一步强化宿舍成员个体的自我管理意识和服务意识。

（3）注重团体交往的影响

团体交往的矛盾往往不是处在一个人或者一方面上，所以必须多角度、多维度地处理团体矛盾的人际关系。从角色关系上探求每一方的心理需求以及行为活动，进而探求两者关系之间不同步的矛盾性。从认知态度上分析两者对彼此的态度，以及两者之间的矛盾态度。

【精彩博文】

"人际关系中，不要试图去改变别人，而是要接受他们本来的面目。"请记住，每个人都是个独立的个体，都有自己的个性和生活方式，尊重他人的差异并努力建立和谐的宿舍关系是很重要的。人与人之间相互沟通，相互理解，对他人宽容，对自律。

第十三节　导员困扰　请假疑云

"自由不是随心所欲，而是自我控制"

——康德

【案例概述】

李娟（化名）同学系大一学生，性格开朗，重情义。在临近期末考试期间，李娟以姐姐结婚为由向辅导员提出请假申请，且因当地习俗，请假为期一周，辅导员因考虑到临近考试，可能会耽误复习便驳回了李娟的请假申请。但是李娟并没有放弃请假的想法，多次找到辅导员进行申请，被拒绝后甚至放出"大不了我就旷课，万一我出事了，看你怎么办"的言论。

在有家长亲自发短信请假的前提下，最终辅导员还是同意给李娟同学请3天假期。可后来当辅导员和家人联系，询问李娟同学是否回到家时，发现孩子并未回家。事后了解，原来姐姐结婚是真，但李娟为了去找男朋友过生日，陪在男朋友身边，从而借此谎报了请假理由。

不单于此，李娟平时最爱用病假来逃避各种活动。起因是一次课外运动偶然导致她踝关节损伤，申请请假一周回家休养。后来当她的伤好后，每当她不想上课，或者不想参加活动，有事出去时，就用只有文字的信息请假，如肚子疼，经期不舒服，脚趾头擦伤，需要待在宿舍，或外出去医院，但每次都缺少相关支撑证明材料。长此以往，辅导员看到李娟的假条就会感觉到头疼，而李娟也感觉到假越来越难请，尽管请假都用看起来非常合情理的，让辅导员无法拒绝的理由，可假条越批越慢，李娟觉得辅导员是在故意为难她，不经意间加深了对辅导员的怨气。李娟和辅导员之间面临着信任危机。

【案例分析】

从上述案例中我们可以看出学生在请假时出现的几种情况的典型，出现此类表现的内在因素可能是学生的规则意识不强所致。

1."主次不分"

李娟在请假时没有意识到期末考试的重要性，没有将学习摆在首位，体现学生在请假时只遵从自己内心的需求，没有客观地看到学业与人际交往之间的矛盾关系，矛盾存在于一切事物之中，只有把握好主要矛盾和次要矛盾之间的关系，才能处理好请假这个问题，重新审视一些请假的必要性。另外李娟的态度强横，大放狠话，抱着"大不了我就逃课，出了事就是你学校负责"的观点，是错误的，表现出李娟对学校规章制度的规则意识不强，18岁的大学生崇尚自由，不批又违背以人为本的教育理念，容易造成师生矛盾，但若批准，一方面同意学生请假意味着个体学生管理范围的延展，增加责任的同时面临学生失控，另一方面，李娟请假的行为不仅是对个人学业的影响，同时个体范围也会影响整体行为，导致学生相互模仿，影响班级学习的气氛。因此强调制度先行，明确要求。利用班会的时间，强调请假制度（学生手册、学校要求等）的相关流程和要求，确保每个学生都了解请假制度的重要性和具体要求。并说明其违反的后果，如扣除学分、影响评优等，针对有可能请假的各个情况进行假设，解读学生们在请假时所面临的困惑，规范请假申请的格式。在初期，让李娟认识到请假制度执行的强制性，针对没能按要求履行请、销假制度的情况，学校会严格地、坚定地进行规训，情节严重的可给予相关处分。帮助学生正确树立规则意识，实现自由与强制的有机统一，向学生阐述规则的重要性，培养学生的自律意识，学会自我管理和约束，面对事物的轻重缓急，有着辩证的思想去看待。

2."虚假谎报"

李娟为了找男朋友玩，不惜对家里和学校说谎，究其背后是否是制度的问题或是对辅导员的不信任。请假制度的不合理，难请假，都会导致学生为了达到目的，不惜以更"合理"的理由去请假；对辅导员的不信任，更使得一些正常的请假理由难以说出口，学校方面无法掌握学生的真实情况，当意外发生时无法及时规避风险，给原本正常的管理增添了一层隐患。因此要建立具有制度、高度和温度的"三度"请假机制。再者事事都请假，小病小痛都请假并不可怕，关键是如何辨别出学生背后的真实需求，若在频繁的病假背后是李娟的身体抱恙，则要对她的病情进行关心，适当的放宽对李娟请假的审批标准，例如在处理请假申请时，可以在确保安全和课程进度的前提下，适当放宽请假时间和次数；若是只是为了逃避学习和活动，则要重点关注学生的状态和心理状况，对其进行思想方面上的教导。温度沁润，三全育人。在日常加强与李娟的沟通，深入了解平日里李娟的生活状态，在面对李娟请假的情况心中有谱，同时提醒李娟实事求是的重要性，让其如实填写请假理由，不要有心理负担，要让她明白请假制度的权威性和重要性，是未来维护班级秩序和纪律，使她认识到请假制度不仅是一种约束，更是一种保护和关爱。既保护了制度的权威，也体现了价值的高度，更体现了教育的温度，有利于真正实现制度先行、高度上升、温度沁润的育人效果。在与李娟不断的保持良好的沟通下，不仅能了解她的请假感受和需求，而且也从一定程度了解同学们对请假制度的看法，以便及时地调整请假政策，提供更有针对性地帮助。

【经验与启示】

我们在事件处理时，需要明确目的，分清主次。在面对学生时，辅导员的管理误区在于树立的目的太多，没有主次，辅导员管理有以下几个要素：学风——学生安心在课堂认真听课；管理——在校园内服从管理；交流——师生之间保持良性沟通；成长——学生能够独立自主协调学习和个人生活。当这些目的聚焦在学生请假事件时，目的往往会冲突。批假更接近获得交流目的，但是有悖于学风目的，成长目的需要辅导员敢于放手，而这又和管理目的相矛盾。没有齐头并进的好办法时，我们务必找出主要目的，有的放矢，才能做好工作。不要高估自己的判断力，也不要低估学生的责任心。

1. 加强管理，制度先行。在日常生活中加强管理的规范，对制度的实行提前打好"预防针"。常有学生感觉"我都上了大学，我父母都不管我了，你凭什么管我"。但是无规矩不成方圆，我们的松手不等于放手，信任不等于放任，我们信任学生，允许他们追寻自由，背后是要尊重生命，遵循规则，绝不迁就，绝不包庇。树立明确的规则下，便可对学生请假的要求基本"来者不拒"，来者不拒是基础，诚实与负责是前提。

2. 秉持诚信，坦诚相待。鼓励学生大胆地写出自己真实的请假诉求，不给学生的请假标准设限，因为无论我们怎么拒绝，学生总能找到办法，并且学生请假的理由越来越"无法拒绝"，甚至主动迎合我们的要求。倒不如与学生强调诚信与责任，每个人都是自身安全的第一责任人，要为自己的人身安全负责，如实填写请假理由不会为请假设限，反而为自身的安全多一道保障，我们也可以确保及时掌握学生的信息，有利于建立良好的师生沟通机制。

3. 依托家校沟通，求同存异。同一事情对于不同的人有着不一样的意义。寻找共同点，是解决问题的关键。李娟同学因姐姐结婚，冒着错过考试的风险依旧坚持请假。在她心里，亲情分量大于自身能力的发展。这时更多需要采取家校沟通的形式，了解学生的成长经历与教育背景，同家长进行必要的思想交流。风俗有优劣之分，好的习俗是为了表达对美好生活的向往，有利于传播我国的优秀传统文化，而提高文化素养，学习技能也是为了将来更好地生活，促进社会的发展，两者之间并不矛盾。依托家校沟通，在与家长求同的过程中，建立对学生美好未来的向往

请销假是辅导员工作的重要内容，一个小小的假条能够直接影响学生们对辅导员工作的满意度，因此辅导员更要精准"把脉"学生的请假工作。

【精彩博文】

"教育是一个漫长的过程，需要耐心和毅力。"教育是一个长期的过程，需要我们对学生付出耐心和毅力。在这个过程中，我们要关注学生的全面发展，培养他们的自律意识、自信心、心理素养，共同帮助学生克服困难。面对学生请假既不能一拳打死，也不能事事批准，拿出"把脉"的耐心，精准地研判学生的理由及需求。有助于学生在面对问题时，能够独立面对，而不是选择以"请假"的另一种方式逃避。

第十四节　借鸡生蛋　网贷无情

"不要拿未来的幸福抵押现在的快乐。"

——Oprah Winfrey

【案例概述】

我院交通运输专业的李铭（化名）找到我，告知其存在网络借贷行为，目前已无法还款，情绪压力非常大。事件起因在去年6月，李铭由于丢失了钱包，里面装着自己的学费，由李铭不愿让父母知道此事，怕被责备，于便运用网络借贷平台，借出几千元周转生活支出。但由于利息较高，还款周期较短，无法按期还款，迫使其不得不继续利用其他网络平台进行借贷还款。截止到今年1月，整体涉及金额已大致达几万元，打算靠自己还款，而还款压力导致李铭精神脆弱，情绪高度紧张，后又多次表达不想继续忍受这种还款压力的折磨，想轻生。

【案例分析】

1. 认知

网贷认知是指人们对于网贷这种金融工具的认知。网贷是指通过互联网平台进行的借贷行为，其主要特点是去除了传统金融中的地域限制和固化的信用等级，可以让资金更便捷地流动，同时也存在一定的风险和诈骗等问题。对于网贷的认知，需要考虑网络安全问题、平台信息透明度、投资风险等多个方面，以便投资者能够做出合理的决策和风险评估。同时，对于需要借贷的人来说，也需要了解相关的政策法规、借贷流程、还款方式等细节问题。

而李铭网贷问题的认知度不够高，导致不清楚风险和规则，错误地认为自己能够应对借贷问题。其利用手机APP，签订电子合同协议，发生分期还款网络小额借贷，但在借贷的过程中，部分贷款由网络借贷公司扣除手续费后再进行放款，同时还款一般以7天为一个周期，利率滚动速度快，而李铭在没有稳定经济收入的前提下，每月依靠家庭的生活费供给，是根本无法满足基本还款需求的。此时，网贷公司通过APP推送给李铭更多的网络借贷APP，利用李铭急于还款的心理，多次下载类似软件，反复借贷，以偿还欠款。但利息也会越滚越高，最终形成一个天文数字，与自身的偿还能力根本无法匹配。

我们可以帮助其寻求法律援助机构的帮助，就事件本身发生的时间、地点、起因、过程以及涉及人员认真进行梳理，就细节问题可以多方咨询专业人士，了解其应当承担的法律责任和权益保障，协助其依法维护其合法权益。保护好司法底线，一旦涉嫌违法犯罪，不能姑息，一定及时移交相关部门。我们也可以通过给李铭进行相关知识教育，让其了解网络借贷平台的风险和规则、引导其建立正确的消费观念和预算意识等方面，帮助其防止和避免再次陷入网络借贷危机。

2. 家庭

网贷公司还会以通过李铭手机通讯录群发消息、打电话的形式迫使李铭及时还贷，从各方面给李铭施加压力，而李铭的家庭经济情况较为困难，导致李铭无法承担高额的网贷负债。同时李铭不愿意打扰父母的生活和工作，担心会给家庭带来更大的负担，这也表明了李铭与家人交流不畅的情况。家庭环境的压力与困难可能促使李铭陷入网贷危机，并产生轻生的想法。在这种情况下，我们需要关注和帮助李铭的家庭情况。我们可以通过沟通、引导和协调的方式，让家人了解李铭的情况，特别是李铭的借贷压力和自身经济情况的困难。同时，我们需要引导家人保持理性和冷静，以耐心的态度倾听孩子的心声和想法，与李铭共同应对困难，协助其渡过难关。另外，我们还需关注家庭的金融知识和理财观念。在李铭遇到财务困境时，家人可以提供帮助和支持，但也应注意避免过度依赖和无限放任，避免短期行为导致长期危机。因此，我们需要通过教育引导的方式，提高家庭的金融素养，增强对借贷等金融行为的风险意识和防范能力。

在家庭方面，我们需要关注并解决以下问题：

1. 引导家人关注家庭经济情况，了解家庭收支情况，避免过度消费和财务危机；

2. 加强对网贷等金融产品的了解和防范意识，避免被高息、高风险的网贷陷阱所诱惑；

3. 加强家庭成员间的沟通和交流，特别是父母与孩子之间的沟通，让孩子知道家人的支持和关爱，以减轻他们的压力；

4. 提高家庭成员的金融素养和理财能力，让他们能够更好地理解金融知识和理财规划，以更好地应对生活中的经济压力。

考虑到李铭的经济情况，我们可以根据学校勤工助学的相关政策，与学院学生工作办公室联系，向李铭推荐勤工助学的岗位，让他能够靠自己赚取生活费用，减轻家里的生活压力且减轻自己对不起父母的心理负担。也调整了自己的情绪，认识到了过往行为的冲动性，深刻反省了身陷网贷过程中缺乏理性思考和合理应对而引发的问题，并很快继续投入到了正常的学习和生活中。

【经验与启示】

首先，大学生的资金来源相对单一，大部分是来自家庭的支持，自身的经济实力相对较弱。因此，一些高额利率的网贷产品对他们的诱惑非常大，容易陷入借贷陷阱，导致还款困难和信用损失。其次，网贷产品的透明度不高，难以评估风险，容易被不良平台诱骗。一些平台以高收益为诱饵吸引大学生投资，但实际上却缺乏必要的备案与监管，导致资金运作不透明、违法违规等问题。最后，大学生往往缺乏理财知识和风险意识，容易被不良平台的虚假宣传和诱骗所蒙蔽。特别是在大学毕业后，面对社会的压力和负担，可能会因为网贷借款而陷入长久的经济泥潭。

因此，对于高校学生工作而言，需要采取合适的政策和措施，加强对大学生的教育和引导，增强其理财和风险意识，增强自我保护能力。同时，也需要加强对网贷平台的监管和管理，完善相关法律法规，提高行业门槛，防范风险，保护大学生的合法权益。我们具体从以下几个方面协同开展工作，以避免类似问题的发生。

1. 引导学生建立正确、合理、科学的消费观念

在具体实践中，我们可以采取以下措施：首先，要根据高校学生的特点

和需求，适时开展相关的"理性消费"教育专题讲座，并邀请有经验的专业人士来授课。这些讲座可以从多个方面入手，包括理财知识、消费心理、风险防范等等，增强学生的消费意识和素质。其次，可以通过教育方式和实践活动的共同作用，使学生深刻认识到勤俭节约的重要性，树立崇尚勤俭的价值观。同时，也要引导学生抵制奢侈浪费、虚荣攀比等不良消费习惯，促进学生形成正确的消费观念和消费行为。最后，要加强与家长的沟通和协作，共同引导和监督学生的消费行为。学校可以通过家长会、亲子讲座等活动形式，与家长进行有效的互动，提高家长对学生消费行为的关注度和重视程度，加强家校合作，帮助学生树立正确的消费观念。

2. 要提高学生的金融素养，加强理财教育。

通过课堂教育、专题讲座、校园活动等形式，向学生普及金融知识和理财技能，帮助他们更好地理解和掌握个人财务管理，增强资金运用和投资决策的能力，避免不必要的借贷行为。

3. 加强大学生诚信建设也是防范网贷风险的关键之一。

应该在教育中注重弘扬诚信精神，加强对大学生的诚信教育，引导学生遵守法律法规和道德伦理，文明理性消费，形成良好的信用记录和个人形象。对于存在违法违规行为的学生，应及时采取纠正措施，启动相关惩戒机制，加强对学生犯罪行为和不良信用记录的整治治理，形成良好的社会环境。

总之，解决高校学生网贷问题需要各方面的协作和共同努力，包括学生自身的努力、高校、家庭、政府和金融机构等各方共同推进。只有通过合力，加强教育和监管等措施，才能够借助互联网金融的优势，避免风险，实现安全可靠的网络借贷，让高校学生在青春年华中得到更好的发展和成长。

【精彩博文】

人民银行副行长范一飞曾在公开场合表示，大学生是网贷风险群体之一，需要加强相关教育和引导。同时，他也强调，要通过完善法律法规、加强监管和技术手段等措施，规范和规避网贷领域的风险和问题，促进互联网金融的健康发展。著名经济学家吴敬琏也曾撰文指出，高校学生容易陷入网贷陷阱的主要原因是缺乏金融素养和风险意识，需要加强相关教育和引导。他建议，应该在大学课程设置中，适当增加与金融相关的内容，如理财知识、个人投资决策、资产管理等方面的课程，帮助学生提高金融素养，增强自我保护意识和能力。

第十五节　混寝困扰　心灵煎熬

"孤独不仅仅是一个人的问题，它也是整个社会的问题。"

——乔纳森·弗朗西斯·哈里斯

【案例概述】

张雨（化名），一名我院交通运输专业四区队的学生，为合理分配宿舍，将其该同学与同年级隔壁班的五个女同学混寝。张雨找到我向我自述目前人际关系紧张，认为自己已被室友孤立，每天回到寝室无人与自己交谈，又因性格内向，与本区队其他同学也交往不深，感觉自己很孤独、很郁闷。并且因为室友们作息时间不同，而张雨喜欢早睡早起，大家相互打扰。在这样的氛围下，张雨感觉十分痛苦和压抑，当前的现状无法让她集中注意力去上课学习，总是忍不住去想寝室人际关系问题，希望我能为她调换寝室。

【案例分析】

张雨在宿舍被孤立的感觉可能是由于诸多复杂的原因构成的。想要解决这个问题，首先需要找到具体的原因，然后与室友进行细致的交流和理解，增进彼此之间的感情连接，从而建立深刻的人际关系。首先我和张雨进行深度的沟通和交流，了解了她在其他班级混寝而感到的孤独感是由哪些方面产生的，如生活习惯差异、缺乏友谊等等，以便了解情况并有针对性地进行问题的解决。

1. 性格

张雨因为性格内向原因，比较不擅长主动与他人进行交流，久而久之，室友们可能会觉得她过于安静，不加入宿舍集体中去，所以就会渐渐地把新生朝贡的体力和精力转移到和别的宿友的交往上了，这样造成张雨的孤立感。且张雨与舍友兴趣爱好不尽相同。张雨喜欢看漫画、追动漫，而舍友们喜欢追星、打游戏、旅游。宿舍的女生们可能会发现自己和张雨没有什么共同话题，也就少了可以聊天的机会，从而造成彼此的疏远。无法建立稳定的交流和沟通渠道，而这种现象可能会进一步加剧矛盾和分歧。

引导张雨主动与他人交流，加强其人际交往能力，正确看待自己和他的关系、降低内心的紧张，让她学会如何与他人建立良好的关系，增强其社交能力和自信，缓解其孤独感。尝试让张雨与室友直接沟通，试着以礼貌、真诚和尊重的方式主动与室友交流。与舍友讲出自己所存在的苦恼以及希望与大家能够友好相处，协调个人时间安排，规定某个时间点为宿舍安静点与熄灯点，尽量满足每个人的需求。寻找共同爱好和话题，张雨可以主动参加一些课外活动，寻找和自己有共同兴趣爱好的人，扩大自己的社交圈。在与同学交往过程中，她也可尝试敞开心扉，与他们分享自己的经历和感受。多了解他人：张雨也可以尝试了解室友们的兴趣爱好和生活情况，这有助于她感知到以前可能没发现的共性等，也会有助于她们分享，产生更多的话题和共鸣。主动关心他人：如果张雨可以表现出自己关心和在意他人的态度和行为，这也会使彼此产生感情上的互动和交流。

2. 外界因素

不同班级的学生课程安排有很大的不同，因此可能使得生活节奏和睡眠习惯有所不同。无论是在晚自习、早自习、睡觉时间等方面都会出现冲突，并且张雨喜欢早睡早起，如果解决不好，就会产生矛盾和矛盾情绪。宿舍是一个团体，但是因为张雨及其宿舍缺乏合作意识和相互关注的意识，导致的问题包括彼此之间的不信任、深陷倔强和沉默等情况，矛盾也就愈加难以消解。

给张雨提供心理上的支持和关怀，搭建起跨班级交流的桥梁和平台，使学生能够尽快适应并融入新的班级。提醒舍友关注他人感受，向舍友强调关注他人感受的重要性，并提醒她们可能会对张雨造成的负面影响。鼓励舍友主动与张雨交流，了解她的需求和感受，让她感受到关心和支持。同时在班级里组织相关活动如聚餐、游戏等，让班级里的同学能和张雨有机会更深地彼此了解和交流，促进友谊的建立。让张雨更好地融入集体，并且在集体中寻找到自己的位置。

【经验启示】

女生天性心思细腻，自尊心强，女生宿舍也是矛盾最为频发的地方。辅导员要深入分析女生宿舍矛盾的"根源"所在，解决过程中要重点把握"三避三趋"。

1. 避偏信则暗，趋兼听则明

作为辅导员，在处理宿舍矛盾问题时，应该摒弃主观想法，站在公平公正的立场上，认真倾听双方的描述，并多向其他同学了解情况，尽量做出不偏不倚的判断。这样，可以保证问题得到公正解决，避免造成更多的误会和矛盾。在进行调解时，辅导员应该采取中立的立场，不要对某一个人或一方偏袒，不轻信任何一方的陈述，要对所得到的信息进行充分的核实，并且保持冷静，理性地去分析问题。同时辅导员也要注意言辞，防止因不当言辞或表述而激化问题。最重要的是，辅导员应该保持与学生之间的信任和尊重，让学生感受到，他们所接受的辅导员是真正关注学生的生活、工作，不会和学生站在对立面，而是和学生一起努力解决问题。总之，在处理宿舍矛盾问题时，辅导员不能带有偏见和情感因素，需要保持中立、公正、客观的态度，认真听取双方陈述并作出公正的判断，同时要给予学生足够的信任和尊重，以便为辅导员解决问题提供支持。

2. 避亡羊补牢，趋未雨绸缪

作为辅导员我们应该引导学生换位思考和互相包容，加强对学生的思想政治教育。宿舍矛盾问题的发生往往是由于多种复杂因素造成的，如个人性格、生活习惯和家庭环境等因素，要多方位了解学生的情况，及时预警并解决问题，则是根本方法。辅导员应该定期走访寝室，认真倾听学生的心声，关注学生的思想动向和宿舍生活情况，及时了解到宿舍矛盾问题，防止学生矛盾堆积，最终演变成更大的问题。此外，学生在大学期间，需要接受完善的思想政治教育，辅导员需要指导学生正确认识自己的家庭背景带来的影响。通过一系列的教育、引导和帮助，使学生们积极向上地面对挑战，以积极的态度、理性的思维来对待自我成长中遇到的各种困难和挫折，避免因此而产生矛盾。总之，只有通过多方面的手段，包括引导学生思考、加强思想政治教育、多走访寝室谈心谈话等，才能预防宿舍矛盾问题的出现，并及时处理和解决问题。学生健康成长、和谐生活的基石，满足各种人们的生活需要，都需要全体师生和辅导员们共同大力推动。

3. 避轻易调换，趋解决根本

在宿舍矛盾发生时，随意调整寝室不仅不能解决问题，还会加深学生之间的误会，伤害学生的自尊心，同时也会给日后的工作带来一定的麻烦。因此，通过引导学生换位思考，互相包容，教会学生处理矛盾的能力，才能真正解决问题。首先，学校应该提供一个良好的引导环境，指导辅导员更好地了解学生的思维方式和行为模式，制定相关的解决方案和规定，从而使辅导员和学生之间的沟通更加的顺畅和有效。同时，在解决宿舍矛盾问题时，辅导员应该指导学生从对方的角度去思考问题，多从对方的角度去考虑问题，尝试理解和包容对方，避免偏见和刻板印象，寻找和解和妥协，从而在尊重对方的基础上，共同找到解决问题的方法。另外，通过组织集体活动，增强宿舍成员之间的沟通和交流，让不同班级的女生之间彼此更加了解，增强大家之间的友谊和信任，从而防止矛盾的发生。总之，引导学生换位思考，互相包容，教会学生处世之道，是解决宿舍矛盾问题的治本之策。只有提高学生的解决矛盾能力，增强彼此之间的理解和包容，才能创造和谐的学习和生活环境。

【精彩博文】

玛丽尔·鲁斯·伯格曼说过"孤独是由社会强加给我们的。孤独是一种人迹罕至的状态，而束缚人的再也不是万种由社会经验施加的羁绊，而是那心灵深处的东西。"是的，孤独其实是一种广泛存在的状态，不同人的孤独的原因和表现不同。面对孤独，我们需要穿透表象，深入思考，从而找到合适的解决方法。而沟通能力是提高人际关系的一种重要手段，只有通过积极的沟通才能更好地理解彼此，建立相互尊重、信任和包容的关系。在建立友谊和提高人际关系的过程中，需要了解彼此的需求和相似之处，以此来建立联系和互动。同时也需要尊重彼此的差异和个性，互相包容和理解。

第三章　大学生学风建设思想引导篇

第一节　坚韧不拔　锲而不舍

不要放弃自己的梦想，因为梦想是实现美好未来的基础。

——斯蒂芬·霍金

【案例概述】

小甘同学在高考中发挥不佳，未能考上自己感兴趣的大学，最终来到了我们班级。在日常交流中，他透露了对自己现在所学专业的不喜欢，加之对大学生活的向往与憧憬，让他对学习产生了厌烦情绪，甚至开始逃课。他向我倾诉，表示在高中时期是一个开朗活泼、上进且勤奋努力的学生，虽然不是最优秀的学生，但一直很少让父母操心。但是自从来到这所大学后，他在专业课上变得不积极，从不发言也不参与讨论，似乎已经对所学专业失去了兴趣和动力。

小甘同学表示对现在的专业缺乏兴趣，无法专注学习，只能熬夜背书应付期末考试，而回忆起背过的内容，并没有真正思考过。对于未来，他也感到困惑，曾经有过短暂的思考和对学习的欲望，但最终被懒惰和各种诱惑打败了。

除此之外，小甘同学还表示自己对未来的职业发展方向并不明确，也不知道自己应该朝着哪个方向努力，这让他感到迷茫和无助。在日常生活中，他也开始变得消极和沉闷，很少与人交流，也很少参加课外活动。

我深感小甘同学的困境和痛苦，我希望可以帮助他找到自己的人生方向并恢复对学习和生活的热情。我们可以一起探讨他的兴趣爱好和潜在的职业发展方向，并提供一些对他有帮助的资源和建议，让他重新找回生活的目标和动力。同时也会提醒他，无论在哪个领域，都需要付出努力和坚持不懈的精神，才能达到自己的目标和梦想。

【案例分析】

通过以上案例可以发现，小甘缺乏学习的认同感和动力，同时心态方面没有及时调整。在我的工作中，我也遇到了不少类似小甘的学生，其中有两个主要原因。

首先，这些学生缺乏对学习的兴趣，缺失认同感。认同感是人们对环境进行有效评估和判断的能力。这些学生通常对大学环境缺乏认同感，导致对学习缺乏热情。此外，他们也不满意自己所学的专业，这也会导致不良的学习行为和不健康的心态。

其次，这些学生普遍感到迷茫，缺乏对未来和专业的希望，没有足够的内在动力去改变现状。许多新生在面对迷茫时都会产生类似情绪，但我认为解决这些问题比解决这些迷茫感本身更重要。因此，我一般会先深入交流，了解学生背后的行为原因。通过与宿舍室友的交流，了解学生的性格特点和独特之处，通过查阅学生入学档案，了解其家庭背景。然后，我会结合学生的日常课堂表现，分析其内心想法。

除此之外，我在工作中也发现一些学生缺乏自我意识和自我管理能力。这些学生通常无法正确评估自己的实际情况，不会及时调整学习方法和心态，导致学习效率低下，甚至影响到整个班级和个人的学习成果。

对于这样的学生，我会向他们介绍一些合适的学习方法、时间规划和心态调整等方面的知识，并激励他们树立正确的学习态度，学会自我管理。同时帮助他们建立一个自我监督的机制，即通过考试、每周任务完成情况以及课堂表现等来评估自己，及时发现自己的不足，并做出调整。

我相信只要给予学生正确的指导和鼓励，以及耐心地帮助他们解决根本问题，他们定会重新找到学习动力和生活目标，并取得成功。

【案例处理】

以上案例告诉我们，需要以客观的态度看待学生问题，通过深入的交流，明确学生问题的根本原因，帮助学生分析问题，从而激发出学生自身的潜能，做出明确的选择。

学生不喜欢学习的因素多种多样，但其中最显著的原因之一是缺乏学习动机或明确的学习目标。在心理学领域，学习动机被解释为引起和维持学习行为的活动，并推动学生向目标前进的自我心理过程或内部驱动力。对于像小甘这样的学生，缺乏学习动机是一个主要问题。

透过深入沟通，我了解到了小甘的内心想法，并认可了他个性上的优点，从而提升了他的自信心，并向他介绍就业环境，做了相应的心理疏导，同时提出一些建议，以逐步培育小甘对学习的信心。

令我感到高兴的是，小甘逐步开始重视学习，在课堂上积极参与讨论，并减少了逃学和旷课的情况。三年后，小甘成功地获得了推荐进入他理想的本科大学的资格。

除了上述分析，还应该注意到学生的心理问题对学习的影响。心理问题可以包括焦虑、抑郁、压力等，这些问题会导致学生注意力不集中、学习兴趣下降、自尊心受挫等问题，从而影响学习成绩和心理健康。

因此，对于这类学生，我们需要注意及时发现和解决心理问题，及时给予相应的帮助和支持，同时通过让他们找到合适的方式去舒缓心理压力和焦虑，提高学习效率，以达到提高学习成绩和心理健康的双重目的。

在我的工作中，我常会鼓励学生积极参与课堂互动、参加社团活动、参加学术会议等，让学生能够建立自信心，更好地认识自己，提高自己的竞争力，同时也能够降低心理压力和焦虑，提高学习效率。除此之外，我还会提供一些学习技巧和心理调解方法，如时间管理、冥想、休息调整等，以帮助他们克服学习中遇到的心理障碍。

我坚信只要细心倾听学生的情绪和需求，根据不同的情况给予相应帮助，我们可以让每个学生都发挥出自己的最佳潜力，取得学习和心理健康两方面的双重收益。

【经验与启示】

学生的学习是漫长而复杂的过程，我们应该不断提高学生的学习认知水平，增强他们对学习的兴趣，将学习融入到个人发展的过程中，使学习成为一种幸福感和自豪感。

首先，要培养持久的兴趣，关键在于正确的认识。正如"知之者不如好之者"，对学习产生兴趣，就会提高学习能力。对于像小甘这样对所学专业认知不清、容易感到迷茫的学生，我们可以邀请其他专业教师进行相关讲座，从专业设置、未来发展空间、学习内容等方面提高学生的好奇心，避免产生茫然情况。利用案例教学、现身说法、演示实验、学生实验等方法可以增强学生的学习动机和兴趣。邀请经历过类似困境，但经过自我调整，树立目标并取得好成绩的学生进行交流探讨，了解成功的学生的学习历程、学习方法和优秀品质，以此促进学生对所学专业的认同，建立信心，更好地明确学习目标。

此外，我认为我们也应该帮助这类学生建立正确的职业规划。职业理想是选择喜欢、满足自身需求、有利于个人发展的职业愿望和追求。要解决像小甘这样的学生的问题，首先要帮助他们正确认识本专业的职业发展规划和加深对专业知识的理解。通过知识增加和能力提高，帮助学生对自己和社会有更深刻的认识和理解，引导学生在思想、行动和心理方面，在理性的基础上，将自我期望与社会现实相协调，形成明确的学习目标。最后，要鼓励这类学生加强课外实践活动，通过专业实习、见习了解市场大环境等方式，更好地从实践中认识自己的目标。

在建立正确的职业规划基础上，还可以为这类学生增加许多实用的建议来帮助他们更好地适应大学生活和成为优秀的学生：

1. 建立良好的时间管理：帮助学生提前安排好学习和生活的时间，制定具体的计划和目标，把握好学习的重点和难点，养成良好的学习习惯和自律性，避免在大学期间产生学习上的问题。

2. 与同班同学保持联系：鼓励学生积极参加课堂讨论、小组活动和社区服务等课外活动，扩展人际关系和人脉，发展个人兴趣和爱好，增强自信和自我认同，形成良好的贡献意识和合作精神，为今后的职业生涯做好准备。

3. 定期与导师交流：引导学生与导师保持良好的沟通和联系，及时了解课程、作业和考试的情况，反馈自己的学习进展和困难，获得指导和建议，增强对学习的掌控感和安全感。

【精彩博文】

爱迪生：天才是1%的灵感和99%的汗水。成功并非只凭运气或天赋，而是需要我们努力、坚持、付出汗水和时间。成功需要我们有充分的准备，不怕艰辛，不怕失败，并且持久地追求我们想要的目标。正是这些努力和坚持，让我们有了成就和贡献。这些名人的经历告诉我们，所谓奇迹背后，都是用不懈的努力才换得的。所以，如果我们想要取得成功，就必须要有一颗积极上进、不怕困难的心态，不轻言放弃，坚定地追寻自己的梦想。一路向前，不断进步，追寻属于自己的那道光。

第二节　黑暗过后　苦尽甘来

不管多么黑暗的夜晚，早晨的曙光总会到来。

——爱默生

【案例概述】

小陈同学，是我院2012届学前教育专升本班毕业生。在学习期间，小陈同学表现出色，曾担任班长，品学兼优，道德高尚，受到师生一致好评。因此，他在推荐考试中以优异成绩进入了本科学习，并顺利进入了南宁市一所比较知名的重点小学，开始进行自己的实习生活。

然而，这所重点小学是一所传统名校，对教师的要求非常高。同时，小陈同学是高职出身，因此在文化素养和综合素质等方面感到了很大的压力和挑战。在实习期间，他遇到了许多困难。首先是毕设开题答辩未能通过，需要进行二次开题答辩；其次是教师资格考试即将到来，由于实习学校事情很多每天加班，很少有时间复习备考，他担心考不过《教育管理学》《教育心理学》，拿不到教师证会被拒绝录用；此外，他还与4位竞争对手竞争同一岗位。面对如此大的竞争压力，小陈同学觉得身心俱疲，玩世不恭，感到进退两难、患得患失。

在这种情况下，小陈同学向我寻求帮助和建议。他感到很难抉择，不知道该全力备考，还是放弃实习，决心先备考后实习。我认真聆听小陈同学的讲述，分析了实习对他人生和职业规划的意义和重要性，同时也帮助他设计了备考的计划，并提醒他多些自信和耐心。在这样耐心的帮助和支持下，小陈同学逐渐走出了困境，找到了自我的方向，经过不懈努力终于成为一名优秀的教师。

【案例分析】

通过小陈同学的陈述，我意识到他正在经历严重的焦虑与自卑情绪，以前那个自信拼搏的他在面对巨大的现实压力时已不见踪影。因此，我需要尽快了解其所面对的问题以及问题根源，并采取相应的措施来帮助他释放焦虑情绪、提升自信。具体而言，小陈所面临的问题主要有以下三个方面：

1. 未顺利通过毕设开题答辩；
2. 缺少备考《教育教育学》《教育心理学》的时间；
3. 在就业方面面对实力强劲的竞争对手。

我需要围绕这三个问题，深入剖析产生焦虑和自卑情绪的主客观因素，找出问题的关键所在。只有这样，我们才能针对性地进行心理辅导，对他进行很好的疏导与引导。

【案例处理】

小陈同学是品学兼优的学生，有较强的学习能力，成绩在班里一直名列前茅。当他面临择业问题时，他感到有些无所适从。为了帮助他，我们需要从他面临的主要问题入手。通过聊天，小陈同学意识到自己有竞争优势，这带给他了信心。我们帮助他解决二次答辩所遇到的困难，从而通过二次开题答辩，成功解决了第一个问题。此外，小陈同学通过了《教育教育学》和

《教育心理学》的考试，并在实习中受到了好评。但是，他并没有被学校录用，因为他不是名校毕业生，这给他带来了沮丧和困惑。

作为辅导员，我们深刻认识到小陈同学需要进行自我调适，以帮助他保持一种稳定而积极的心态。针对这个问题，我们采用了SWOT分析工具，详细评估了小陈同学的优势和不足，帮助他更好地抓住机会，规避威胁。在这个过程中，小陈同学需要重新客观地全面评价自我，找出自身的优点和缺点，树立信心、扬长避短。我们鼓励他了解自己和现实，认清自己的处境，并鼓励他多向身边的人、事物、机会、外界资源寻求获取，以提高自身综合素质。我们向他提供了适当的指导和资源，帮助他分析职场需求和就业市场情况，让他能更加清晰地了解自己的职业方向和目标。经过我们的帮助和支持，小陈同学终于走出了挫折和自卑的阴影，重新获得了信心和力量。他学会了如何认识自己、寻找到自己的优点和缺点、充分发挥自身优势、挖掘潜力、超越人生的瓶颈。除了SWOT分析，我们曾利用许多其他心理辅导工具和方法，如积极心态调整方案、自我控制技巧等，一步一步地成就他作为一个自尊、自信、自立的人。

为了进一步帮助小陈同学解决他面临的问题，我们需要进行多方面的工作。首先，我们要找到小陈同学面临的主要问题并进行疏导，缓解他的紧张情绪，让他能够更加积极主动地面对未来的挑战。我们注意到，小陈同学在以往的学习经历中没有遇到过类似的问题，因此他缺乏足够的经验和信息来做出决策。在这种情况下，我们需要利用我们的职业规划和就业指导知识，帮助他分析当前的就业形势，了解各种就业信息和渠道，分析自己的实际情况和长处，从而树立自信心和信念，让他可以更加明确自己的职业目标和发展方向。

其次，我们要帮助小陈同学克服他的自卑和焦虑情绪，让他可以更加稳定地面对未来的挑战。我们发现，小陈同学在面对学校不录用他的问题时，出现了自卑和困惑的情况。这种情况下，我们需要通过心理辅导和自我调适的方法帮助他重新树立信心和积极心态。我们教给他SWOT分析的方法，让他更全面客观地了解自己和目标，找到自己的优势和不足，从而规避威胁和抓住机会，让他更好地发展和成长。

最后，我们要帮助小陈同学制定和实施职业规划和发展计划，让他的职业生涯获得更好的发展和提升。我们通过职业规划和就业指导的方法，了解小陈同学的职业意愿和需求，掌握他的职业技能和优势，帮他梳理自己的职业方向和目标，并制定有效的职业规划和发展计划。我们不仅要提供必要的指导和支持，还要帮助他建立起良好的职业网络，提高自己的竞争力和影响力。同时，我们也要为他提供适当的职业咨询服务和资源，帮助他在职业发展和进步的道路上更加顺畅。通过这些综合的支持和帮助，我们相信小陈同学一定能够实现自己的职业目标和愿望，在职业领域取得更加出色的成就。

【经验与启示】

就业指导要充分发挥优势，引导学生发展正确的人生观和价值观，并帮助他们选择最适合自己的职业，实现个人和社会价值。

1. 在就业指导方面，我们需要充分利用思想政治工作的优势。这意味着需要根据毕业生出现的新思想和新心态，采用有针对性地指导和教育方法。我们需要引导学生发展正确的人生观和价值观，建立追求事业发展和奋斗的意识。通过帮助学生树立诚信、务实、实事求是的道德观，我们可以对待用人单位或竞争对手采取友好、真诚的态度，避免使用不正当的手段或行为，如拉关系和走后门等。

2. 毕业生如果能找到一个适合自己特点的职业，就能更好地发挥自己的天赋才能。同时，通过实现毕业生和工作职位的最佳匹配，我们可以充分发挥毕业生的劳动积极性和创造性，为社会创造更多的财富。因此，就业指导需要帮助和引导学生根据自身特点选择最适合自己的职业，迅速而全面地适应工作环境，实现他们的个人和社会价值。

3. 在当今社会，就业是大学毕业生的关键选择之一，对于大多数人而言，进入职场不仅仅是工作，更是一种过渡，是与社会接触的重要方式。然而，就业过程中，许多学生可能会面对许多主观和客观的压力，比如就业压力、面试紧张、职业迷茫、竞争压力等等，这些问题都容易产生一些心理问题，如焦虑、自卑、压抑等。这时候，进行就业心理指导就变得尤为重要。通过就业心理指导，我们可以帮助学生了解自己的优劣势和能力，了解自己的兴趣爱好和职业定位等，以及针对就业心理问题提供专业的建议和指导，帮助学生调整内心状态，增强自信心和适应能力，更好地投入到职业发展中。

【精彩博文】

马丁·路德·金有这么一句经典名言："黑夜似乎总是不会停留，黎明总会到来。"即使我们经历了暂时的困难、挫折和失落，我们也要保持信心，相信未来会越来越好。风暴和雨水总是不可避免的，但当风雨过去之后，透过阴霾，我们会看到光明，看到希望。每当我们感到绝望，或者面对挫败时，这些名言都提醒我们不要放弃，坚信自己的价值与未来。在人生的历程中，风雨总是会来临，我们需要保持一个积极的心态，保持意志力和信心，坚信困难只是暂时的，风雨过后，我们总会看到光明。

第三节　乐观面对　笑脸相随

人生总会遇到一些困难，但你必须学会从每一次挫败中学到教训，再次尝试。

——理查德·布兰森

【案例概述】

小张是一位来自家庭经济困难背景的学生，虽然性格比较孤僻，但他十分积极地参加了班级、学院、学校的各项活动和比赛。他也担任班级班长一职，在日常管理中工作开展得也十分有声有色，时而受到了老师们的表扬。然而，在一次主持工作时，他遇到了困难：助手不支持他的工作、不认同他的想法与思路，分配下的工作没人愿意完成，最终导致都由他一个人承担，工作量大，感到垂头丧气，痛苦难堪。另外，在民选推荐时，小张的选票也远远低于其他普通同学，这让他感到更加沮丧，并提出了辞职，反问自己到底哪里做得不好呀，怎么他们都不配合我的工作。

作为小张的辅导员，听到小张的反馈后，我进行了调查，询问了班里的同学们的意见与看法，于是我采用了个别深层次辅导的方式，通过面谈、微信网络等手段帮助他走出了迷茫，树立信心，找回了曾经那个充满活力、积极向上的自己，从容面对学习生活和社会工作。在我的帮助下，小张重新拾起勇气，慢慢走出困境。最终，他的学习成绩一如既往地优异，每天发奋图强，刻苦努力，他还成功入党并顺利通过了四级考试。他也获得了大量奖学金和荣誉称号，证明了他的实力，小张和我都为此而感到高兴与自豪。

【案例分析】

解决学生工作中常见的问题时，辅导员应该具体案例出发，例如学生小张的问题，进行全面调查和透彻分析，以便做出准确地判断。辅导员应该为学生提供个别化的服务，在针对具体问题时，善于倾听和观察，以不同的方式去帮助学生克服困难，从而提升他们的学习成绩和各方面素质。需要仔细地审视事态发展的每个方面，包括小张的性格、工作实际情况、助手的表现、工作分配的合理性，以找出问题所在。只有在对事情有了更全面、更深入的了解之后，才能做出恰当的解决方案，并采用正确的方式和手段，进而实现预期目标和效果。小张的问题源于他的心理素质不够强大，表现出适应能力差、潜在的自卑感、生活目标不够长远和对未来的不确定性心理。通过调查与分析，我们发现这个问题源于以下几个方面：自卑心理与生俱来的家庭因素；过强的自尊心导致无法容忍不合作和怠工者；缺乏对自身价值判断和未来安排的规划，让小张对自己失去了信心。因此，辅导员应该综合运用多种方式和手段，来协助学生解决心理问题，帮助学生树立长远稳定的生活目标，以及对未来的计划安排，从而提高学生的心理素质，增强他们应对日常生活和学习的能力。通过深入了解情况和仔细分析，我们察觉到，这个难题的原因可能有以下若干个角度：

小张在心理上存在着自卑、不安、焦虑以及惶恐等问题，而这些问题的起源来自他的家庭因素。他的心灵在某种程度上受损，导致了他自卑的成分比较明显。

学习成绩一直优异让小张在心理上产生了优越感，再加上他家庭处于经济困难的困境，造成了他很强的自尊心和对自己的评价过高。因此，小张无法容忍不合作和怠工的人，尤其是作为班里的主要干部更是如此。这种心理状态使得他对班级工作和同学的态度较为强硬，甚至会产生排斥和孤立的情况，不利于班级和谐稳定。

小张作为主要干部，在担任职责期间表现出不适应的行为，主要原因是他没有认真评估自己的价值和缺点，缺乏长远而明确的生活目标，以及对未来没有详细计划的规划。这种情况下，小张逐渐丧失了对自己的信心，导致所承担的工作无法得到有效的推进，反而使自己感到压力和困惑。

【案例处理】

1. 面对小张的状况，作为辅导员，我采用了双管齐下的方式来应对。一方面，我提供了个性化的指导和支持；另一方面，积极展开班级调查，全面了解情况，找到最佳应对方案。在这个过程中，把握关键事件点尤为重要，例如及时获得信息、全面了解问题以及寻求最佳应对办法，旨在为学生和班级干部营造一个积极的态度和态度，逐渐解决问题，并提升工作效能。

2. 建立学生和教师之间的相互信任和信心是解决学生心理问题的关键。对于像小张这样的学生，要先仔细审查他的档案，认真了解他的家庭情况，并采用自然交流的方式，创造出课堂内外与学生交流的机会。这种方式能够让我们更深入地了解学生，了解他们的想法和困惑，在对话中逐渐树立起学生对自己的信心。我们还可以分享自己的大学经历，比如家教、技术兼职等等，让学生明白"家境不能选择，但生活可以通过自己的努力创造和改变，在起跑线上我们都平等"，从而缓解他们的心理压力，并为他们提供指导和建议，帮助他们从中寻找创收机会。这些方法可以增进老师与学生之间的互信，为学生解决心理问题创造具备条件的环境。

3. 对于像小张这样的学生，我们可以通过不懈地努力通过我的知识维度协助他寻找一份理想的学习或工作机会。一方面，他能通过自己的努力赚取一定报酬，从而缓解经济压力；另一方面，和老师之间的不断接触也让他逐渐打开心扉，摆脱自卑感，并且慢慢地走出困惑。同时，我们也应该在暗地里调查，并与班里的其他同学和干部交流，发现问题并尝试给出解决方案。这样，我们也可以在其他班干部之间介绍小张的工作，并表示我们的支持。

最终，有了一个机会，我们也要及时地向他传授教育，让他在工作和学习中，能够具备自己的问题解决能力，从而更好地适应生活。

3. 我们可以通过一次大型活动来帮助小张树立自信心，为他提供展示自己的机会。我召集了所有班干委员共同策划，让小张扮演总指挥角色。此前，他与其他班干委员进行过沟通，因此他的工作也得到了大家的全力支持。在活动过程中，我不断鼓励小张，为他注入勇气和力量，并且让他感受到成功的喜悦和付出的回报。活动取得了非常成功的效果。

随后，我们利用活动的成功，频繁地通过短信表扬小张，让他感受到自己的成就并进一步提升信心。我还指导他进行活动总结，继承和发扬成功经验，同时反思和完善不足之处。通过这次活动，小张不仅得到了成功的经验，还得到了班级和老师的认可与支持，从而更自信地走向人生巅峰。

在这个基础之上，我和小张一起制定了短期和长期职业规划。有了明确的目标，他生活中就拥有了动力，珍惜每一分每一秒，不断学习和参与社会活动，历练自己。

案例处理的效果：

成功经验对一个人的改善有着显著的积极影响。就如同小张一样，在体验一次成功后，他变得更加开朗自信，表现出色，而且更愿意投入班级、系部、学院的各项活动，并且更加主动地与同学建立良好的关系铺平友谊之路。成功的体验可以激发个体内在的潜能和积极性，提高自信心和积极态度，从而推动个体更进一步的成功。工作之余，他拼搏不息，全力追求着自己的目标，获得了很好的成就和回报。这一切，都证明了他在不断成长、进步，在实现自我价值的道路上不断前行。

【经验与启示】

辅导员是同学们的知心朋友，特别是对于家庭困难学生，这部分学生的自尊心会更强一些，如何处理好这些问题，关键在于给予更多的关注，多多沟通，建立信任，同时也要注意自身综合能力的提高。

1. 在学校有需要的学生应该得到特别关注，尤其是那些家庭经济困难的学生，需要特别关注他们的心理、行为以及生活上的表现。了解这部分同学的心态是一个漫长的过程，解决问题也需要长期的关注和及时地应对解决。同时，保护家庭经济困难学生的自尊心，帮助他们健康成长也很重要。每个年轻人都有一颗既热情又脆弱的内心，特别是这部分学生的自尊心往往比其他同学更强同时更敏感。在工作中，建立师生之间的互信关系是非常重要的。为了实现这一点，教师必须注意自己的沟通方式、口气和语态，可以以温和、委婉、慈祥的语调与同学们进行沟通交流，以便让学生更容易地接受和理解自己的教诲。采用一定的方法和手段对学生进行鼓励和引导，帮助他们树立正确人生观、世界观、价值观，促进他们的健康成长和幸福生活。这种教育方法不仅能够有效地解决学生当前存在的问题，还能够对其未来的一生产生积极的影响。因此，教师们应该注重教育方法与模式，尽快解决问题，从而影响学生的未来。

2. 辅导员是学生们的知己好友、学业导师、生活指导者、行为监督者和纪律管理者等多种角色的承担者，其中最重要的任务之一就是成为学生的良师益友。辅导员通过关注学生的成长、用自己的方式影响和改变着学生的命运，不断用自己的爱心和付出潜移默化地帮助学生成长，同时在教育工作中承担着关注、指导和管理、监督等多重角色和任务。

3. 辅导员在工作中需要注重能力的积累，不断提高综合素质水平。除了政治理论素养外，教育工作者还需要具备一定的法律学、心理学等相关知识，以更好地处理和解决问题，提高工作效率和质量。同时，对学生的表扬和赞赏也是辅导员工作中不可或缺的一部分，可以增强学生的信心、展示他们的才能和优点。辅导员还需要善用现代化技术工具，如电子邮件、QQ、微信和手机短信等多种沟通交流手段，随时随地与学生沟通，平等顺畅地交流和理解，建立互信关系。

【精彩博文】

科林·鲍威尔曾说过"巨大的成就是由于对一桶又一桶的失败、不满和挫败的耐心积累而成的。"无论何时何地，生活中总会遇到各种困难和挫折，但如何保持积极的心态、寻找机遇、克服困难，是实现梦想和成功的关键。我们必须相信自己，坚持不懈，学会从失败和挫折中吸取经验教训，并不断前行。每一次不如意都是一次宝贵的经历，使我们更加成熟、更加强大，为未来的成功打下坚实的基础。

第四节　打开心锁　少份受罪

成功的关键在于持久不懈。奋斗不止，永不放弃。

——诺曼·文茨基

【案例概述】

这个故事发生在一个悲凉的雨夜，当时我正在办公室加班，没有想到会有一名我所带专接本班的女生来找我。她神情忧虑，言语混乱，流泪不止地把心中的烦闷和想法表达出来。我想这一定是一个情绪危机，她需要我作为一个成人来提供帮助。于是，我递给她纸巾，耐心地聆听着她的抱怨，并且不断地表示理解和支持。

在这个过程中，我不去评价对错，只是根据我自学的心理咨询案例知识，告诉她重要的是她的情绪，并且通过倾听她情绪并且以中立的态度支持她，逐渐地让她从刚开始的哭泣、冲动到逐渐地平静、明朗。

这位女生表达出了内心深处长久以来被压抑的情感，她感到自己无论如何努力都不能取得学习的好成绩，学习对于她来说也已经变得乏味无趣，除此之外，她还面临着家庭经济压力的问题，还有同学们对她的歧视，导致她对自己的价值产生怀疑，认为自己一无是处。我的聆听和支持让她觉得得到了关注和理解，她对我表示了感激之意，并约定下次还会找我谈话。

【案例分析】

小张是一位由其他院校专接本到我院继续深造的优秀学生。尽管她家庭经济不宽裕，性格相对内向，但她始终保持着对学习的高度热情，积极参与到学校、学院的比赛中去，曾在原来的学校表现出色，也在我们学校不断挑战自我，取得了优秀成绩。尽管小张在原来的学校表现优异，然而在来到新环境后，她遭遇了一系列问题。首先，她感到学习非常吃力，需要花更多的时间来适应新的学习环境。此外，她也在人际交往方面有些障碍，需要花费更多的时间和精力去适应新的人际关系。由于这些挑战，她的心理承受了一定的压力，出现了一些问题。

小张同学的心理状态出现了很多不正常的表现，初步猜测她可能患有抑郁症。她的情绪非常低落，无法体验到快乐的感觉，整天垂头丧气，没有精神，使得她在学习和生活中失去了兴趣。她常常抱怨自己对新环境的适应能力不好，缺乏自信和动力，难以继续学习生活下去。同时，她会自责，认为自己的状态会给周围的人带来不良影响。这一切都加重了她的心理负担，影响了她与他人的交流和社交能力，通过以上这些反应，这些都是抑郁症情绪的典型症状。因此，我们需要以正确的态度沟通和支持小张同学，让她能够走出情绪泥潭，重新恢复自信，重新发现生活的美好，找回原来那个积极上进的自己。

【案例处理】

1. 在第二次谈话中，我们可以使用心理分析和疏导的方法帮助小张同学分析她可能患有的抑郁症，缓解她的负面情绪并帮助她找到更好的解决方法。

我与小张同学进行了分析，发现她性格内向、不善交往，落后于学习的情况和自尊心的脆弱，以及家庭情况都可能成为她抑郁情绪的诱因。于是，我教她如何控制情绪并学习了一些基本的沟通技巧。我们一起探讨如何以建设性的方式表达自己的意见，这有助于她更加直言不讳、敞开心扉地与他人交流。然后，我们从认知的角度出发，探讨了她的问题并帮助她发掘和剔除不合理信念，接纳自己的不完美，欣赏自己的优点，调整自己的认知结构。

通过这些交谈和引导，她渐渐地打开了自己内心的"心锁"，并且意识到要通过自己的努力来解决问题。在之后的几次交谈中，我们取得了非常好的效果，她也逐渐恢复了微绽的笑颜，与班级同学积极交流，并且积极准备着考试。

2. 提供勤工助学的机会是一个很好的方式，可以帮助学生们减轻生活压力。

关于帮助小张同学缓解家庭经济困难，推荐她参加勤工助学的情况。针对小张同学家庭经济的困难情况，我与学院学生工作办公室联系了解到，学校有关于勤工助学的相关政策。因此，我向小张同学推荐了相关的勤工助学岗位。

通过学校提供的勤工助学政策，我们希望能够减轻她的家庭经济负担，实现独立生活并增强她的自信心。同时，勤工助学也给小张同学带来了锻炼自己沟通和合作能力的机会，在跟其他同学合作完成学校或老师交给的工作的过程中，帮助她提高沟通和合作的能力。这将对她未来的学习和职业发展都有着很大的帮助。

3. 与任课教师联系，重点照顾

小张同学感到学习吃力有多种原因，包括学习基础不同、教学上的问题以及心理负担等多方面因素。为了帮助她提高学习效率，我与任课教师保持了联系并了解了她的学习情况。

在了解她的学习情况后，我们商定了具体办法，任课教师更加重视小张同学，并让她担任生物课代表，提高她的责任感，并激励她的学习热情。通过这些办法，小张同学的学习效率得到了提升，她的学习成绩也逐渐上升。

在我们的指导下，小张同学又逐渐建立了自信心，学习反应也越来越积极，不再感到学习吃力。通过这一过程，她更深入地理解到，学习对她未来的职业和学术生涯是非常关键的，也意识到了改变自己的方法和策略可以真正地提高学习效率。

4. 推行心理辅导有助于增进学生之间的情感联系，加深彼此之间的理解与了解。团体辅导是一个非常有效地帮助学生提高学习效率和减轻心理压力的措施。在我作为团体精神导师的角色下，我针对小张同学的情况开展了团体辅导，经过一系列的交流活动，班级的团结意识得到了增强，同学们彼此之间的情感更加和谐。

小张同学参与其中，并从中受益良多。同学们还纷纷指出小张同学的优点，并给予她充分的认可和了解，这对于她重拾信心有了很大的帮助。通过这样的团体辅导，我们不仅促进了班集体的成长，也将小张同学融入到团队中，减轻了她的心理压力，为她以后的学习打下了坚实的基础。

5. 与家长联系，共同帮扶

家长是小张同学读书生涯中最为重要的支持者之一，然而高期望和过度的关注却给小张同学带来了巨大的压力，影响了她的学习效率和心理状况。因此，我与小张同学的家长进行了交流和沟通，在向家长介绍了小张同学在学校的表现的同时，也分析了家庭中高期望和关注过度对小张学习的消极影响。

由于我们的交流，我已经向小张的家长表达了一个愿望，希望他们可以关注并支持小张，在她的适应期内提供帮助，让她重新适应学习和生活。这样的支持对小张同学心理状况和学习效率的提升将是非常有益的。

【经验与启示】

在日常生活中，我们对学生进行一定的关注，出现问题及时给予指导，多多沟通，争取把问题给解决好。

1. 细致观察和有效疏导在学生心理问题处理中扮演重要角色，有助于帮助学生克服困难。

作为学生重要的指导者，辅导员在日常工作中与学生的交流频繁，能够及时获得第一手材料，对于一些不健康情绪的疏导也具备一定的能力。但是，辅导员并非专业的心理咨询师，在学生心理健康问题处理中，辅导员应该及时引导学生正视自己的问题，并积极建议学生寻求专业心理治疗。只有在引导学生正视问题并给予专业建议的过程中，辅导员才能够更好地履行其在学生心理健康方面的重要角色。关于辅导员在心理问题处理中的地位，需要我们高度重视。

辅导员应该扮演好促进学生健康心理发展的角色，为了学生的全面发展，辅导员应该注重培养学生的健康心理素质，并引导学生关注自身心理健康。培养健康的心理素质，能够使学生在面对压力与困难时保持积极的态度和心态，更好地适应生活。同时，辅导员还应该引导学生调整心态，通过积极的行动和思考方式，减少心理负担和压力，更好地应对各种困难和挑战。

2. 加强学习、专业指导，不断提升心理问题处理能力。

心理咨询中心在学校中扮演着极为重要的角色，能够为学生提供心理咨询和支持服务，有利于解决学生心理问题，实现身心健康和全面发展。然而，尽管学校设立了心理咨询中心，但并非所有学生都能够主动咨询、及时得到咨询，可能受到各种原因的影响，如自身原因：心理压力、担忧、疑虑等。在这种情况下，辅导员便需要介入并承担起重要的任务，及时帮助学生解决咨询的问题。为此，辅导员必须定期或不定期地进行心理问题的学习和认识，并进行培训交流。这种学习和交流不仅仅局限于理论方面的提高，更需要借助实际案例的分析和探讨，获得更为深入的认识和实践经验，以更好地为学生提供有效帮助和支持。

3. 有效交流，踊跃配合，争取家庭的支持与合作。

在处理学生心理问题时，我们需要认识到其形成原因可能极其复杂，所以通常需要我们考虑涉及家庭的相关问题。因此，与学生家长建立联系是不可或缺的，有助于更好地应对学生心理问题，以了解学生在家庭环境中所面临的问题，以及可能存在的心理困扰和疾病，并进行及时的解决。在了解学生家庭情况的基础上，我们可以有针对性地、专业性地提供有效帮助和指导，以提高学生心理素质和人际交往能力。此外，我们在日常生活中我们要与家长建立良好的沟通和合作关系这样也有助于增进学校与家庭之间的了解和信任，增加我们对学生的了解，推动学生成长和发展而共同努力。

【精彩博文】

尼尔·A·阿姆斯特朗说过："即使你走得再慢，只要你不停下来，你就一定会到达终点。"无论何时何地，坚持自己的目标和信念是成功的关键。障碍、挑战和失败都是必须要面对的，但永不放弃是我们取得成功的首要条件，只要我们坚持下去，最终一定会获得胜利。只要我们有战胜失败的信心与勇气，这些困难将迎刃而解。

第五节　披荆斩棘　善于交流

"学问若不求甚解，岂能致用？"

——王阳明

【案例概述】

在大学生活中，经常会遇到学校、学院等各种论文比赛。对于一些学生来说，这是他们第一次接触这种类型的比赛，也是第一次跟导师一起完成论文，因此可能会感到有些无所适从，感到忧心忡忡、难以下手。在一次学校科技论文比赛中，小王参加了这次比赛，学院也给小王安排了专业的导师进行指导，但在写作过程中小王遇到了这样的情况：导师准备跟他写一个比较新颖的论文题目，但由于小王自己不会写，也是初次写论文，没有什么头绪，于是小王开始感到迷茫。他对自己的论文题目缺乏自己的理解，从而无从下手，对写论文缺失信心。即使在导师的指导下，小王写论文还仅仅是根据导师的想法去完成任务，而没有真正理解和掌握相关知识，这导致最终的论文成绩不尽如人意，未达到很好的效果。在参加论文比赛和导师的指导下，小王逐渐认识到自己的问题所在：缺乏自主学习和思考的能力。虽然导师曾经建议他去学习一些基本的写作知识和技巧，但是小王认为只要有导师的指导，就能掌握一切需要知道的东西，由此导致小王的论文没有达到他和导师的预期目标。导师也逐渐意识到，他们在完成论文时缺乏良好的合作关系，这在一定程度上也影响了论文的创意和实际水平。

尽管小王没有在论文比赛中获得好成绩，但他从这次经历中学到了重要的一课。他明白了自主学习和思考的重要性，以及和导师建立良好的合作关系。他开始独立进行研究和学习，而不是仅仅依赖导师的指导。他们之间的合作变得更为积极，创意也更加充分。

【案例分析】

第一次与导师进行写论文，对于大多数学生来说都是一次挑战。但是，如果学生自己不会写，就需要及时向导师或其他同学寻求帮助。在这个案例中，学生没有及时寻求帮助以及自己对论文的内容理解较浅，学生缺乏主动性，导致了论文的不完美。

首先，学生可能是由于缺乏自信而没有去询问导师或同学。如果学生能够主动提出问题并请求帮助，很可能会避免这种情况的发生。其次，学生可能没有花足够的时间去了解这个论文，也没有充分利用其他资源，例如图书馆、网上资源等。这种缺乏准备的情况很容易导致论文无法达到预期的成果。

这个案例其实不仅仅是一个学生不会写论文的问题，更多的是涉及了学生与导师之间的沟通和合作问题。在这个案例中，学生与导师之间存在一定的信息交流障碍，学生没有清楚地表达出自己的需求和困难，也没有积极主动地向导师寻求帮助。而导师也没有充分理解学生的情况，没有针对学生的实际情况给出适当的指导和帮助。这样的情况导致了论文的失败。

在这个案例中，我们可以看到学生没有充分理解导师的要求，并没有在第一时间向导师寻求帮助。这是非常常见的问题，因为很多学生都担心会被导师认为是"笨的"，而不愿意寻求帮助。但是，这种做法实际上只会让问题变得更糟。

那么该如何避免这种情况呢？首先，学生应该充分理解导师的要求和期望。如果不确定自己理解的是否正确，可以主动向导师请教，确认自己的理解是否正确。其次，如果遇到了困难，学生不应该一味地自己摸索，而应该及时向导师寻求帮助。导师的工作就是帮助学生解决问题，如果学生不向导师求助，那么导师的工作就会变得更加困难，难以达到预期的效果。

此外，学生应该养成良好的学习习惯。在完成作业和论文的过程中，学生应该尽可能地自己思考和尝试解决问题，大胆去探索，但如果遇到了实在解决不了的问题，也应该及时向导师寻求帮助，要有"打破砂锅问到底"的精神。另外，学生也可以与同学们讨论，共同讨论，集思广益，相互学习和帮助。

本次论文的合作学生最终没有取得好的成绩，但这并不代表学生是失败的。每一个失败都是一次宝贵的经验，俗话说得好"失败是成功之母"，通过这次失败，学生可以更好地认识到自己的不足和需要提升的地方，从而在未来的学习和工作中做得更好，有着更大的进步空间。

【案例处理】

如果学生遇到了写论文的难题，可以考虑以下几个步骤来解决问题。

第一步，我们应该多多关注学生情况，让学生主动向导师或同学寻求帮助，对于学生难以联系到的，我们可以帮助学生进行联系。导师通常很愿意帮助学生，他们可以提供有关论文的建议、指导和反馈。此外，同学之间的互相帮助也是很重要的，他们可以一起研究问题，分享经验，并相互支持。

第二步，我们应该在平时多多鼓励学生应该利用学校提供的资源，去摸索资源的使用方法，例如图书馆、写作中心等，这些资源可以提供指导，帮助学生更好地理解和完成论文。此外，学生可以利用网上资源，例如学术文章、网上论坛等，来了解相关知识和经验。

第三步，我们在每次比赛前可以进行一趟动员大会，积极鼓励学生，树立他们的信心。让学生应该花时间和精力去了解论文的要求和目标，确定清晰的计划和目标，并按照计划逐步完成论文。且在这个过程中，学生应该时刻保持与导师的沟通，不断反馈和修改，以确保论文的完成质量。

如何避免这样的情况再次发生呢？首先，我们应该在日常生活中培养学生学会自主学习和解决问题的能力。在论文启动之前，学生需要对论文的目标、要求和流程有一个清晰的认识，同时，也需要对论文所涉及的技术、知识和工具进行充分的了解和学习。在学习的过程中，学生需要积极主动地向导师或同学寻求帮助，及时解决自己遇到的问题。

另外，导师也需要扮演着好引导者和辅导者的重要角色，我们作为辅导员应该起到"连接"的作用，主动了解学生的需求和困难，针对学生的实际情况，提供个性化的指导和帮助。同时，与导师进行积极的沟通，也时刻关注学生的自主学习和解决问题的能力，引导学生养成良好的学习习惯和方法，提高自己的学习和解决问题的能力。

【经验与启示】

学生首次与导师合作要教会学生挑战与机遇是并存的，所以我们需要提高能力、增强协作意识，主动沟通交流。

对于学生来说，第一次与导师进行论文合作确实有一定的难度和挑战，但是也是一个不错的学习机会。通过这样的合作，学生可以提高自己的学习和解决问题的能力，了解论文写作的流程和方法，增强团队协作的意识和能力。同时，也需要学会主动与导师和同学沟通交流，及时解决遇到的问题和困难。

1. 对于导师来说，需要认真了解学生的需求和困难，提供个性化的指导和帮助，引导学生养成良好的学习习惯和方法，提高自己的学习和解决问题的能力。同时，也需要关注学生的自主学习和解决问题的能力，通过引导和支持，让学生逐步养成自主学习的习惯和方法，提高自己的学习和解决问题的能力。

2. 对于辅导员而言，我们扮演着至关重要的角色，起着承上启下的衔接作用，我们与导师和学生之间建立了有效的沟通方式，那么导师与学生的论文也将顺利地完成，达到满意的效果。

3. 在大学生活中，论文写作是一个非常重要的方面。学生们应该积极参与，并尽可能地充分利用导师和其他资源来获得支持和帮助。如果学生遇到困难，应该主动寻求帮助导师、网络资源库、书籍等工具的帮助。

【精彩博文】

约瑟夫·乔布斯说过这样一句话："永远不会太晚提出一个好问题，但你可能已经错过了一段时间来提出它。" 我们应该时刻保持敏锐的思考和好奇心，多多发现生活中的疑点和问题以及自己在学习过程中遇到的问题，积极地去尝试寻求答案。我们不能因为一时留下的遗憾放弃对未来的探究和努力，而是要时刻保持一颗积极的心态，勇于挑战自己，不断学习和进步。

同时，在生活和工作中，我们不能因为担心、犹豫或者迟疑而错过机会、失去创造价值的机会。我们必须尽可能多地提问题，潜心研究，尝试实践，多与自己的老师沟通交流，通过多次尝试去寻找正确的答案，从而珍视时机，不断向前推进。

总之，在任何时候没有时间限制的情境下，我们尽管可能要面对一些困难和阻碍，如果我们保持好奇心和勇气，积极去提出问题、寻求答案，那么我们最终定能找到正确的方向，实现自己的目标和梦想，完成自己的项目，达到自己和老师们的满意效果，不负自己、不负老师。

第六节　众口铄金　默默无闻

无论你在什么时候开始，重要的是开始之后就不要停止。

——成功学家罗利·格拉沃尔

【案例概述】

在当今社会，考取大学成了许多年轻人追求的目标之一。然而，随着社会的变化、经济的发展和就业市场的变动，同学们对大学中某些冷门专业的态度开始发生变化，很多人认为这些专业难以找到好的工作，以后工作岗位比较少。因此，他们逐渐对冷门专业感到厌倦与反感，都不想报考冷门专业，都朝着一些热门专业、比较受同学们欢迎的专业去报考。宁愿去报考百里挑一的专业也不去报考冷门专业，这些冷门专业让他们产生了深深的刻板印象。

在我校，高年级学生小张就遇到了这样的问题。小张所学的专业是理科中相对冷门的植物生理学，植物生理学是研究植物生长、发育和代谢等方面的基础学科。虽然小张对这门学科感到非常迷茫，不知道以后会去做些什么，但他在学习的过程中兢兢业业，不断尝试并创新，想通过自己的努力尽可能地去改变以后找工作难的问题，于是小张在班级中很活跃和积极，上课期间总能见到他积极发言、勇于表达自己观点并参与到小组讨论中去。下课期间亦是如此，他勤奋刻苦，通过网络等方式去深入了解自己专业的知识。然而，毕业离校的时间越来越近，小张越来越感到焦虑和紧张，因为小张听说这个专业又是新专业最近几年就业形势比较严峻，他担心自己不能较好地掌握技能和知识从而更加难以找到工作。再加上小张周边的同学的专业又比较新颖，比较耳熟能详，这些周围的压力都打击着他的信心和热情，他感到孤独和无助，甚至对自己的未来感到无助，前途渺茫。

【案例分析】

冷门专业是否真的没有前途？

小张所遇到的问题，实际上是许多大学生在冷门专业学习中遇到的普遍问题，他们都会对类似的问题感到焦虑和不安。这些学生的焦虑和不安，一定程度上源于社会对冷门专业的偏见和质疑。经过总结，对冷门专业的偏见和质疑主要因为以下几个原因：

1. 社会认知度不高：一些冷门专业可能没有符合传统认知的专业名称和职业出路，因此社会对这些专业了解相对较少，难以得到认可和支持。

2. 就业前景不确定：一些冷门专业的就业前景可能相对较为不确定，使人们觉得选择这些专业可能无法得到很好的职业发展和回报。

3. 缺乏良好的教育资源：一些冷门专业开设的学校和课程资源可能相对较少，学生们选择这些专业可能会面临较为严峻的教育环境和学习压力。

因此，人们对冷门专业存在偏见和质疑，其实更多是因为了解不足、认知差距、主观偏见等因素所致。实际上，每个专业都有自己的价值和作用，也存在着独特的发展机遇和前景。因此，学生们在选择专业时，应当充分考虑个人兴趣、职业发展规划和市场需求，而不仅仅是为了迎合传统认知或者从众心理。然而，这些偏见和质疑是否真实存在呢？

事实上，并不存在哪个专业一定是冷门的，只有经营不善的专业。如果一个专业缺乏市场需求和社会价值，那确实难以找到好的工作。然而，这并不是因为专业本身的冷门所致，更多是由于专业教育在引导和培养学生方面有问题，存在与社会实际需要脱轨的情况。虽然它们可能在就业市场上相对较少，但它们在特定领域内的需求却相当大。比如一些跨界科学和工程专业，虽然相对较冷门，但是在人工智能、大数据分析、智能制造等领域内的需求却非常大，这些专业毕业生也会比较受欢迎。但总的来说，同学们应该好好思考专业的问题，大胆去尝试，多多探索，也不必过多去担心，好好去摸索，多多关注人才招聘信息，找到适合自己的岗位。

另外，我们也不需要一味追求热门的专业，去与众不同也没有什么不好。如果学生们对自己的冷门专业充满热情和信心，并拥有足够的知识和技能，那么他们一样可以在自己的专业领域中取得成功。

根据这次事件的总结，在今后再遇到类似情况时我们应该以以下方式处理：

首先理解学生的想法，尽量从学生的角度出发，多多与学生进行经理沟通，可以通过询问"最近怎么样呀？""最近遇到什么困难了呀？""没事的，我们可以来解决"等温馨话语，了解他们的想法和担忧，让他们倾情地表达出自己的难题，并且通过最近的相近案例生动地跟学生进行讲解，与学生深入分析，感化学生，让他通过相似案例来提高对自己的认识。

其次给予专业介绍和建议，为了让学生更好地了解专业，我们可以找一些最近几年的专业方面的内容向学生介绍专业的课程设置、就业前景、发展前景等方面，与他一同分析，绘制专业知识图，让他更全面地认识专业，树立起信心。同时，根据学生的兴趣和职业规划，给予相应的建议和指导，帮助学生做出理性的决策。

【案例处理】

如何解决冷门专业学生的困境？

针对学生们在冷门专业学习中遇到的问题，我们可以从以下几个方面进行解决：

1. 需要加强对冷门专业的宣传，让更多的高中生和家长了解冷门专业的意义和价值，并为学生的未来职业规划提供更多选择。学生本身需要树立自信心，保持积极向上的心态和态度，努力学习并拓宽自己的知识视野和经验，在自己的专业领域中有所建树，并尽力为自己的未来职业做准备。

2. 学校需要对冷门专业进行教育和改革，适应社会需求，提高专业教育的实用性和就业能力，让学生学到更多的知识和技能。

3. 加强和其他专业的协作，让冷门专业与其他专业之间建立更多联系与合作，互相促进并实现资源共享，为学生提供更多实践机会。

【经验与启示】

冷门专业也需要关注和支持，我们应给予他们更多的关心与学业指导。

在学生进行职业规划时，我们需要基于学生自己的兴趣和需求进行选择，而不是盲目地追求所谓的热门专业。无论选择何种专业，最重要的是积极学习，关注未来的趋势，不断完善自己的知识和技能，赢得社会的尊重和支持。

我们也应该多多给予新兴冷门专业的学生一定的引导，定期邀请校外专家优秀教师到校进行交流分享，增加他们对专业的认知度。同时也需要学校、政府等多方支持和关注冷门专业的发展，加大投入和宣传力度，引导专业教育的改革，建立有效的学生就业体系和职业导向体系，为冷门专业的学生提供更多实施机会和可能，让他们能够为社会发展做出基础的贡献。

为了支持冷门专业的发展，我们可以采取以下几种措施：

1. 提升社会认知度和宣传力度：通过社会宣传和媒体等渠道，向公众普及冷门专业，让更多人了解并认可这些专业的价值和作用。

2. 加大教育资源投入：加大对冷门专业的教育资源投入，包括拓宽学科研究的深度和广度、提供更好的学习环境、为学生提供更多的机会等。冷门专业与其他热门专业的交叉结合可能会带来更多的创新和机会，这需要在教育和行业领域主动推动合作与交流。

3. 建立行业协会和教育平台：与行业相关的专业协会和教育平台可以为冷门专业的学生提供各种职业发展机会和支持，包括实习、就业和创业等。

总之，冷门专业同样需要我们的关注和支持，这对于推动社会科技进步和发展是至关重要的。通过多种手段，我们可以为冷门专业的发展提供更有力的支持，让这些专业更好地为社会发展做出贡献。

【精彩博文】

Steve Jobs说过"不要被别人的成就所吓倒，你可以超越他们。"不要被别人的成就吓倒，你的潜力更加强大。每个人都有自己的人生轨迹和成就，当你把别人的成功看成是自己不可能达到的高度时，你就放弃了自己本应有的成就。对于任何人来说，成功不是天生就存在于他们身上，而是通过不懈的努力、不断的实践和不断的充电所积累的。因此，不要局限于别人的成就，而是相信自己的潜力，勇敢地朝前迈进，超越自我，不断创造属于自己的辉煌成就。不要因为自己的专业而限制了自己的发挥，每个专业都有其在各自领域的深度价值，要相信自己，敢于挑战自我，只要有一颗积极上进、勇于探索的心，我们将迎来属于自己的成就，走向成功的彼岸，在自己的专业领域成就一番事业。

第七节　学海无涯　夜阑人静

要想学生好学，必须先生好学。惟有学而不厌的先生才能教出学而不厌的学生。

——陶行知

【案例概述】

本学期学校对大一到大三学生的晚自习考勤管理更加严格了，我很多次走在拥有晚霞的校道上，到处是三三两两的学生结伴往自习室赶，偶尔还能听到他们的"心声"。

同学A："为什么学校会有这么不合时宜的规定呢？这不是变相地压榨我们的课余时间吗？"

同学B："就是呀，而且我发现我们班很多人都只是去晚自习玩手机，这难道不就是换了个地方玩手机而已吗，那为什么还要聚集在一起玩呢？"

同学A："所以说这个晚自习简直是浪费时间、浪费生命！"

同学B："学习氛围不够浓厚，导致我的学习效率下降得极其严重，再这样无意义地强制性晚自习，我觉得我的考研备考会受到很大的影响。"

同学A："我真心希望学校能够取消晚自习，本来白天的课程排得就很满了，晚上还得上晚自习，我都不能培养别的兴趣爱好了。"

这样的对话并不少见，可见同学们对晚自习的极度"不满"，每当这个时候我都会若有所思，学校的规定终究是很难剔除的，如何打消同学们这种极度抗拒学校规章制度的心理，成了辅导员工作的一大难题。

【案例分析】

1. 心理分析

由以上的案例，我们首先分析同学A的心理，从她们的对话可以轻易得知，她对学习的积极性本身就不高，更别说主动地利用晚自习去规划学习，在这种于她而言是压抑的情况下，逆反心理极易产生。实质上，同学A就是典型的没有上进心的学生，通常这类学生是无法约束自己的，她们更倾向于"自由"，认为大学只需拿个毕业证，其他方面都可以得过且过，她们并不能接受强制性的晚自习。但各大高校统一行径是有一定的依据性的，实践证明，晚自习可以约束大学生，提高其学习自觉性；而且大学的集体性非常差，集体自习也有助于增强集体感，营造一个良好的学习氛围和学习环境，在这个时间里可以使学生安静下来，摆脱白天的浮躁，从而高效率地完成学习的任务，同时也提高了大学生的自律性。但同样的盲目的强制晚自习拥有一个极大的弊端。

接下来我们分析同学B的心理，从案例中可以得知，同学B是有很强烈的上进心的，那为什么本应有助于提高学习效率的晚自习反而成为她的负担呢，这也是上面分析所提到的高校盲目晚自习的弊端，的确有很大一部分学生都跟同学A一样的心理，她们无法约束自己，认为晚自习是没有意义的，于是就会在晚自习玩手机、聊天等行为来抗拒学校的规章制度。这种情况下，对于大部分需要良好学习环境的学生而言，晚自习反而成为影响学习进度的罪魁祸首。

基于以上分析，我们辅导员应该要充分了解每个学生的性格特点，以及学习需求。坚决不能将所有的学生混为一谈，而是要根据个人情况参加各种社团活动、集体活动等，既要保证学生能够学到东西，还要提高他们的晚自习积极性。

2. 多个角度思考问题

我们可以跟学院建议提升晚自习的质量，班里的学生很活跃但学习自主性不是很高，经常在自习课上说话，即便不说话也无所事事，大部分学生都在玩手机，白白浪费大量的时间。同时，不能放弃那些在学习上不积极的学生，作为辅导员，我们要善于发现问题，从不同角度去解决，例如，挖掘他们的闪光灯，提高成就感，从而提高对学习的积极性，鼓励学生多方面发展，多参加兴趣小组，社团等活动，同时为学生提供更优质的场所和环境。

3. 人性化、合理化和规范化

在管理方面我们也需要去打破常规，更加人性化、合理化和规范化。对于一些拥有各种爱好和活动的同学，不能仅仅将他们"锁"在同一个教室里面，要适当给她们拥有参加活动的时间和空间去提升个人发展素质。同样的，对于一些想要在学业上深造的同学，给予相对安静的学习环境，在管理晚自习时加入严格条例，例如：晚自习期间，班级整体应保持安静，并具有良好的学习气氛。严禁出现打闹、大声喧哗、交头接耳、集体讨论等扰乱自习纪律的行为，一经发现，视情节轻重，给予个人警告或通报批评处理。俗话说无规矩不成方圆，有一定的纪律要求，同学们才会意识到晚自习的重要性。

【经验与启示】

辅导员在进行学风建设时，通常会遇到很多这类的问题，此时应该要通过谈话沟通了解到学生的心理状态和当前的所思所想。首先要潜移默化地改变学生的思想，让他们知道晚自习的好处，慢慢减弱学生对于晚自习的心理抵触。

1. 晚自习的重要性

首先，晚自习可以尽快适应大学生活，养成良好的习惯。学校为了不让大学生荒废自己的青春，所以组织上晚自习。这样可以帮助学生们养成良好的学习习惯，方便将白天的知识进行巩固，让大学生活过得更有意义，适应大学生活，让学生们知道，到了大学也需要努力好好学习，而不是高中老师所说的可以尽情放纵自我，适当地放松的确有益于身心，但是过度放纵的后果只能是自食其果。其次，晚自习也可以增加学生之间的交流，促进友谊。大部分高校上晚自习其实都是以班级为单位，这样可以避免大学四年同班同学彼此之间都不熟悉的情况出现。同学们可以互相了解，而且晚上回寝室也可以结伴而行，甚至可以一起去饭堂吃夜宵，这样可以促进学生之间的友谊，让学生对学校的这个环境不再陌生，进而减少学生因为同学间关系不和睦而影响了学习积极性。

2. 注重方式方法

学校应该更注重晚自习的方式方法，不同的学生要有不同的制度，物以类聚，人以群分，学院领导可以从这个方面下手，积极配合辅导员疏导学生心理，对症下药，紧抓学风问题，从实际出发，给学生营造一个良好的学习环境。在我看来，最重要的一点就是不能一味打压和强制学生学习，这样只会适得其反，引起学生的强烈抵触，以人为本，是我们国家治国的根本宗旨，更应该是学校和老师的根本宗旨，可以利用一些正确的举措，例如一个星期有一半的时间上晚自习，另一半的时间自主安排，既保证了对课上内容的整合，又有时间安排自己的生活。如此之类的政策措施，充分考虑了大学生的需要，值得考虑。

在学风建设的问题上，辅导员肩上的任务任重而道远，但我相信，每一位辅导员都希望自己的学生能够在大学时期学有所成，在人生道路上越走越远！

【精彩博文】

在付出努力和汗水后，始终看不到与之相称的结果，便容易怀疑付出和收获的关系，进而怀疑自己的能力，最后或丢盔弃甲，或偃旗息鼓，或用痞气和不屑来伪装强大，装出不要好的样子，给自己构筑一道防护墙——不是我要不到，是我自己不要。这种防御在起到一点保护作用的同时，也基本关闭了上进的通道。人都有被尊重、被认同、被接纳的需求，"人类最本质的渴望是被肯定"。如果我们再深一步观察，会发现这类看似满不在乎的孩子其实很在乎老师的评价，我们有时给予一点肯定，看见他们的付出，他们即便依然是不屑的神情，眼睛里必定会多一些光泽。

为了更多"看见"并表达这种"看见"，我会随手抓拍或记录孩子们的细节，让他们看见自己，也体会到被别人看见的荣耀。班里每一个孩子都会被定格下这类画面，包括一位拽拽的、故意理成板寸近乎光头的男孩。慢慢地，那位男孩的眼神不再是冷冷的、怀着敌意和桀骜不驯的。为了不让这种变化随即消失，我相机告诉他，人的改变尤其向好的改变是可贵的，也会很艰难，但每走一步都了不起，因为这一步往往是别人看不见的……或许是因为有了心理准备，也或许是因为体验到被看见的美好感觉，男孩越来越愿意呈现更多的美好画面：主动要求每天去还班级的泔水桶；在"旋风跑"时不慎摔倒拖着磨破膝盖依然不愿撒手；狠抓数学只为能当数学课代表……每个孩子都渴望被"看见"。一个教师若能"看见"学生，孩子们便会感受到自己的存在，愿意尽情展示自己，宣告大写的"我"的存在，在"我是谁和我将成为谁"的张力中不断自我突破，实现新的成长。更重要的是，孩子也会感受到教师的"在"，并会期待教师一直"在"。

第八节　考试作弊　悔不当初

失足，你可能马上复站立，失信，你也许永难挽回。

——富兰克林

【案例概述】

小李（化名），大二学生，担任班级学习委员一职，性格外向，对专业学习有着浓厚的兴趣，特别是动手能力实践能力较强，经常参加各类学习竞赛，学习成绩优异，与老师、同学们相处融洽，是一位积极乐观向上的同学。

大二上学期期末考试，辅导员接到电话说：小李在一门专业课程考试中，被监考老师发现其携带小抄、意图作弊，希望辅导员能够尽快前来处理。在入学时，学校组织新生学习学生手册等校园相关规定，培养学生"作弊、盗窃、乱搞男女关系"的三大高压线意识。在考试正式开考前，监考老师亦按照学校规定宣读"考试作弊者，该次考试成绩以零分计，取消授予学位资格，不得参加该课程次学期举行的重考（补考）；并视情节严重，给予记过以上纪律处分。"，要求同学们自我检查是否夹带本门考试课程相关资料。

辅导员赶到后，看到小李脸色苍白、双手颤抖，且情绪十分激动。但在证据面前，很快承认自己作弊的事实，并请求辅导员不要将此事告知他的家长，担心家长对他感到失望。

【案例分析】

这是一起学生为获得好成绩，铤而走险违反学校管理规定，未做到诚信考试的典型案例。社会有其法律法规，校园生活也有其相关制度要求。判断学生是否作弊，需要依据校内规章以及监考老师、监控等多方核定。而辅导员需要关注对作弊学生的学生工作，做好后续的帮扶工作。

考试作弊受到处分，小李对此情绪低落、害怕父母对其感到失望；同时，小李还是班级学生干部，一举一动都备受关注、监督。辅导员需要及时给予相应的批评教育，让他在违纪后承担相应的后果。但更需要注意他在事后的心理压力，安抚好他的情绪，鼓励他重拾信心，找到其考试作弊的深层原因，做好心理疏导，避免出现心理障碍。

人无完人，每个人都有可能在一念之间犯错。当学生出现错误时，辅导员在第一时间帮助其直面问题、承担责任、调整好心理状态顺利完成接下来的考试后，辅导员帮助其制定新的成长目标，通过职业生涯规划和定点帮扶，激励学生积极认识错误、矫正错误，进行积极的自我鼓励和自我暗示，做好成长准备，完成学业和后续就业工作。

【案例处理】

1. 耐心倾听，了解事情经过。

作为辅导员，我在接到通知后立即前往现场了解情况，根据小李情绪状态，引导其进行情绪宣泄，并给予小李情感上的支持，告诉小他，辅导员会陪伴他一起面对这件事；做到认真倾听小李本人对这件事情的个人陈述和自我归因，让其感受到老师对他的尊重，进而找出小李的作弊动机。

据小李解释，平常专业课程比较紧，内容也比较难，自己参加的竞赛也比较多，所以就没有好好学习专业知识，最近因为是考试周，考试科目较多，学习压力很大，虽然老师召开了诚信考试会议，个人也签订了诚信教育考试责任书，但为了想要获得高分铤而走险选择作弊，在家长、老师、同学面前维持住自己"好学生"的形象。

2. 热心引导，强化合理认知。

在用心倾听的过程中，及时进行适当引导，明确自己的立场观点：无论什么原因，有作弊倾向都是不诚信的行为，是错误的。学校对于考试作弊学生的处理一直秉持从严从重的原则，这一点在班会、承诺书中已经多次强调，诚信教育很重要，尤其是小李身为学生干部，更应当以身作则。用温馨的话语告诉小李：成年人要对自己的行为负责，考试出了问题是需要自己承担责任的。

3. 爱心陪伴，夯实自信根基。

用爱心陪伴L同学成长，纠正小李的作弊动机，引导他平衡学习时间。学生第一要务就是要努力学习，大学要学习的东西很多，时间很紧，教育指导学生科学规划好专业学习、学科竞赛以及娱乐的时间，以其他优秀学生党员、优秀学生干部为榜样，挥洒自己的汗水，用奋斗书写青春最亮丽的底色。

学生成长需要家校双方的齐心协力。我主动邀请学生家长来校，如实相告学生作弊事实，以及所面临的处分，希望家长同学校一起帮助学生一起面对，成年人要对自己的行为负责，以呵护为主，适当进行批评教育，鼓励他以实际行动弥补过失，同时要持续在学习、生活上监督李某，规划好未来发展之路。

建立学业帮扶机制。线上线下保持与小李的密切联系，与其约定好定期谈心谈话，防止有过激行为。针对其重修课程、督促学业、考试纪律等进行再提醒、再强调，小李最终顺利完成了作弊科目的重修，在接下来的课程考试中都能遵守考场纪律，也都顺利通过考试。

【经验与启示】

1. 强化考试诚信教育，开展学风建设。

优良学风是高校的立校之本，影响学生学习成长的同时，也影响每位师生的行为习惯和思想品德。作为一名辅导员，我们首先要做到严于律己、自觉担负起引领学生成长的责任。在班级建设中，积极开展学风教育主题班会，提高学生"有所为""有所不为"的意识，端正学生的学习态度。在全校范围内，做好评优表彰工作，做好树立学习典范，充分发挥党员、入党积极分子、先进个人等模范带头作用，以此促进全校学风建设。

召开"诚信教育"主题班会，着重学习考试违纪处分、学生违纪管理等学生手册中相关内容，组织学生观看《天才枪手》等考试作弊类题材电影，坚决克服唯分数论的顽瘴痼疾，促使学生从内心对诚信考试树以敬畏之心，强化学生"偷盗、作弊、乱搞男女关系"三大高压线意识，守好底线，远离红线。

2. 建立动态帮扶机制。

学生受到违纪处分后，辅导员的态度及处理方法对违纪学生的影响是至关重要的。辅导员要做好后期线上和线下的密切追踪，开展定期的谈心谈话并做好谈话记录，关注违纪学生的实时动态发展，对学生情况做到心中有数，避免帮扶学生出现：回避社交、持续负面情绪、冲突行为、无理由展现极端情绪等现象，引发心理障碍；对帮扶学生进行全程的教育指导，帮助其制定新的成长目标，避免其学生出现唯分数论，完善职业生涯发展规划，促进学生树立正确的考试观，形成正确的人生观、价值观，实现良性发展。

3. 提供多种平台激发学生的积极正能量。

人之初，性本善。我坚信每个学生的本质都是良善的，学校创造一些平台来激发他们良善的本性，例如：志愿服务活动等等，使他们在参与帮助他人的过程中肯定自我价值，以此收获发自内心的幸福感、获得感、满足感。同时，学校需注重学生能力的综合考查，而不能仅查看学业成绩，进一步加强学生对自我的认同感。该年龄段的学生有着较明显的从众心理，容易受到朋辈的影响，我们可以利用学生身边的典型，鼓励学生向身边同学学习，以此达到事半功倍的效果。

【精彩博文】

2013年5月4日，习近平总书记同各界优秀青年代表座谈时的讲话中提到："无数人生成功的事实表明，青年时代，选择吃苦也就选择了收获，选择奉献也就选择了高尚。青年时期多经历一点摔打、挫折、考验，有利于走好一生的路。要历练宠辱不惊的心理素质，坚定百折不挠的进取意志，保持乐观向上的精神状态，变挫折为动力，用从挫折中吸取的教训启迪人生，使人生获得升华和超越。"

第九节　学生旷课　教育为主

抛弃今天的人，不会有明天；而昨天，不过是行云流水。

——约翰·洛克

【案例概述】

小军同学是法学院2021级法学专业的学生，进入大一的他很乖巧，军训的时候刻苦努力，十分认真，给教官和同学们留下了很好的印象。平时上课也会认真听讲，上课积极回答问题，为人十分开朗，和同学们相处融洽。因此我对他的印象比较好。可是转折点来了，大一下学期不知因为什么原因，小军开始旷课，刚开始没人发现，后来小军旷课次数越来越多，有一次还被领导抓住了，直接被带到办公室。那时我非常生气，等到领导训完话后，我单独对小军进行了批评教育。这次加上之前的旷课行为与刚进入大一的他完全不一样，前前后后旷课次数有6到7次，这反差属实惊到我了。我便开始询问他这样做的原因，是否有自己的苦衷。小军觉得很对不起老师的栽培，便详细地解释了起来：我的高中老师说上了大学就轻松了，刚开始我还处在适应大学生活中，后来发现大学有很多悠闲时间，没有课的时候还能待在宿舍里面玩，可以随便玩手机，刚从高中的巨大压力中解放出来的我便开始放纵自己，而且大学考试也很简单，期末看看书就能应付过去，于是我便利用上课时间出去玩。我听后觉得很惋惜，当初那么听话的孩子怎么就这么对自己不负责任，我告诉他虽然旷课次数还不算多，但是如果以后再犯，这样累加起来严重的话会进行处分处理。这一次我只是警告处理，整顿学风，以此来警示其他同学。他十分真诚地悔改和保证以后不会再犯。我希望他好好利用时间，好好学习，树立理想，有自己明确的行动方向，以后继续做一个优秀的学生。我以后也会继续观察他的表现，希望小军不会让我失望。在后来的一个星期里，我观察到小军同学的表现非常好，改变非常迅速，没有旷课的行为，积极融入课堂，又回到了以前的那个他。

【案例分析】

1. 大学生的行为与大学生活环境

（1）大学生的错误行为

首先，小军的旷课行为是绝对不支持的，这是自己对自己不负责任的行为，上大学的机会来之不易，既然有实力考上就应该好好珍惜这学习机会，切忌天天想着玩，该玩的时候玩，该学习的时候就应该好好学习，把握轻重，对自己的未来负责，更是对父母负责。因为你还未能自己赚钱，用的还是父母辛苦赚的钱，父母赚钱不容易，那么大的年纪还在外面工作，更应该体谅父母，好好学习，取得优秀的成绩来报答他们。

（2）大学生的认知行为

小军其实也是个听话乖巧的学生。他在向我保证以后不会再犯之后，他也是积极地改掉自己的坏习惯，用实际行动向我以及大家证明了他自己。其实不止小军，许许多多的大学生普遍都有这个贪玩的坏习惯，其实都是缺乏自律的表现，不能很好地控制自己，更加地放纵自己，这只会耽误学业，轻则考试挂科，重则毕不了业。

（3）大学生活环境的影响

旷课行为的发生与大学的环境脱不了干系。大学环境给人一种舒适的感觉，课少，留给自己的时间很充裕，导致了许多学生以"学习"为主变成了以"玩"为主。这类学生主要问题还是贪玩，觉得自己好不容易高中毕业考上大学了，就应该好好地享受大学这惬意的生活，吃喝玩乐。对于处理这类事件，首先就是从思想上进行教育，与学生深入交谈，帮助学生分析利弊，帮助其树立正确的人生观。第二从行为上进行约束，自己首先就要做到自律，自控能力要加强，同时也可以叫上朋友或者同学一起互相监督，形成"你监督我，我监督你"的班级氛围。

【案例处理】

1. 正确认识自我身份

我就针对小军的旷课行为进行批评和处理，主要还是以教育为主。让他知道自己的学生身份，端正学习态度，树立远大的理想，脚踏实地地前进。之前有些学生就是因为经常旷课，不好好学习，学业被耽误，想补救的时候也晚了，导致无法正常毕业。作为辅导员应该及时发现和补救，引导学生走向正确的道路。

2. 加强班级管理

定期召开班会应该成为常态，对班级整体的情况进行汇报，好的行为进行表扬，错误的行为进行指正。全班同学对小军进行监督，全班同学也要彼此互相监督，让旷课的人无法逃掉大家的眼睛。班级里面的班干要起好带头作用，成为好的榜样，制定班规，严格把控。这样那些不想听课的同学想旷课都没有办法进行。

3. 在生活和学习上关心学生

作为辅导员要多多询问学生的近况，是否有什么困难，在生活上和学习上给予他们关心，同时也要对他们的行为进行约束。可以不定时地去教室检查听课情况以及人数情况，达到突击的效果，让学生们即使有心却没有胆。

4. 观察学生后期，健全管理制度

作为辅导员要时时刻刻地观察学生接受教育之后是否发生了实质改变。小军在接受了我的教育以及整顿措施后，深刻认识到了自己旷课行为的严重性，开始对自己的行为进行约束，学习的积极性和自控能力都得到了很大的提高，各科老师也没有向我反映他有旷课行为，他很自律地学习，专心以学习为主，成绩在慢慢地上升。有些学生在接受了教育之后会改正，可是有些学生还是会再犯，所以我还要多多观察他们后期的表现。如果后续的观察中他们还犯同样的错误，那么就要采取综合的措施共同帮助这些学生，帮助这些学生找到生活和学习的目标和动力，提高他们的自控能力。完善和健全一个完整的制度体系，在这种制度下，可以很好地管理学生，学生们也可以很好地改掉坏习惯。要让学生明白父母和老师的良苦用心，让他带着一颗感恩的心，这样他的动力就自然更加充足，行为上更加自律。

【经验与启示】

1. 引导学生前进

处理学生们的问题首先就是进行思想教育，从思想上改变他们的想法，从而改变他们的行为。因为思想问题是关键，思想不对即使你纠正了他的行为，可是还是会犯旧毛病，因为他的思想还停留在原地，所以解决问题的基础在于思想教育，积极引导学生走向正确的道路。

2. 双管齐下

对于学生的管理，不仅需要学校的管理，而且也需要家长的管理。辅导员要多和学生家长进行沟通和交流，和家长分析学生的在校情况，让家长了解学生的在校表现，发现问题及时和辅导员沟通和解决。

3. 与学生多多交流

作为辅导员要对学生进行良好的教育。从思想和行为上引导学生，帮助他们改掉坏习惯，多和学生交流，在交流中获取学生的概况。如果有学生犯错误要及时发现和处理，进行批评教育，指正他们的错误行为。还可以鼓励学生们多多参加学校举行的各类比赛，形成良好的竞争氛围，让时间得到充分的利用，提高自己的能力，丰富自己的大学生活。

4. 规章制度约束学生的行为

学校里面的规章制度就是用来管理学生，约束他们的行为。可以通过组织学生们进行校纪校规的学习的形式，让学生们充分学习学校制度，严格规范他们的行为。毕竟谁也不想背着一个处分过完大学生活，而且这也会影响到他们后面毕业找工作的问题。总之在校就要好好地遵守校规，做一个合格的学生，对自己的将来负责。

【精彩博文】

奥斯特洛夫斯基曾经写过："当一个人回首往事，不因虚度光阴感到悔恨，不因碌碌无为感到羞耻。"每一个人都希望自己是有作为的人。有些人在很积极地生活，可有些人并非如此。他们度过所谓安逸的一生，不成功也不失败，一生平平淡淡没有什么大起大落就过完了。当他们回首往事的时候是发现不了生命的真谛，只是在世界中存在的一个人，并没有什么重大贡献。而有些人在逆境中夹处逢生，心向远方，他们抓住一切能抓住的机会，只为能够翻身，有一番作为，实现自己的伟大理想。即使他们成功了，也不会骄傲和放松，不会去贪图享受，他们还会继续默默努力和奋斗，朝着远方前进。当他们回首往事的时候会发现自己走过的路和风景是多么的迷人，他们会十分感谢曾经遇到过的困难与逆境，没有它们也不会有现在成功的自己，他们不仅仅存在于这个世界，更是组成以及为这个世界做贡献的人。

第十节　磨砺自己　超越自己

意志坚强的乐观主义者用"世上无难事"人生观来思考问题，越是遭受悲剧打击，越是表现得坚强。

——西尼加

【案例概述】

小雨是一名2020级的专科生，就读的院校在众多的专科院校中还算可以。小雨在2023年时通过自己不懈的奋斗，顽强的毅力，以优异的成绩成功通过了考试，成功地成为一名本科生。由于学业的要求，她重新进入了一个新的环境，需要重新去适应这个新学校的环境。开学第一天是我带她进行报到，进行入学的操作流程，给我的总体印象是一个乖巧听话，善良活泼的女孩。由于她是通过专升本升上来的学生，我跟她讲了一些学业上要注意的事项。她就读的专业需要去补修一些必修课程，还有参加一些特定的社会实践，这是本专业必需的要求。小雨信心满满地表示自己一定会按照要求完成学业。其实小雨既要适应新的学校，接触新的人和事，还要自己去找寻课程的老师进行报到学习，而且小雨的课程要比本学校同级专业的同学多一些，所以有时候一些课程就会起冲突，不得不放弃一些课程，学习压力很大。在进入学校的一段时间后，小雨面对如此繁重的学业，感觉越来越力不从心，深感压力重大，有时忙得不能按时吃饭，不能好好休息，精神上受到了极大的影响，而且人生地不熟的，也没有一个能倾诉的对象，舍友们都是两两有伴，她也不好去跟她们交流。所以只能自己一个人消化。很多时候她都坚持不下去，好几次都有要放弃的念头，甚至怀疑当初选择专升本这条路是否正确，如果选择其他路是否会有不一样的结果。在之后的课程学习中，她有时会有旷课现象的发生。因为她的情况比较特殊，我对她还是有印象的，所以我已经好久没有在教室看见到过她的身影了。于是我便向她的室友询问她的情况，她舍友说她经常早出晚归，具体出去干嘛，她们也不知道，晚上回来后她还会继续看书学习到很晚。平时不怎么和舍友们说话。有一次还听到她躺在床上偷偷抽泣的声音。我发现这个问题十分严重，决定找小雨好好谈谈。在谈话过程中，我深深地体会到了小雨的困难之处，想放弃却又不甘，却有心无力。还有对父母深深的愧疚。

【案例分析】

1. 对自己有清晰的定位

首先，小雨通过自己的努力考上本科，这已经很厉害了。这证明了她是一个刻苦努力，积极向上，认真学习，对自己有清晰定位并付诸行动的人，这一点是值得肯定和赞扬的，这一路的艰辛只有她自己知道是多么的艰难。所以鼓励大家向她学习，学习她的读书精神，为自己负责，创造属于自己的辉煌人生。

2. 繁多的学业容易让学生产生压力

其次，小雨来到一个新学校，需要补修一些必修课程，繁重的学习任务导致其压力巨大，加上还不适应新的生活环境，没有认识的伙伴使得小雨心有余而力不足，许多情绪压抑在心中无法排解，导致了她越来越消沉。加上她知道自己很努力了，但是远远不够，远不如那些优秀的人，心里还是会很焦虑和无奈。其实这些是正常的心理，她要做到的是找到一种适宜的方法去解决这些困难，让自己走出这么困境，相信阳光总在风雨后，坚持是会成功的。她作为一名专科生以优异的成绩考上本科已经很不错了，只不过自己的能力还有待提高，目前尚跟不上学习节奏，她要做的是沉淀自己，放稳心态，一步一个脚印去完成，合理安排学习时间和课程进度，相信自己，现在所做走的每一步都是在为以后的路做铺垫。

3. 人际关系的未建立好，没有发泄情绪的地方

小雨的人际关系并没有建立好。俗话说学校就是你的家，她应该积极融入宿舍和班集体，结识新的朋友，找到志同道合的人，这样前进的道路有朋友陪伴是可以起到很好地帮助的。由于缺乏倾诉，许多情绪压抑在心中，无法得到很好的排解，导致在生活和学习上无法集中精神去做事，这样久而久之，自己对待生活和学习就会变得消极，觉得都无所谓，前进的道路只会越走越偏。

【案例处理】

1. 及时沟通，安抚好学生的心情，解决问题

作为辅导员要及时找到小雨进行沟通，了解到她的困难，有针对性地进行辅导，进行心理安慰，安抚好她的心情，及时帮她排解不良的情绪，帮助她找到问题的关键，利用一切可用的措施进行解决。

2. 帮助学生适应学校环境，融入大家庭

首先帮助小雨适应新的学校环境，多多关注她的生活，帮助她认识到进入新的大学，又是一个新的起点，需要面对新的环境，新的挑战与机遇。帮助她积极融入班集体和学校。鼓励她多和寝室的室友交谈，主动融入她们，和她们好好相处，当自己有困难时也可以向她们进行求助，排解自己的不良情绪。动员其室友多多关心小雨，帮助她解决在生活和学习上的困难。班级里的同学特别是班干也要多多关心新同学小雨，给予关怀。总之在各方面的帮助下，小雨会慢慢融入进去，心扉会慢慢打开，解决了第一个困难。

3. 解决学生学业困难问题

其次帮助小雨解决学业问题。由于专业不同，所以教学方案不一样，需要学习新的课程以及重新补修遗漏的课程，这极大地增加了小雨以及其他许许多多专升本上来的学生的压力。所以作为辅导员应该帮助学生克服学习困难，合理安排上课时间，引导他们找都正确的学习方法。辅导员可以与其专业课老师进行沟通，多多帮助小雨克服学习上的困难，关心小雨的学习状态，发现不对劲时要及时沟通，对于她的困难给予指导，督促她的学习。解

决了第二个问题。

4.帮助学生树立明确的方向，合理安排时间

还有帮助小雨树立清晰的目标，制定合理的计划，明确自己追求的方向和结果，不要瞎忙活，一天都在忙却忙得没有头绪，搞得最后身心俱疲，累垮自己。最主要的问题就是引导小雨如何去划分自己的时间去进行课程的学习，这个是主要矛盾。

【经验与启示】

1.及时发现问题及时解决

本案例的小雨同学的问题，辅导员发现的还算比较早，所以能够及时纠正她的错误行为，使得小雨逐渐地找回信心和动力。所以以后对于学生学业上有困难的，辅导员要及时发现，及早处理，这样可以减轻学生的负担，帮助学生及时地回归到正确的前进道路，以至于学生不会越走越偏。越早发现越能更好地帮助学生。所以要求辅导员要有敏锐的观察力和处理事情的能力。在教学工作中不断累积经验与教训，拓宽自己的视野和提高自己的解决问题能力，以便在今后的教学工作中更好地服务学生。

2.性格差异，多多包容与谅解

大学的学生来自各个地方，而且每个人的性格不一样，所以有些人很难融入宿舍和班集体中，很多人平时都是一个人活动，不与他人结伴，其实他们的内心还是很孤独的，遇到困难的时候也会显得手足无措，无法与他人进行倾诉。本案例中的小雨就是一个例子，无法及时排解自己的不良情绪，导致后来旷课以及情绪的崩塌。所以辅导员要鼓励学生们积极地融入集体中，与不同的人结识，既可以拓宽自己的社交范围，又可以在自己有困难的时候有人能够帮助自己，多交朋友也是一个解决办法。所以辅导员可以多多开设班集体活动，促进学生们的交流和情感，这么可以减少很多问题，可以增强班级凝聚力。

【精彩博文】

契诃夫曾说过："困难和折磨对于人来说是一把打向坯料的锤，打掉的

应是脆弱的铁屑，锻成的将是锋利的钢刀"。我们在生活和学习中难免会遇到各种各样的困难，有时我们会豁然开朗，有时会深陷其中，无可自拔。关键在于我们怎么看待和解决这些困难。以积极向上的态度去迎接这些困难，抱着绝处逢生的必胜信心去战胜他们。在这个过程中，困难会去掉我们最脆弱的那一面，向外界展示我们最坚强的一面，练就我们一身坚硬的身体和过硬的心态，这时你就会发现自己原来可以这么强大，这些困难以及以后所遇到的困难你就会觉得都不算什么了，找到问题的切入点都会迎刃而解的。

第十一节　克服内心　迎接新生

拖延是一种不能按照自己的本来意愿行事的精神状态，是缺乏意志力的表现。

——乔治·哈里森

【案例概述】

何为（化名），男，大二学生，在进入大学以来，何为就竞选了班干部，在刚开始的时候，何为有着无与伦比的高涨热情，经常为了忙事情而三餐混乱，午觉也时常睡不了。经常来同我诉苦，我也是常常开导他。在进行了一年的学生干部工作，何为经常表示：太累了。

何为在多次的学生工作中迷失自己，经常会独自问自己究竟是为什么那么忙，感觉自己的时间好少，没有时间进行学习和培养兴趣爱好，没有考证的时间。在连复习时间都被占用后，何为第一次尝到当学生干部的苦果。

在好几次的考试中失利后，何为看着刚刚及格的分数感觉头痛欲裂。何为不明白自己来大学究竟是为了学习还是什么，他感觉自己在荒废时光，对不起自己的父母，内心产生浓厚的内疚感和惭愧感。这样的感觉伴随着何为又进行了两个学期，在愈发强烈的不良情感驱使下，何为开始一天一天混沌地度过，每天都感觉很忙，但又不知道在忙什么的何为，开始对学习、生活失去动力，丧失信心。

何为开始由一个上进青年转变为一个拖延症患者，因为对什么都抬不起兴趣，对生活失去了动力，何为在处理学习上变得不再专心，在处理工作上变得得过且过，在处理宿舍人际关系上变得力不从心。常常因为事情没有及时搞定而让同学和老师失望，渐渐的何为的身边越来越少人同他讲话，何为的拖延症也一天比一天严重，甚至到了拖延吃饭，拖延起床，拖延上课……处处拖延的地步。

【案例分析】

首先，本次事件属于毕业学生的思想品德方面问题，我们应该综合考虑何为同学的阶段性行为、着重思想层面。本案例中，据考究得知，何为同学在大学初期也是一个阳光向上的莘莘学子，同学们对他都是清一色的好评，何为负责任的形象烙刻在同学们心中，然后这样的负责任，将何为的自由时间大大缩减，何为的时间都在服务工作中。这极其可能导致何为对于工作的执着心更重，以至于当何为的确认识到工作对他的影响后内心的打击、失落更深刻。

其次，据何为的同学们所言，何为在上课的时候特别努力认真，每次都是前排常客。而随着年级的上升，有时候何为同学的身影开始出现在后排，或者是何为同学上课的时候开始频繁出现打瞌睡、开小差、关注手机比书本多的情况。这种情况使得何为同学在同学们心中的形象开始有些许裂痕，同时同学们开始担心起何为同学的身体状况。何为同学前期坐第一排给同学们已经产生了刻板印象，这使得何为同学一旦发生改变，第一时间就会被同学发现，这使得何为同学遭受来自外界的窥探更多，更加消耗何为同学的精神。

不仅如此，何为同学在宿舍的室友告诉我们，何为同学除了本身的班级学生干部外，还是学校部门的部长、一个协会会长，同时这个协会还分管两个小协会。在无数个时间里，何为同学的室友们开始看见何为同学早出晚归，曾经和室友组成的打游戏小分队也开始分崩离析。何为同学跟室友的联系开始肉眼可见的消散。室友同何为的交谈开始逐渐减少，何为在面对自身问题的时候再加上来自室友的误解，加重了何为拖延症状态。

【案例处理】

基于以上分析，我们应该把自己放在客观的位置上，更深入地与学生沟通，明确整体事件的起因、经过、现状，并帮助学生分析问题，让学生自己看清问题所在，做好权衡。

第一：积极同何为同学交心，在充分了解何为同学的工作内容、所任职务、日常学习和活动后，剖析何为同学的心理活动。得知其可能存在完美主义者的心理状态，这是一种不良的心理状态。我们需要对何为同学进行心理沟通、疏导，引导何为同学的不良心态转变。

第二：建议何为同学多方面培养兴趣爱好，寻找真正的人生意义，在心情低落的时候可以听音乐缓解或进行体育活动疏散，以此来排解内心的压抑，长此以往，可以丰富充实何为同学的其余技能，重拾信心，坚实内心。

第三：劝导何为同学不要同时兼任多个职位，提倡提适当调节自身时间，不要把自由时间都奉献到工作中来。同时调查何为同学为工作方的实际情况，是否存在强迫学生干活，不顾学生休息时间的情况存在。假如存在，绝不姑息。

第四：就本案例而言，何为同学现在的糟糕情况可能是广大学生干部的突发情况，存在隐患。作为辅导员，我们一定要定期关注学生干部的精神状态及日常表现，拉近学生距离的同时，能更好地对学生干部起到内心安慰、疏导作用，同时更利于辅导员的经验积累。

【经验与启示】

每个人都是自己生活的主人，想要追求什么样的生活，我们就要靠双手去创造一切，都是心想事成，我们本身是圆满具足的，如果我们过分去向外就追求更多的东西，只是给内心造成更多的困扰。辅导员在对于学生干部的思想建设工作上一定要有一颗玲珑之心。

学生干部的拖延症是学生最常见的问题之一。学生干部一旦接手多种工作，在学习和生活得不到调节的情况下，绝大多数会表现出丧失动力情况，部分学生会因无法调试内心而出现抑郁或绝望念头。这种情况逐渐成了辅导员思想政治教育中的一种崭新课题，帮助大学生树立正确的人生观和处理学生干部的综合拖延症问题，既有助于大学生健康成长，也有利于学校进一步做好学生教育管理工作。

如果碰到学生干部因无法调节而丧失动力的情况，在充分了解事实情况下，一定要先尽快确保学生的精神状态，不能不够重视，更不能简单处理化。要主动知悉该生后续活动，辅导员一定要认真倾听，因人因事的具体去分析，认真仔细地对待每一个犯拖延症的学生干部，为其进行心理疏导。

成长是需要磨砺的，相比于其他普通学生，学生干部更是如此，遭受着更大的压力。这些挫折可能是无形的，软刀子慢磨的，这对于正在青春期成长的学生来说，需要的不只是一个领路人，学生干部更需要的是自己的内心足够强大，这些都是在无数的挫折中一点一点积累起来的。作为辅导员，必须要让学生干部明白，倘若遇到一点困难就想退缩，遇到一点意外就开始摇摆，那么他的成长注定是缓慢的，成长贵在坚韧，只有足够坚韧，才不怕成长道路上的障碍。

辅导员在引导拖延症状态的学生干部过程中不能粗心大意。不能大肆宣扬该学生干部的境况，在疏导的同时应该鼓励学生进行多方面的技能发展，培养其重拾对生活的信心，重新找回人生的意义，重新灌注动力！

何为同学的事件只是一个小小缩影，现实中在我们的周围可能还有一堆学生干部在逐步形成拖延症的不良情绪。作为学生干部的辅导员，要对学生干部进行充分的了解，一定要多同学生进行沟通交流，有助于更早发现问题，解决问题。

【精彩博文】

我们每个人的身体里都住着一个小人。减肥的时候，它对你说："吃吧，吃一口没事的"；拖延的时候它对你说："先玩儿会吧，反正还有时间"。也许，我们这辈子最大的斗争，就是学会坚决不听小人的话。漫漫人生，与拖延死磕到底！

第十二节　迎面挫折　摆正心态

苦难是人生的老师，通过苦难，走向快乐。

——贝多芬

【案例概述】

大四上学期某日晚上，本该在实习的法学F21班的一名同学林宇突然给我打了一个电话，找我哭诉实习过程所遭受的挫折。对此，我感到十分不可思议，因为这名同学她们的成绩在专业里面也是数一数二的，并且为人处事方面都还可以，评优评先我们都是首推这名同学，我一直相信着在此基础上这名同学在实习期里找工作应该是不成问题的，但是现在却像被打击很大一般走投无路的找我解决问题。经过与她的更加深入沟通之后，我才了解到这名同学在面试的时候遭到了hr的刁钻问题，险些被淘汰，好不容易留下来通过面试之后周围的同事也不给她好脸色看，感觉像是孤立着她，工作也不带着她一起完成，每次都是她独自一个人最后完成，因为没有同组队的队员，因此老板每次都数落她跟同事关系处理不好，压力感到空前巨大，而且林宇也认为该公司并没有当初宣传的那样好，企业整体管理水平并不高，她感觉前途一片黑暗，也对个人的事业发展无望。同时在参加公司课程培训的过程中，因为公司培训课程进行得紧，培训力度过大，训练时间也跟不上，同时觉得愧对父母，而这些心理压力更加剧了心情的紧张症状。而如今，林宇情绪十分低迷，有时思想无法集中，同时还感觉胸闷、身体疲乏、饮食障碍，工作能力减退，对未来生活的信心也不足，觉得很空虚、无助。

【案例分析】

1.心态不够成熟，承受能力弱。

当代年轻人现在正是经历一种心态趋向成长而不全面成长的时候，对林宇亦是如此。当代大学生们其实如今面临着许多问题，包括环境适应、人际关系困扰、实习就业的困难等。在梦想与现实、权利与纪律、竞争与摆烂、理智与不理智等多种问题的矛盾面前，学生们常常显示出了心理承受能力薄弱，抗对挫折能力不足的缺陷，林宇便是如此。

2. 遭受挫折容易怨天尤人，情绪压抑。

当在实习就业遇到挫折时，他们往往会抱怨天尤人，情绪波动较为普遍，心理承受能力比较脆弱，不能正确处理情绪。环境不如意、交往不愉快，工作无法按时完成时，情绪一直受到压抑，甚至可能做出出乎意料的行为。作为辅导员我们必须采取相应适当的措施来应对大学生面临的这种情况，帮助他们好好解决这些问题，让他们对于这些外在因素变化时可以好好随之改变，做好自己该做的事，而不能袖手旁观、无动于衷。

【案例处理】

1. 与林宇多加交流，谈谈心里话。

在此事情发生之后，为了更好的开导林宇我经常通过面谈、网上聊天的方式与林宇谈心，耐心地与她交流，倾听林宇诉说心事并为她在职场上遭受到的问题提供一些过来人的经验。在交谈过程中，林宇渐渐对我产生了信任，建立起了融洽的师生关系，她的职场生涯也逐渐变得好了起来。

2. 与心理老师合作，展开专业性帮助。

我主动联系了学校的心理辅导中心的专业老师，向他们汇报了林宇的情况，并安排了预约时间进行会谈。心理辅导教师热情热烈地迎接了林宇的来访，她的热心与诚恳触动了林宇的心灵，让她打开心扉，并毫无保留地向教师们诉说了自己的心中困惑与顾虑。心理辅导老师认真聆听林宇的烦恼，从专业的角度出发，对他进行了启发和指导。每一次与心理辅导老师交谈之后，林宇的精神状态都得到了明显的改善。

3. 与家长取得联系，家校联合合作。

我积极与林宇家长取得联系，与家长交流林宇实习时的实际情况，希望家长能从家庭的角度对林宇进行开导，能更加好的帮助林宇，这样有利于减少了林宇的焦虑的心理情况，而且从家庭角度出发能够更好的帮助林宇适应情况，有了家人的耐心辅导，林宇的状况有了明显的好转，能够积极乐观地面对生活。

4. 朋辈帮扶，携手共进，营造"温馨"的关怀氛围。

马克思曾讲过，人是所有社会的综合体。人是带有社会群体性特征的，如果离开学校就会处于自闭恐慌状态，所以面对着压力大、紧张的实习生活，要充分利用她周围社会所给与她心灵上的帮助，以改善林宇心理封闭的状况。我充分调动调动学生骨干与宿舍成员，对其进行引导与朋辈教育。嘱托室友适当安慰开到林宇，在如此轻松愉快的氛围中让林宇感受到朋友的温暖，并且时不时也会安排心理委与其交流谈心，让其有更多的减压诉说渠道。在此帮助基础上，林宇的心理状况相较于之前已经变得良好了太多。

5. 引导学生做好人际交往意识训练。

在与林宇的谈话中我生动形象的向林宇介绍了人际交往中的例子并以此传授在人际交往中的经验之处，让她了解职场环境人际关系的方式与手段，主动与同伴交流学习，主动与同伴互相帮助合作，为完成任务协调好关系，在这一系列帮助下，林宇的人际关系水平明显提升了，也不在为人际关系而苦恼不已了。

6. 引导林宇学会认可自己。

找到自身的优势并且发挥到极致，在自己想做和自己能做的现象内找出自己做的好的领域，认识到自己的优势所在，又要弥补自己的不足之处，只有自己认可自己能力，才能更好促进工作的完成，要坚信自己有实力有能力能把工作完成好，也能完成的更好。

7. 坚持定期走访，坚持从细微处着手、以小见大。

观察好每一位学生，要定期或不定期地走访实习点、学生寝室，多方面、全方位了解每一位实习生的状况，让各种潜在隐患消失在萌芽状态。

8. 解决问题，坚持方法落到实处。

通过各种途径了解学生在就业实习的时候遇到的问题，要在自己的能力范围内及时帮助解决，不能解决也要汇报、请示领导，及时反馈给学生，让同学们可以全身心投入到实习中去。

【经验与启示】

1. 要帮助学生明确就业方向和树立正确的就业观念。

人生的道路是曲折的，没有一帆风顺。何况，就业是每位大学生人生道路的里程碑，其道路也是曲曲折折的。这期间大学毕业生可能会受到来自很多方面的"建议"，当然，社会很多说法也会导致他们很难适从。美籍职业管理学家唐纳德·E·舒伯将个人职业生涯的成长过程看作是一种长期渐进的过程，并伴随着个人的整个生命的历程，并在人生发展论中提出："当下的一切，都是在为下一个时期作准备。将目前的求职先当作自己初入社会的一次经历，等到在第一份工作的经历有所积淀、自身价值观得到成熟发展后，才能考虑再次择业就业"。当前，高校、社会、国家都面临着一个极为严峻的问题，就是如何解决大学生毕业就业的难题，如何杜绝大学生毕业即失业的问题。大学生作为一个比较特殊的群体，其就业心理具有各自不同的特点。

2. 辅导员要积极推进大学生就业情况，提升自身素养，做好领导者和引领者。

每位大学生在就业时面临着的困境和问题都多种多样，尤其着重表现在大学生的职业心理素质、职业规划以及就业观等方面，所以，身为一个高等教育辅导员就必须紧随时代潮流，辅导员们必须积极地去掌握大学生的成长情况以及实习就业的状况，对大学生们也要更加主动的进行思想政治教育工作，真正促进大学生就业。高校辅导员必须紧跟时代的潮流，主动认识到大学生就业实习方面的难点和重点，不断去探索新的有效内容、方式和手段去解决这个问题。当前我国高校辅导员队伍中仍然存在着一些不容忽视的问题。作为一名辅导员，我需要不断提升自身素养，成为真正的大学生就业服务提供者、职业生涯指导师和思想引领者。

【精彩博文】

屈原曾在《离骚》中说过：路漫漫其修远兮，吾将上下而求索。这句话告诉我们遇到一切挫折和困难都要坚持下去，不被困难所打败，不被挫折所打败，永远保持有着一颗永不言败的自信心。如今的大学生很容易就被困难和挫折打败，从此就此消沉，萎靡不振，可是这适应不了社会的竞争，学校的竞争，所以这就对大学生们提出了更高的要求，有信心，有勇气，不放弃，不抛弃，加油干，一往而如此，成功必定在你我手上。习总书记也对时代青年赋予了厚望，希望时代青年要勇于斗争、敢于斗争、善于斗争，不畏惧前方一切困难，披荆斩棘，最终夺取胜利的果实。

第十三节　一时冲动　受到处分

人们对自己过去的行为感到悔恨，是因为他们认识到自己的行为是错误的。

——亚里士多德

【案例概述】

李强（化名）是名爱玩的学生，平日里最喜欢往外跑。自2019年疫情暴发以来，学校采取封校政策，实行疫情常态化管理，加强了学生出校门市管控，请假需要经过一定的程序，学生再也不能自由地进出校门。对于天性向往自由的李强来说，面对整日封闭的校园，可把他憋坏了，心中不由策划起如何逃出校园，到外面潇洒一番。

当晚李强便利用晚上光线昏暗，人员稀少，值班人员的不注意，便从学校的一处围墙翻墙出去。在外的李强也没有遵守相关的疫情防护要求，没有随身携带口罩，还专门前往人员密集的场所参加聚会。李强为了防止被发现行程，对校内隐瞒行程，夜不归宿，对外伪造通行码，企图蒙混过关回到学校。但是碰巧李强刚去过的地区出现了感染病例，被列为高风险地区，通过大数据平台的筛查，发现李强的行程可疑，有密接的嫌疑，随即被上报给学校。在学校的调查下，最终确定李强在疫情管控期间违规私自出校，在外不遵守防疫要求，故意隐瞒行程等行为，给在校学生的安全和学校疫情防控工作带来了极大的隐患，影响恶劣，为严肃校规校纪，维护校园安全规定，经研究决定给予李强同学记过处分。

得知消息的李强悔不当初，只因一次的"玩心"大发，便被背上了处分，失去了以后"评优评先"，入党推优的资格，心情颓靡，流下了悔恨的眼泪。

【案例分析】

这是一起典型的疫情期间不遵守学校规章制度的违纪案例。李强的违规出校行为不仅体现了纪律性不强，还有着对自身生命的不重视。

1. 规章制度

在疫情防控期间，学校出台学生出校门市的请假规定是为了维护师生安全和校园稳定，不管出于何种原因，每一位师生都应严格遵守。在学校先前已出台相关防疫政策下，李强同学仍"视而不见"可见心中的组织纪律性不强，缺乏对规则条例的尊重，认为这些条例"无关紧要"，犯了也不会有事，加上爱往外跑的心，更加重了散漫的性格。学校的规章制度是要遵守的，既不按照规定履行请假的手续，还翻越围墙，在去到高风险地区后跑回校，这些行为都值得严肃处理。

因此李强缺乏纪律意识，在后面的教育中严格请假手续，完善请假制度，在学生刚入校时，就明确告知请假手续和准假条件，鼓励学生有事可以进行请假，但是请假的请求必须符合学校的有关规定。通过主题班会、团体辅导，让其明确遵守制度的相关性，再次讲清楚必须按照学校疫情防控要求严格执行请假手续，出校不出市，要经过辅导员、分管学生工作副书记审核，这项制度是针对所有学生的，所有同学都要严格遵守且规范执行。不能心里存在侥幸心理。督促其要对自己严格要求，从小事做起，从现在做起，要成对规章制度、对纪律要求的敬畏感、尊重感。若一再地违反纪律，会习惯成自然，进而由量变到质变。养成良好的习惯，不但有利于自己成长，还将影响到学校和社会秩序正常运行。辅导员还应该定期对学生进行学生情况汇总报告，反馈每个学生请假的情况和表现，以加强对学生请假的监控和管控。

2. 事后处分

李强的行为不仅体现出了对规章制度的不重视，还体现了对生命的不重视。疫情防控如此严格的情况下，李强丝毫没有意识到此次病毒给人类身体带来的伤害，没有预想到一旦感染传播所造成的后果。因此李强在外不戴口罩，还往人员密集处跑，不单是高看自己的身体素质，轻看病毒感染的风险，没把自己的生命健康放在首位，更是将他人的生命健康置之度外，若李强不幸感染将病毒带回校内，无疑对其他同学是一种伤害。因此作为大学生，应该保持高度的责任感和成熟性，积极响应国家疫情防护政策，减少非必要外出，爱护自己身体，担起相应的责任与义务。首先在李强回校的第一时间，学校应该严肃处理，先让他进行自检和隔离，并接受体温检测，核酸检测等，需每日定时地向辅导员汇报自身的身体状态，直至隔离防控天数达到要求后，才能搬回宿舍和正常地参与课堂事务。

同时辅导员对学生违纪行为进行了调查，形成《学生违纪事实调查报告》并由违纪学生签字确认，拟定给予违纪处分的处理意见，将处理意见书面告知学生本人并听取学生对违纪处分处理意见的陈述和申辩，如无陈述和申辩意见要予以签字确认；如有陈述和申辩意见要进行书面记录。违纪事实调查报告可以包含违纪处分处理意见。

3. 心理辅导

李强得知被处分后流下了悔恨的眼泪，心理颓靡。说明李强犯错时也有羞愧感，从心理上认识到自己所犯下的错误了，面对心态上的受打击，我们不仅需要对李强严加批评，更要对其正确引导，持续关注后续心理状态，才能避免以后类似的事情发生。最后单独约谈李强同学，进行心理辅导，除了要告诫要严正自律意识，让其形成对自己的约束力，不能让自己过于随意外的思想教育外，更重要的是去帮助他分析结果，处分期一年，若一年中表现良好，有机会撤销处分，告知期满申请予以解除处分到期后，由本人提出书面申请，处分解除申请书内容要有对违纪行为的认识及转变，处分期间自己如何提高认识与转变自己的行为的具体行动。辅导员审核签字，二级学院学管领导审核签字，处分解除申请书予以存档。处分是严厉，在吸取教训的同时，不能失去对未来的信心，在接下来的学习生涯中，学好专业知识，提升专业技能，一切皆有可能。在处分下来后的期间，要求学生定期进行思想汇报，跟踪学生日常行为表现，思想汇报分为口头思想汇报和书面思想汇报。

口头思想汇报是指辅导员要定期与违纪学生进行谈心谈话教育，辅导员要有谈心谈话教育记录；书面思想汇报是指按照处分期限时间长短上交2—4份手写思想汇报。

【经验与启示】

出现此次事故并不是偶然，无论是对规章制度的漠视，还是对自己的放任，导致其后悔万分，其源头都是没有加强对思想教育的重视。

1. 加强思想教育

在今后中要加强学生自律教育，树立守纪意识。通过座谈会、讨论会、主题班会、演讲比赛、专题报告等更多行之有效的活动来入脑入心，强化学习效果牢固树立自律意识、守纪意识，是对自己的严格要求，要求做到的一定要严格做到，认识到守纪、安全、负责对大学生成长成才的意义，号召广大学生积极参与，从自身做起，从身边的小事做起，做文明的大学生，塑造优良形象，尤其是在疫情防控阶段，严格履行请假手续是对自己的负责，更是对全体师生、校园安全的负责。

2. 加强学生干部培训，织牢工作网络。单靠我们的力量是不能高效率地完成管理的工作的，因此要加强学生干部的培训管理，尤其加强末端学生宿舍舍长的培训，舍长是宿舍灵魂的缔造者、引导者，是制度的执行者、监督者，也是信息的传播者、反馈者，更是沟通协调者，要求舍长做到先锋和模范作用，要强化监督，勤于检查。在疫情防控期间，更要强化学生干部责任担当，切实履行岗位职责，当好辅导员的好帮手。提升网格化管理中每一个环节的工作责任和力度，强化责任心，守好责任田，同时要畅通好信息交流渠道，及时通报情况，及时更新数据。

3. 加强学生日常管理，做到动态掌握。我们常要加强学生的日常管理，对每日文明养成要常要求、常督促、常检查，还要深入学生宿舍、课堂，及时了解学生的思想动态，用团体辅导或者谈心谈话的方式更好掌握第一手资料，做到心中有数，精准掌握情况。在疫情防控时期，更要动态掌握所带年级学生的行程，仔细核对每日请假人数、离校人数，对核酸检测、疫苗接种情况也要熟稔于心，做好基础数据的收集、整理和比对，发现问题及时解决。

处分的教训是深刻，同时我们应该主动与学生交流，安抚学生的情绪，做好学生的心理疏导，既然事情已成事实，鼓励李强坦然面对。

【精彩博文】

"犯错误并不可怕，可怕的是不能及时纠正。"李强同学虽在疫情中严重违反条例出校，但其最重要的是要在错误中吸取教训，对其进行思想教育，使其在思想上认识到纪律性，养成对自我约束的习惯，培养自律精神，才能更好地使其在以后的道路中犯同样的错误。

第十四节　竞选失败　挫折反思

成功不是终点，失败也不是致命的。最重要的是继续前行的勇气。

——温斯顿·丘吉尔

【案例概述】

班里有位刘野同学，进来时录取的分数很高，在中学期间也一直担任班长等职务。进到学校后，刘野同学热衷参加各项活动，军训训练刻苦认真，积极竞选班干部，但是由于投票人气的原因，以一票之差竞选失败。从此以后，他就和班级干部和辅导员唱起了反调。军训时需要逐排练习步伐的一致，恰巧刘野同学和班干部站在一排中，当班干部下口令大家一起训练时，刘野总是漫不经心，脸上一副不服的态度，动作不是慢别人半拍，就是动作走不齐，大大影响了集体训练的效率。休息时刘野也没放过跟班干部较劲的机会，当班干部组织大家休息时一起唱歌放松下时，大家都热情高涨，一起愉快地合唱一曲又一曲，只有刘野独自一人坐在旁边闷声不吭，班干部跟大家聊天时，刘野也总会对班干部阴阳怪气，好几次差点由口角冲突升级至肢体冲突。

后来军训时无论是班干部或是辅导员布置什么任务，他都是第一个提出反对意见的，而且不愿意配合。他认为辅导员"看起来年轻，应该也没带过几届学生，不懂什么，没什么了不起的"。因而看不上辅导员，认为辅导员管理没有水平，有几次直接在公开场合直接指责辅导员的行为及做法。

【案例分析】

上述案例属于是校园日常管理事务工作，涉及学生的思想政治教育。辅导员首先要抛开自己的个人身份，尽量以客观态度分析事件：学生错误行为的来源是由于不合理的心理认知。

1. 心理落差

面对刘野同学"唱反调"的行为，先找班干部及相关同学了解情况，调查刘野同学是否对其他人或者其他事还有负面行为的认知，做好情况调查，从更多维度上去掌握事情发展的原貌，才能更好地分析学生的心理动机，做好沟通的准备。由案例可知刘野同学是由于竞选不上，心理产生落差，要帮助刘野同学消除这种心理不平衡感。这种心理不平衡感源于班干部身份的延续失败，刘野自小一直都有担任班干的职务，此次的落选使其心理感受到了落差，无法做好情绪和心理的调节。特别是竞选采取的是投票的方式，一票之差使刘野备受打击，心理上觉得新干部上位不是凭实力，而是评人气的。为了缓解这种失落和挫败感，刘野采用自我辩解机制，这可能导致他开始"唱反调"，试图为自己的失败辩护，并提出自己的观点。我们要为刘野同学提供心理支持，帮助他调整心态，应对挫折；使他能够找到自己的优点，在其他方面发挥自己的优势。

2. 性格特质

刘野的心理发展状态属于青年时期，有着强烈的个人意识和自信。因其之前中学一直担任班干部，对自己的能力有着一定的自信，对班级的管理有着自己的想法。当不满的情绪占据全身，便滋生了个人主义行为，队列训练时不听指挥，团体活动时不参加，展现出消极的态度。这些行为彰显了刘野个性的体现，但是同时也反映出刘野同学缺乏集体精神意识，不能正确地看待和区分集体与个人之间的利益与情感，对新班干部有着强烈的个人情绪，内心觉得新班干部处理事情的方式不好，还不如自己。心理上强烈的嫉妒和自满围绕着刘野，产生了在军训期间唱反调的行为。遇到这种情况我们是需要找当事人刘野进行谈话，在沟通过程中，给予学生充分的倾听。首先对他落选这件事表示同情，表达对他的关心，让他感受来自老师的支持，没有人会在成长路上一帆风顺的，鼓励他与新班干部进行沟通，表达自己观点和看法，既能消除彼此间的误解，也有助于他了解新班干的工作方式，形成更好的合作关系。同时帮助他树立正确的职业观，不能过分地过分地看重职位，权力的重要性，失去了职位，但并不影响优秀的他在集体中继续发光，创出自己的一片风采。其次指出学生不合理的心理认知，在学生情绪稍稳定后，提出明确批评：因为自己没有当选就产生懈怠，说明本身对于学生干部的认识就不正确，动机是不合理的。因为一次失败，就放弃自己对于今后的努力，是非常不明智的。同时人无完人，别人能选上班干部其必有他优秀的地方，学会包容别人的一些缺点，以错误的方式宣泄自己不满的情绪，可能会影响到其他同学的训练和心态，帮助他理解个人主义行为在集体中的负面影响。引导刘野同学学会自我调整，正确看待个人与集体之间的关系，学会在团队中发挥自己的优势。和学生进行平等沟通，从自我谈起，更能得学生的理解和认同。

3. 缺乏信任

再者刚进入大学，对辅导员缺乏认识从而产生不信任的态度，以反向的行为吸引着大家的注意。当刘野竞选失败时，他可能认为辅导员不理解他的计划或者愿景，没有选择支持他，从而开始指责其他人和竞选的制度，并期望通过自己的行为，寻找支持他的群体。但是当众指责辅导员的行为，也体现出刘野同学性格的直来直往和缺乏些素质教养，对辅导员缺乏基本的尊重，更要加强思想上的教育。面对刘野这样的学生，关键在于正确应对学生不合理的心理，引导学生积极树立正确的三观意识，对自己的行为进行自我反省。积极与学生进行交流，尝试以朋友的方式进行相处，降低学生对我们的戒备心。对学生以往的能力表示肯定，并期望他未来的发展。在适当的范围内，交给刘野一些任务，使学生感觉到自己是被信任的，是被需要的，并且还能考察其能力，看他是否是真的有能力，差点埋没了个"金子"，还是学生沉浸在自己的光环中，不放弃对其进行正向的引导，观察其后期的表现，若其表现良好，推荐学生去参加学生会等其他部门，在其他领域内发挥才干，完成个人成长和发展，协助学生完成职业生涯的规划。

【经验与启示】

完善相关竞选制度，创设公平、公正、公开的氛围和条件，让学生干部意识到"权利"和"权力"的内涵和关系，今后更好地为同学服务。对于那些因没选上而具有不合理心态的同学，我们应尽快识别并进行干预。这类行为通常表现为过分依赖、过度依赖、过度关注教师评价、对成绩过于执着等。我们应该对这些行为进行识别，并根据具体情况采取不同的应对策略。

在日常我们应与这些学生建立良好的沟通，了解他们的想法和困扰，并帮助他们认识到这些行为的不合理性。这有助于学生认识到自己的问题，从而改变不当的行为。与班级同学和其他老师进行沟通，让他们了解这些同学的情况，并协助辅导员共同关注学生的心理健康，通过多方面的努力，可以减少不合理心态在学生群体中的传播，降低不良影响。课外组织相关的心理健康教育活动，帮助学生提高自我认识和情绪管理能力。例如，可以通过心理辅导课程、团体辅导活动或者心理健康讲座等形式，让学生了解自己的心理需求，学会调节情绪，培养健康的心态。同时需要定期对学生的心理状况进行追踪和评估，确保及时发现问题并采取相应措施。另外，我们还应关注其他学生的心理状况，避免他们受到不当心态的影响。通过持续关注和干预，辅导员可以确保学生在新环境中顺利成长，建立健康的师生关系。

有学生始终对学生干部、辅导员、老师等抱有敌对态度，而不是突发性行为。则这类学生很难在短时间内扭转态度，我们则需保持平常心就好，靠个人行为和环境氛围进行渗入引导，不要高频过度教育，反而容易造成学生的反感，引发学生的逆向心理，固化学生的不合理认知及行为。保持自信，即使是新入职辅导员，也不代表是没有管理能力和经验的，所以，要保持足够的自信，在面对事件时，尽量做好个人情绪调整，做到对事不对人。

【精彩博文】

"人无完人，金无足赤"他告诉我们每个人都有优点和不足，没有人在人生道路上是一帆风顺的，要学会接纳自己和他人的不足。在教育刘野同学的过程中，可以引用这段话让他认识到自己的不足，鼓励他接纳和改进，努力提升自己的能力，以更好地适应大学生活，不断为团队和社会做出自己的贡献，同时要保持良好的心态。"良好的心态是成功的一半"，以积极的心态面对挫折，未来才能收获丰硕的果实。

第十五节　正视自己　赶走心魔

"教育不仅仅是学习和知识的积累，更是一个人性格、思考方式等方面的全面发展。"

——约瑟夫·乔波士基

【案例概述】

某天，我正在办公室看学生资料时，王颖（化名）突然找到了我，说是交材料的时候看见我在这，顺路看看我，但是我从她的眼神中，看出了她有心事。我们先了聊最近发生的趣事，当我问到她最近学习情况时，她顿了顿，没有说话，眼神里充满了感伤，过了一会后她忍不住开始流泪，大声哭泣。我递给她纸巾，安抚她的情绪并进行循序渐进的引导，她开始断断续续地向我表达了她深埋心中的郁闷与想法，她神情恍惚，语言混乱。不断重复自己无论如何学习都学不好，觉得对不起父母，认为自己一无是处；在校园生活中感觉不到开心，认为自己受到了排挤，甚至产生暴躁、抑郁、厌学的心思。谈话的过程大约持续了一个小时，在此期间，我静静地聆听，不评价她的想法是否有错误，只是表示理解她的想法，并安慰她以及约定了下次谈话的时间。

【案例分析】

跟王颖结束第一次谈话后，我通过调查信息得知其具体的问题出现的根源并进行分析。

1. 从家庭方面分析

王颖出生在广西的某个农村家庭，家庭关系融洽，家里五口人，父亲、母亲、同在上大学的姐姐和一个上初中的弟弟。父母都是农民，家庭主要收入是务农，受教育成本占家庭开支比重大，生活比较拮据，家长对王颖的期望很高，希望她能够出人头地，让家里的生活水平能够不断提高，这也为王颖带来了很大的压力。

针对王颖的问题，家庭因素的影响也是重要的原因。我与王颖的家长取得了联系，向王颖的家长介绍她在学校的表现，分析了导致问题的具体原因，希望家长能够配合，不要给王颖太多的压力，给她更多的关心与支持，帮助她尽快度过适应期，重新面对学习生活。

提供勤工助学机会，减轻生活压力。王颖的压力一部分来源于家庭经济困难，以及其急迫地需要经济独立。针对王颖家庭的情况，可以根据学校勤工助学的相关政策，与学院学生工作办公室联系，向王颖推荐勤工助学的岗位。一方面可以帮助她减轻生活负担。通过勤工助学，王颖可以获得一些实践经历和技能，为将来就业打下基础以及当她通过自己的努力获得独自承担生活的能力，更好地适应校园生活，可以使她的自信心提高；另一方面，在勤工助学时，王颖能够跟其他的同学合作，完成老师交给的工作，锻炼她的沟通、合作能力。在一年后的回访谈话中得知王颖通过勤工俭学的工资能够满足其基本的生活开支，不需要家里再额外提供生活费用，王颖很满意现在的状态，并在勤工俭学处找到了志同道合的伙伴，一起打气学习与赚钱。

2. 从教育背景方面分析

王颖深知自己要努力，以后能找到一份比较好的工作，赚钱回报父母。在高中时期，她在一所当地的普通高中重点班就读，学习刻苦，同时也拿到了不错的成绩，名列前茅。但是到了大学，王颖发现自己在学习上非常吃力，看到身边的同学不仅能保持成绩好的同时在部门内也能做到很好，甚至还能抽空在学校举办的比赛中斩获奖项。王敏变得十分焦虑，更加努力地去学习，结果还是不尽如人意，王敏开始陷入深深的自我怀疑，认为自己一无是处。想要好好学习报答父母，这本身并没有错误，但是由于她没有能很好地完成从高中生向大学生的角色转变，学习方式没能随着教学方式的改变而改变，而产生的暂时落后，又因强烈结果导向的她接受不了自己的落后，陷入情绪陷阱，没能专注学习，故而很难提高成绩。

首先，我告诉王颖考试失利已经成为现实，应该正视现实，不应该指责自己，应审视自己的学习方法，制定可行的计划，争取下次考好。引导王颖理智地从试卷上分析、从根源上分析自己考差的原因，是因为平时上课就没听懂还是复习时没复习到位。得知其上课没听懂但羞于向老师同学提问后通过自学去理解，但是由于理解不深，导致考试时没能写出来。我通过联系科任老师与宿舍同学等对其特别关照以及告诉她要勇敢走出自己的圈子，勇敢向外界提出问题，耐心为其解答学业以及生活上的难题后，王颖在接下来的一个学期中，慢慢打开了自己的心结，遇到不懂的问题记下来后就向身边的老师同学提问，并做成笔记，学习他人的学习方法，听取他人意见，从多角度对题目进行思考，有了较为深刻的理解，在学习中获得了不错的成绩。

3. 从性格方面分析

王颖性格内向，不善于人际交往，身边的朋友少，喜欢独来独往。当难过时，往往把自己藏起来，选择一个人把苦咽进肚子里面。当痛苦焦虑的情绪不断增多，一个人消化不完时，往往会爆发出来，这也是其患上抑郁症的原因之一。

王颖认为自己受到排挤，通过询问具体排挤事件以及向班级的同学进行谈话可以知道，其实是因为王颖个人内心较为敏感，且个人比较独立。认为麻烦别人是意见不太好的事情，接受别人的好意心里会有负担，陷于自己的世界里，对其他事情不太参与，与同学们的感情不深。其实是她拒绝同学的善意邀请，忽视了向她展开怀抱的集体。首先，需要王颖自己接受自己，接受自己的性格不那么完美，接受自己在许多方面确实有一些欠缺了，只有正确认识自己，才能更好地接受自己，也才能鼓起勇气去和集体融合。其次，尝试多与同学交谈，释放友好相处的信号，接受朋友的邀请并试着依靠身边的朋友。

为了增进同学们之间的感情，加深同学之间的了解。我在班级中开展团体活动，使大家有更多的机会了解彼此，增加班级的凝聚力，使同学的关系更加融洽。这为王颖得到同学了解，重拾信心起到了非常重要的作用。

【经验与启示】

1. 帮助大学生适应大学生活

王颖的这种情况其实在大学生中并不少见,他们进入大学后,没有转换从高中生到大学生的身份,在学习方法中没能调试过来,面对陌生的环境以及陌生的人没能很快适应,极容易产生心理健康问题。因此辅导员应该与学生建立良好的关系,密切观察学生的行为和表现,帮助学生适应大学生的身份。这可以通过多种方式实现,如组织公益活动、开展心理健康指导、开展职业规划等等。辅导员还应该鼓励学生积极参加社团活动、参加实习、参与科研等,推动学生全面发展。除此之外,辅导员还可以通过与课程教师和家长进行沟通,促进学生与教师、班级、家庭之间的互动和交流,帮助学生形成良好的学习和生活习惯。同时,辅导员还可以为学生提供心理咨询服务,帮助他们解决个人困惑和瓶颈,调整心态,改善心理健康状况,提高学习和生活质量。总之,辅导员应该为学生提供全方位的支持和帮助,使他们更好地适应大学生的身份,发现和展现自我潜能,全面发展,成为有用之才。

2. 在与学生交谈中的应对策略

当与同学交谈时,作为辅导员的我们应该做好一个倾听者的身份,要给予其充分的时间,给他们倾诉发泄的机会。循序渐进地引导学生说出整个事件的前因后果,摸索学生心理特点。当发现问题时,不能站在道德的制高点去评判一个人的对与错,教育他人。要以平等的姿态去换位思考,把自己放在当事人的角度看待问题分析问题,才能更好地从整个问题进行细微分析;才能让学生实实切切地知道问题的根源、解决的办法和怎样更好地发展自己。

3. 保持客观视角辩证看待学生谈话内容

在和学生谈话时,保持怀疑的看法并进行多方的验证是非常重要的。学生可能会有自己的主观想法和看法,但这并不一定代表是真实的。因此,面对学生的话语,我们需要保持一定的客观性和理性思考,以尽可能地还原该事件的真实面貌。在谈话结束后,我们可以通过询问其他同学,寻求来自家庭的支持和配合,以确保事件的真实性和客观性。这不仅有助于我们对学生的了解和帮助，还能够让学生建立正确的价值观和正确的观念，减少误解和偏见的发生。在解决事件问题时，我们需要用客观的视角去看待主观的想法，避免过分批判或过分宽容。通过扩展和深入了解学生的心理和思想，我们可以更好地解决学生的问题，也可以更好地帮助学生建立正确的思想和观念，以更好地适应社会发展的需要。

【精彩博文】

章诒和在《福州市白领心理》中写道："执着于一个单一目标的人比起其他人，会更容易出现心理问题，例如焦虑、紧张、易怒、易失眠等等，让这些人充满了西方文化中'追赶'的焦虑感。"这句话提醒我们，有些时候，我们对自我要求过于苛刻，只关注一个单一目标，而忽略了自己全面的成长，这种行为容易导致心理问题。

第四章　大学生资助思想教育篇

第一节　心理防疫　扶贫扶志

有困难是坏事也是好事，困难会逼着人想办法，困难环境能锻炼出人才来，因此，应该迎着困难前进。

——徐特立

【案例概述】

2020年初突如其来的新冠疫情给学生工作带来新的挑战，也对辅导员的育人工作提出了新的要求。小叶是交通管理工程学院的一名学生，她来自疫情风险区的家庭经济困难学生。小叶和她姐姐就读大学，因父母文化水平不高，导致家庭主要收入及学费和生活费也主要靠父亲去建筑工地工作所得。自疫情发生以来，父亲无法继续工作，导致小叶的家庭经济状况雪上加霜。作为贫穷家庭中长大的孩子，小叶的内心敏感而脆弱，生活压力的窘迫让本来就内向甚至有些自卑的小叶更加压力巨大，焦虑时刻伴随着她，使她无心专注于学习，对未来也失去憧憬和希望。

【案例分析】

1. 家庭环境深刻影响着个体的身心健康发展水平。小叶成长于贫困家庭，全家收入主要靠父亲做建筑工所得，生活条件较为艰苦，同时在小叶的成长过程中又承载着家人的殷切希望。因此，在此种家庭环境中成长起来的小叶性格原本就较为敏感和内向。

2. 小叶家处疫情风险地区，疫情导致原本就捉襟见肘的家庭经济状况雪上加霜。这种状况对心理较为敏感和脆弱的小叶产生一定影响，焦虑、恐慌、困惑、害怕等心理压力也不可避免地随之袭来。敏感、内向、不善言辞的性格特点使得小叶并不愿将自己内心的焦虑、恐慌和害怕等心理压力倾诉于她人，包括自己的家人、老师、朋友和同学，这致使小叶心理负担愈加沉重，因此不可避免地影响到小叶的生活和学习，致使小叶根本无法集中注意力专心学习。

【案例处理】

1. 申请疫情时期专项资助，解决学生眼前经济困难。

本着就应先救急的原则，作为学院负责资助工作的辅导员在摸排到该生的家庭情况后，立即引导该生申请我校针对疫情启动的寒假应急资助专项。经过小叶本人申请，学院核实后上报到学校大学生资助管理中心后不久，这笔专项救助金就发放到了该生的手上。这笔专项救助金再加上后续发放的春季国家助学金加在一起，虽不是一笔多大的数额，然而对于因疫情导致生活困难需要帮助的贫困生来说，能缓解他们眼下燃眉之急，一定程度上解除生活上的顾虑。

2. 关注该生心理健康，加强"心理防疫"。

面对突如其来的新冠疫情，无论是医护工作者还是普通群众，都受到了不同程度的心理冲击。"心理防疫"也是抗"疫"重要战场。小叶成长于特殊家庭、性格敏感脆弱、这种情况更容易造成她的心理包袱和深层焦虑。对此，从以下几个方面对该生进行心理辅导：首先，告诉小叶要正确、理性面对疫情，要坚信人类最终能够战胜新冠病毒，眼前困难只是一时，不应因此而陷入焦虑和不安。其次，面对各种疫情信息，自身要有基本判断、鉴别能力，远离虚假、不良信息，自觉不传谣、不信谣。最后，要学会调节自身的负面情绪，负面情绪每个人多多少少都会有一些，很多负面情绪更是看似无处释放，但是我们可以通过培养自己的个人兴趣、规律生活作息、积极自我暗示等一些方法来把自己的情绪调整好。

3. 扶贫需扶志，加强激励教育，精神内化立其志。

无论何种育人方式都是为了更好地完成立德树人的根本任务，资助育人也不例外。资助育人的特殊之处在于扶贫的同时更需扶智和扶志,将扶贫、扶智、扶志有机、有效、有力结合才能以资助育人的形式完成立德树人根本任务。针对小叶的特殊情况,通过理性与感性相结合的方式有针对性地对小叶展开激励教育:一方面通过理性教育帮助小叶分析个人性格特点,助其树立崇高的人生信念和目标;另一方面通过感性教育引导小叶进行形象暗示法教育,人生道路或许会有这样那样的曲折,但是要坚信自己一定会取得成功。同时,也要向周围的榜样看齐,通过向周围生活、学习、工作中的榜样看齐激励自己的内心,点燃人生自信心,翻开人生的新篇章。

4. 成立帮扶工作小组,送达隐形靶向关怀。

针对小叶内向、自卑、不善交流的性格,迅速成立了一个以小叶班级班长为组长、部分班级同学为成员的帮扶工作小组。一方面是对小叶在学习上进行帮扶和指导,另一方面则是安排班委同学、同宿舍同学主动找小叶交流沟通,帮助小叶打开人际关系交往的大门。面对班级同学主动抛出的橄榄枝,小叶也逐渐敞开心扉,性格变得更加开朗,同时,良好人际关系的出现更有利于小叶建立自信心。

【经验与启示】

1. 解决家庭经济困难大学生实际问题与解决心理问题相结合。

随着经济和社会的发展,政府在教育领域的财政支出越来越多,家庭经济困难学生的生活困难日益得到妥善解决,但是在成长过程中所形成心理问题的解决却是相对缓慢的。生长环境深刻影响个体的身心健康发展水平,家庭经济困难学生心理往往较为脆弱和敏感,容易产生焦虑情绪。而这种心理状态不是轻易能够改变,因此在实际资助育人过程中,应想方设法将解决贫困生的实际问题与解决她们的心理问题相有机结合。心理问题不解决,从根本上来说不能达到资助育人得实效。解决贫困大学生实际问题与解决她们的心理问题不是割裂的、机械的,二者应是有机结合、互为表里和相互促进,如在本案例中,在对小叶同学实际问题解决的同时,借此对她进行及时的心理疏导和思想上的激励教育是富有成效的,这比在平时毫无契机情况下开展言语苍白的说教要更具有实际教育效果。因此解决贫困大学生实际问题与解决她们的思想问题相结合更有利于实现资助育人的初衷。

2. 精神内化立其志，激励教育需要注意方式方法。

扶贫需扶志，但是如何扶志，以何种方式方法扶志却是资助育人工作中的难点。本案例给笔者的启示是，首先应在深入、充分了解学生的基础上，用真情感化学生，使学生明白我们是真心为其着想并愿意帮助她们解决实际困难，学生只有被这种精神感化后才能从内心接受你的教育，如果学生感受不到你的真心实意，又如何能够做到精神内化立其志？其次，作为辅导员在做资助育人工作时一定要学会换位思考，只有站在她们的角度和立场思考，你才能知道以何种方式施行励志教育最有效果，以怎样的精神和感召内化其立志。最后，在施行激励教育、精神内化该生的过程中一定要注意因材施教，立志的方向应是学生的兴趣和特长所在，而不是学生本不感兴趣和不擅长的方面，根据学生本人的个人志趣去有的放矢地实施励志教育是容易出成果的。

3. 特殊时期应有与之相对应的、灵活、机制的资助育人方式和方法。

疫情原因看似给家庭经济困难的学生生活状况造成了雪上加霜的局面，实际上如能采取合理有效的资助育人手法却能取得平时资助育人过程中取得不到的育人成效。本案例中，疫情的原因加速小叶心理防线的崩溃，眼前的困顿对于敏感脆弱容易焦虑的年轻大学生而言是一场心理上的考验。通过这场考验或许就能豁然开朗，面对未来的生活直挂云帆济沧海。因此，在疫情背景下采取合理、及时、有效的方法在资助的同时进行合情合理的心理干预，不失为特殊时期资助育人的正确路径，甚至能够达到一般情况下资助育人达不到的理想效果。

4. 充分发挥贫困生周围同学的力量去施行资助育人。

辅导员仅通过个人的力量、"单打独斗"的方式去深刻影响和改变一个学生是困难的，如果能够借助周围同学的力量帮扶、感化从而去影响和改变一个学生却是相对容易的。成长环境深刻影响个体的身心健康发展水平，人毕竟是生活在群体之中，周围环境的影响对个人成长是极为重要的，尤其对于在校大学生而言，因此，不妨去充分发挥周围同学的力量去施行资助育人。成立帮扶工作小组充分发挥班干部以及室友的力量去帮扶小叶，在这过程中，小叶学业成绩得到提高的同时，也逐渐敞开个人心扉去拥抱周围的同学，变得自信、乐观和开朗，可见周围良好人际关系的建立对于贫困生自信心的建立和增强具有很大帮助。尤其在这个特殊疫情背景下，同学们之间的抱团取暖、相互帮扶、支持和鼓励更能彰显资助育人作为一种爱的教育的本质。

【精彩博文】

疫情无情，人有爱。帮助受疫情影响导致家庭经济困难的学生，感受他们温暖。在前方，逆行者们夜以继日，全力奋战；在后方，老师不忘初心、牢记使命。聚焦学生需求，用真心去倾听，用真爱去温暖，用真情去服务，为学生撑起一片爱的绿荫！同学们，不要害怕，希望总会来临！

第二节　放下自卑　找回自己

自卑出现了并不可怕，只要把自卑摆到桌面上来，找出自卑的原因和表现，从容面对，自卑就成了一只纸老虎，一戳就破了。

—— 毕淑敏

【案例引入】

林林，今年大二。我印象中，她是一个乐观开朗的女生，爱笑，我第一次见她是在一次活动上，那时她还是大一；她家里没有经济负担，一直都过着无忧无虑的生活。昨天她来办公室找我，说想和我谈谈，我看到的她的第一眼差点没认出来，低着头，眼睛没有了光，脸上有的只是愁容，小心翼翼。

和她深入交流之后才知道，她存在不合理的认知。因为家里的变故，经济条件和以前相差很大让她感到自卑，这种自卑让她感觉自己遭到同学们的冷暴力，她也试过自己调节，但是都不能让她改变这样的感觉，才选择来跟我聊聊。

在大一的时候一切都还很正常，她也和同学们相处得很愉快，经常一起玩，一起参加活动，当时的她笑容还常常挂在脸上。但是，大二刚开学的时候，她家里发生变故，不得不改变之前生活方式，各方面都要节俭一点，所以她拿到的生活费和之前也是没办法相比的。从那之后，同学们有些花费比较高的活动她就基本不参加，时间久了，同学们也不主动邀请她参加活动，她感觉大家都在有意无意地无意地躲开她，不想跟她一起玩，慢慢的，她也就不主动加入她们的生活。由于自己长期处于这种自卑的状态，没有办法全身心投入到学习中，也不敢和父母说这件事，她的成绩也是一落千丈。实在是不想再继续这样的生活了，因此，她选择寻求我的帮助。在交谈过程中，我询问她是否会对家庭经济一般的同学持鄙夷的态度或者不想和这样的人交流，她的回答是否定的。之后我也找了一些同学进行交谈，了解到同学们并不是在冷落或者冷暴力她，只是活动邀请她就会拒绝，时间久了，同学们就以为她不想参加这样活动，也就不邀请了。林林从来都没跟同学们表达过自己的想法，同学们也没有发现林林状态不对。

【案例分析】

从本案例中，我们可以看出，林林本身是一个对生活充满信心，乐观开朗的人。她大一的时候就经常参加活动，也常常把笑容挂在脸上，说明他是一个十分向上的女生。但是她难以转换自己的身份，家里发生变故了，没办法更积极地面对这样的变故发生。当然这是需要很大的勇气和心理承受能力的，需要帮助林林正确认识到家庭的变故并不会影响她和同学朋友之间的感情，改变她的不合理认知。

其次，同学们也都没有意识去关注林林，特别是班干，这么长的时间都没有发现林林状态的变化，这是整个事件发生的关键因素。同学们还没有彼此关心和帮助的意识。如果只是沉浸在自己的世界里，不看看身边的人事物，必然会使自己陷入自我的主观世界之中，如同井底之蛙一样眼光狭小。所以我们应该更加重视同学们相互关心，相互帮助的意识，让同学们在一个友爱的环境中学习。

最后，我们也能看到，同学们之间的交流很少。林林没有主动向同学们表达自己的真实情况和所感所想，同学们也没有询问林林是否需要帮助，都在相互猜测对方的心理，才会造成这个不愉快的事件的发生。因此，我们需要更加注重学生之间相互交流，相互表达的能力，只有真诚地表达出自己感情，情绪，才能真正地解决问题。

【案例处理】

综上，作为辅导员，我们应该将自己放在一个客观的位置上去看待这个事件，一旦偏向于哪一方，都无法正确地解决这个问题。我们应该积极关注学生的心理健康成长，要认识到心理健康对学生的重要性，我们需要作为一个指引者去帮助学生认识到问题的根本所在，让学生自己意识事情的严重程度，引导她们去解决这个问题，改变自己的不合理认知。

在和学生的交谈中，我们要时刻关注学生当下情绪，要给他们足够的安全感，同时如果学生说的事有可能会让学生感到羞愧的话，我们应该要给学生保证绝对保密，让学生毫无顾虑的敞开心扉，表达自己的真实想法。要及时给出反馈，表明自己正在认真地认真地听，不要随便就做评判，下定义，要积极鼓励学生，帮助他们建立自信心。要正确找到问题的核心，帮助学生勇敢地面对自己的心魔，然后战胜它，找回真正的自己。

我们还要积极建设良好班风，多亲自参加主题班会、娱乐活动，加入学生之中，了解学生的想法，关注学生的情绪状态的改变，正确引导学生心理健康的成长。还要给班干部进行心理健康辅导，让他们多关注班上同学，适当的时候给予他们帮助，让他们感受到温暖和爱，避免走上极端。多给学生传播正能量，避免学生受不良思想的影响。

【经验与启示】

如果学生因心理问题需要找辅导员谈话，一定要正视这个事件，不能自己以为这是件小事就敷衍了事，一定要给学生抒发情绪的机会和空间。对于心理问题，很多人都是不愿敞开心扉的，依然选择和自己交流，就说明学生一定是经历很长的思想斗争，并且这件事情已经对学生造成了极大的困扰，所以作为辅导员一定要重视。在学生交谈时，一定要时刻关注学生的情绪状态，要给学生足够的信任感，才能真正找到问题的核心，才能有效地帮助学生，同时要避免用主观意识去评判学生所经历的事件，我们要保持一个客观的立场，尊重学生，才能引导学生改变自己的不合理的认知。

无论是身体的成长还是心理的成长都需要时间，都需要和困难面对面对抗。对于那些心理承受能力想的人来说，也一定是在我们不知道的地方和自己的心魔对抗了很多次，所以无论在什么时候，都不要害怕向前。要永远记住，开始的第一步都是难的，之后的每一步一定都是充满光明的。但当你决定改变的时候，就要勇敢地向前，在黑的道路上不断摸索，总会找到属于自己的那份光。

辅导员在举办活动、主题班会的时候，要多关注学生的心理健康教育这方面的，着重培养学生相互关心，彼此帮助，相互团结。这样可以让学生通过活动或者自己的方式真真切切地体验到爱和被爱的感觉，从而将这种感觉传递给身边的人。

同时还要注重发展学生相互交流的能力。多开展一些小组活动，团队作业，增加学生们彼此接近交流的机会，让他们学会自己敞开心扉，表达自己的感受，表达自己的想法，增强同学之间的相互了解，让他们学会感同身受，彼此接受，相互帮助，彼此成长。

注重平衡，不能因为某些学生成绩好，为班级做贡献就偏爱某些同学，要认识到，每个人身上都有自己的闪光点。要做到奖惩分明，对那些有好的表现得热 同学进行适当奖励，对那些做得不好做得不好的同学也要有一定的惩罚，但惩罚必须是合理的且学生可接受的，避免伤害学生的自尊心，导致学生心理的扭曲。

【精彩博文】

情绪对人的事业、生活与健康都有着十分重要的影响。管理好自己的情绪，成为一个让自己成熟起来需要注意的问题。

学会认知情绪及正确表达自己的情绪体验。人在遇到不顺心、不适应的时候，都会表现出沮丧、急躁等情绪反应，进而出现对自己的否定，严重是甚至迁怒于别人或者深度沉默不语。因此，我们要指导学生要知道情绪反应的特点，开始去了解情绪，学会在表达自己亲身体验的同时，将自己面临问题时的各种情绪体验慢慢进行梳理。

掌握克服不良情绪的方法。人在遇到不好的事情的时候，就会产生不良情绪，因此，我们指导学生通过以下几种方式进行应对：一是要学会进行宣泄，即采用一定的方法和方式，把个体的情绪体验表达出来，如在没人的地方大声喊、快跑急走和听轻快的音乐或者看他人跳舞等；二是学会转移注意力，即主观上努力把注意力从消极或不良的状态转移到其他事务上，这也是一种非常好的自我调节方法，如静静看幽默的书籍、看一些自己感兴趣的电影、专注于写字画画等；

是自我安慰，即学会找出合乎情理的原因来为自己辩解和解脱，如阿Q精神是自我安慰、精神胜利法的典范；四是积极地自我暗示，即运用内部言语或书面语言以隐含的方式来调节和控制情绪，如将自己的烦恼写下来，然后丢掉，暗示自己忘却烦恼，开始去积极地思考后面的问题。

第三节　刷单陷阱　防范有余

每个人都会犯错，但是，只有愚人才会执过不改。

——西塞罗

【案例概述】

易蓓是一名大一新生，家庭贫困，父母亲在她初二那年离异。因家住在偏远的落后地区，加上交通不便，故并未申请助学贷款。入学后因寝室关系不和谐经常独来独往，加上学费生活费昂贵，情绪一直不好，也一直想要赚钱，但她嫌弃校内兼职工资太低，想做跨境电商直播卖货，说目前已有同学愿意投资，易蓓认为不是自己的钱亏了也没关系。然而，还没等项目落成，易蓓就因刷单被骗了1500块钱，此时勤工助学岗位也已经结束招聘，于是大受打击，想要退学。

【案例分析】

1. 家庭破碎，心理敏感

易蓓同学出身于一个单亲家庭，这种家庭的破碎使得她的心灵变得极其脆弱和敏感，她拒绝与他人交流，对周围的一切都充满了厌恶和警惕。她认为别人对自己的看法不够客观，也不愿意与他人坦诚相见，因此，她总是孤独地生活。正是因为她自我封闭，不愿和他人好好交流，所以在入学后与寝室的同学格格不入，也不愿意敞开胸怀和她们认真地聊一聊。

2. 经济困难，急于求成

其次，因为家庭经济困难，她一直想要赚钱补贴家用，但是又嫌弃学校兼职岗位工资太低，看到别人做电商直播卖货很赚钱，便盲目跟风入行。最终，因识人不清、急功近利而导致她刷到被骗，此时，已酿成无法挽回的过错，再想着利用学校的勤工助学岗位赚钱为时已晚。

【案例处理】

1. 谈心谈话，了解情况，做好学生情绪安抚工作

当从保卫处得知学生被诈骗的情况之后，我立刻与该学生谈心谈话，询问诈骗事件发生的始末，帮助她向警方立案调查，了解学生想要退学的原因。对于易蓓生活困难的情况，帮她申请临时困难补助。关于想要退学的想法，我规劝她还是要慎重考虑。新生入学本来就会有一个适应期，要慢慢调整心态，告诉她老师和同学会一直陪伴在她身边，在我们的共同努力下相信会有所改变。

2. 与上级领导和相关部门汇报情况，转介到心理中心

联系心理咨询中心老师开展相应的心理健康教育和帮扶工作。发挥关键少数的作用，开展全面筛查。通过此次主动来求助的学生以及班干部群体对所有学生展开排查，如果有类似情况，及时报告，并做好相关记录，对整体形势进行研判，将目前已掌握的情况进行整理，上报给主管领导。

3. 联系家长，出动班委，深入了解学生的思想情况

与家长进一步联系了解情况，以及了解对于孩子打算退学的想法。家校

共育帮助学生重拾信心,坚定学业。通过班委、寝室长、室友了解学生宿舍相处情况,化解宿舍矛盾,如有需要可以换到了一个学习氛围较好的寝室。同时结合学生实际情况,让她当一个助理工作增进和同学的交流,帮助她融入学生集体,感受到温暖。

4. 换位思考,整合资源,给予可行的发展建议

考虑到易蓓的家庭环境,向易蓓指出学费可以申请生源地贷款,每年的国家助学金和国家励志奖学金都可以缓解其生活压力,希望她好好学习。理解易蓓想要赚钱的心情,鼓励并告知她毕业以后可以去创业,创业必须先熟悉相关的法律法规,相关政策,积累足够多的经验之后再行动。学生时期可以通过参加电子商务大赛、大学生创新创业大赛等活动进行锻炼,同时鼓励她在校内找兼职补贴生活费,因为校内的勤工助学岗位能够保障她的日常学习生活和人身安全。

5. 长期关注,增强信心,逐步改变其思想观念

建立易蓓同学的特殊学生档案,对该生积极关注,定期找该生交流学习和生活状况,常去易蓓同学的宿舍以及工作的地方关注她的生活状态,也从班委处关注学生心理动态,并且及时勉励提醒,希望能在潜移默化中改变她的思想观念,引导她接受现实,从自己力所能及的事情做起,脚踏实地做好做实每一件事。

6. 召开相关教育主题班会,增强同学们的法律意识

为了培养良好的消费习惯,我们应该鼓励大家避免过度追求物质上的奢侈,并且要有计划地进行日常开销,以实现节省开销、理智消费和科学消费的目标。

【经验与启示】

电信诈骗早在前几年就十分疯狂,近些年随着科学技术和大家防骗意识的提高,骗子的手段也在不断更新迭代。因此,当代大学生作为网络的原住民,应该利用好网络主阵地,多了解相关的新闻报道,增强自己的防骗意识。

1. 提高工作前瞻性

辅导员要提高工作的前瞻性，将思想政治教育贯穿到大学生成长成才的全过程，定期开展主题班会，密切关注学生动态，及时地发现一些苗头性、倾向性问题，发挥好"关键少数"的作用。

2. 对学生保持爱心和耐心

为了让学生走上健康、积极的道路，我们不仅要传授"望、闻、问、切"，更要采取系统的思维和方法，以及"及时把脉，对症下药"的指导，以便更好地观察、收集信息，深入了解学生的成长历程及其家庭教育的方式方法。在处理这些学生的工作时，我们必须充满爱心和耐心。

3. 善于倾听学生心声

作为辅导员，应掌握学生个性，刚柔并济地开展工作。要善于倾听，明辨是非。有时候学生可能会找一些借口为自己的错误辩解，这时候作为学生的管理者，一定要知彼。这就要求平时要收集好学生的信息，做到胸有成竹，千万不能让学生牵着鼻子走，更不能人云亦云。为了获取成功，"亲其师才能信其道"认为，我们必须具备远见，并以客观、公正的态度来处理问题。我们必须关注并帮助每位学生，并以他们的需求为导向。我们相信，通过给予他们真诚的关怀，我们可以获取他们的信赖与支持。通过让学生表达自己的观点，辅导员可以更好地帮助他们解决问题，从而让他们感受到被关爱和温暖。

4. 做好指路人

教育大学生树立正确的人生观、价值观、消费观，理性消费、科学消费；增强法律意识和防范意识。通过指导学生将重点放在学习和发展个人兴趣爱好上，让他们更加努力地学习，并积极地工作，以便更好地体会大学生活的意义。

5. 鼓励学生勇往直前

《教师期望效应》的研究表明，教育者应该始终保持乐观的态度，并且要给予孩子们更多的支持和帮助。尤其是当孩子们进入大学四年的校园，更应该重视和培养孩子们的独立性和创造性，以便让孩子们能够更好地实现梦想。为了让孩子取得更好的发展，我们需要给予他们更多的信心，并且确保所提出的目标具备实际意义、可操作性、具备挑战性以及长远的影响力。只有通过不断的努力，才能够让孩子拥有一个完整的个体，并且勇敢地面对所面临的各种考验，从而实现教育的目标。

在学生工作过程中，要充分理解学生、关爱学生、尊重学生，站在学生的角度思考问题，一切围绕学生，一切为了学生，用爱心、耐心和诚心获取学生的信任，进一步实施帮扶计划，实现育人效果。

【精彩博文】

大学生要做好对校园诈骗的预防就必须做到：

1. 增强防范意识，学会自我保护。大学生要积极参加学校组织的法制和安全教育活动，多知道、多了解、多掌握一些防范知识，在日常生活中，要做到不贪图便宜、不谋取私利，不要轻信花言巧语，不要把自己的家庭地址等情况随便告诉陌生人，以免上当受骗。

2. 交友要谨慎，避免以感情代替理智。

3. 同学之间要相互沟通、相互帮助。在高校，大家向往着同一个学习目标，生活和学习是统一的同步的，同学间、师生间的友谊比什么都珍贵，因此相互间加强沟通、互相帮助，以避免一些伤害。

4. 服从校园管理，自觉遵守校纪校规。同学们一定要认真执行有关规定，自觉遵守校纪校规，积极支持有关部门履行管理职能，并努力发挥出自己的应有作用。

第五章　大学生职业就业指导篇

第一节　才高八斗　就业有道

"成功者都有一个共同点：他们不是为了成功而努力，而是为了梦想而努力"

——奥普拉·温弗里

【案例概述】

小王是我校某法学专业大四学生，是一名党员，父母皆为一般职员。自初中以来，小王一直担任学校及班级各种职务。大一时，他担任班长及学院学生团委工作的负责人。在学生团委一年的工作锻炼中，小王同学表现认真，思考问题严谨细致，愿意奉献，富有吃苦耐劳精神，受到了全体干部干事的一致认可。大三上学期，原团委主任即将毕业，小王准备接任学生团委主任一职时，经过与即将毕业的原办公室团委的交流，小王感到组织成员对他非常信任，因此感到很开心和自豪，于是积极开始策划新的工作与计划。然而，不久后，小王给我打了个电话，表示想与我谈谈一个问题，我欣然同意。在长时间交谈中，我了解到该学生存在内心矛盾，主要问题是他应该选择备考还是准备工作，这个问题一直环绕在他耳旁，给他带来了巨大的困扰。

【案例分析】

从这个案例分析可以看出，该学生在大三时开始思考自己未来的人生道路，不确定是直接毕业就去工作并不断提升自己的素质和技能，还是现在开始备考研究生，提高自己的学历和理论知识水平，丰富自己的读书阅历。

在进行自己未来规划时，自己比较盲目，忧心忡忡，不知所措。分析原因，可以从以下几个方面来解释：一是该学生在规划自己的职业生涯时太晚了，刚进大学时没有充分重视这个问题，而是到了快毕业时才来思考这个问题；二是缺少有关个性发展方面的相关指导，自己平时对就业和考研方面的知识也接触得甚少，所以导致了现在的迷茫与疑惑。

因此，辅导该在辅导学生时，可以从上述几个方面进行高效的辅导，对学生在毕业时要选择工作还是考研这一问题进行深入研究。

【案例处理】

了解小王的情况后，多次邀请其到我的办公室旁的咨询室，与该生进行全面的探讨和分析，比较先考研和先就业的利弊，让该生自我评估思考作出选择；与该生沟通交流，深入了解该生的心理状态，为下一步的指导工作制定方案；依据该生的具体情况，制定符合其个人需求的职业规划。

第一次辅导：倾听小王的困惑，制定大体的辅导框架

1. 倾听与理解

首先，我们要倾听小王同学对问题的表达，理解他的困惑和矛盾。可以通过一系列开放性的问题，如"你目前的认识是怎样的？""你想得到什么样的结果？""你在未来有什么打算"等，让小王展开思考，进而逐渐理清自己的思路，明白自己的疑惑所在。

2. 分析与建议

其次，我们可以帮助小王从多个角度理性分析和思考他的选择。例如，可以向小王了解目前专业的就业前景和个人发展空间，一方面帮助他减少犹豫，另一方面也可以为他提供一个可循的框架体系排解自己的疑惑。并且，辅导员也可以就小王的备考方向进行分析，提供专业的指导和建议，邀请院内、校内专业老师对小王进行专业分析，共同商讨，帮助小王做出最佳决策。

3. 激励与启示

最后，我们可以激励和启示小王，在他做出决策后，如何更好地规划和

实施自己的计划，具体该怎么做，又如何将它做好。一方面，可以鼓励小王积极参与各种实践和活动，增加自己的社会经验和技能，了解现在市场上的大环境；另一方面，需要帮助他应对专业发展中遇到的挑战和困难，提高应变能力和思考问题的能力，及时纠正出现的错误。

第二次辅导：向小王分析法学专业考研的优势和劣势，法学本科毕业生考研有以下几个方面的优势：

1. 专业基础扎实：法学本科课程体系完整，不仅包含法学专业的基本理论和知识，还涵盖了社会科学、政治、历史及哲学等方面，此为法学毕业生在各种考研学科中具有的最大优势之一。

2. 法学专业关联性广泛：法学相关学科非常广泛，例如法律、社会学、哲学、经济学等，考生可以根据自己专业课程的工作和研究经验，有针对性地选择自己感兴趣的考研学科。

3. 备考方法相对而言熟悉：因为法学专业课程的特殊性和实践性，学生需要在平时掌握大量的法律条文、判例、法规、理论等内容，这些学习方法可以在考研备考中被重复运用和训练，对于理解和分析新的研究内容很有帮助。

4. 法学专业本身的考研门类众多：法学专业考研门类分别为法律硕士、法学硕士和法学博士，考生可以根据自己的兴趣和能力进行选择。而法学博士是各学科考研门类中最高的研究层次，对于很多想从事法学的学者来说是具有巨大吸引力的。

法学本科毕业生考研有以下几个方面的劣势：

1. 法学专业性限制：法学毕业生在考研时可能会因为专业性过于突出而缺乏多科目的复习经验，对于其他学科的考试可能会有一定的困难。

2. 法学原本基础学科较少：尽管考研经验有一定优势，但相较于理科生，法学硕士入学考试中涉及的原本学科基础较少，比如公共英语的阅读和听力会有更大的挑战。

3. 竞争压力大：法律问题非常普及，因此法学专业考研的竞争非常激烈，对于想要从事这个方向的学生，需要有足够的心理准备和备考规划。况且目前就业形势严峻，法律行业供求状况有限，因此通过考研获得升学和发展的机会相对较少，考生如果仅仅出于考虑可能会面临就业难的问题。

综上所述，尽管法学本科生在考研过程中存在一些劣势，但只要考生能够充分认识自身情况和备考要求，掌握正确的备考方法，积极应对困难和挑战，定能够取得优异的成绩。

第三次辅导：

这次辅导时，我和该生一起制定了方案：

（1）首先确定要报考的学校；

（2）了解报名的大学的考试命题规律，以及确认需要复习的重点内容；

（3）购买相关的考试辅导书籍，收集备考所需的各类学科资料；

（4）合理分配备考时间，将备考计划细化到每周，无需过于复杂，简单但有效的计划最为可行。

【经验与启示】

认真听取学生想法与意见，积极帮助学生走出困境。

在这次辅导中，小王向我表达了他想要考研的想法。在听取了他的想法和职业规划后，我通过阅读、查询相关资料以及深入分析考研和就业的优缺点，为他提供了符合其职业发展目标的建议，并帮助他制定了相关的考研计划。在这个过程中，我不仅梳理了考研和就业的利弊，还详细分析了小王的职业发展计划，结合他的优势和劣势，为他量身定制了具体的备考方案。在我的帮助下，小王明确了自己考研的目标并开始有目的地进行备考。这个过程不仅对小王的考研之路有了重要的促进作用，同时也对我的工作提供了更具有指导性的意义。我相信这次经验对我今后的工作有很大的帮助，我能够在帮助每一个学生权衡就业和考研之间的关系上更加自信和专业，让学生做出更明智的职业发展决策。

【精彩博文】

"考研是一场马拉松——我是如何在备考中坚持下来的"：这篇博文由一名考研成功的学生撰写，详细介绍了她的考研备考经历和经验分享，对于备考期间的困惑和挫折有很好的启示，告诉了我们如何在考研与其他方面纠结时应怎么选择合适自己的方向。

这段话告诉我们，在考研备考中，"不要轻言放弃"。即使在备考期间遇到了困难和挫折，也要保持积极的心态，坚持不懈地努力下去。因为放弃只是一次次挫败，只有坚持才是一次次胜利，接近成功的时刻也许就在你放弃的那一刻。

在攻克考研的道路上，不能被困难所打败，风雨过后总会见彩虹，只要我们相信自己、坚定信念，不断努力就能收获满满的成功。坚持也是一种训练，只有经过不断地坚持，才能养成良好的习惯，培养出优秀的品质。

在考研备考期间，会遇到许多诱惑和纠结，例如兼职、社交、旅游等等，但要明确自己的目标，明白自己的首要任务是备考考研，选择一条适合自己的路线，利用宝贵的时间高效备考。只有保持一个正确的方向和稳定的心态，不断前进才能在考研的道路上取得成功。

最后，我想说的是，我们要相信自己，不论在遇到什么挫折和困难时，都要坚定信念，把握机会，充分发挥自己的潜能。就像那首《征服》，乘风破浪会有时，直挂云帆济沧海，只有踏着一步步的坚定前行，才会收获更多的荣耀和成就。

第二节　水滴石穿　百川归海

环境可以改变你的思想，思想可以改变你的行动，行动可以改变你的命运。

——奥巴马

【案例概述】

一天傍晚，我在学校操场散步时偶然遇到了班上的小吴同学，见他愁眉苦脸的样子，于是我向前去问他：小吴怎么了呀，有什么不高兴或疑惑的问题吗？小吴揉了揉眼睛，伤心地跟我表达了他的困惑之处：在大一学年中，他经常感到索然无味、无助与困惑，毫无兴趣地度日，缺乏学习的热情和动力。他平时很少与班上同学交流，也没有获得真正的朋友关系。除了两门不及格，其他学科的成绩也只是仅仅及格而已。如今，他大二了，同班同学在为自己的事业和目标而奋斗，这使得他的社交机会更加稀少；与此同时，自主学习所需的自由度和掌控力高于以往，这让他感到困惑，不知道如何才能朝着正确的方向发展。他考虑是否要追随别的同学的脚步转为专升本。

在谈话的过程中，我注意到了他的目光飘忽不定、语言表达不流畅，且声音低沉，显得非常紧张，缺乏自信心。经过和小吴深入的交流，我了解到小吴在高中时学习态度一般，成绩也不是很优秀，高考成绩仅刚刚过了专科线。他对所学的专业名词也不够熟悉，自己的学习方法也需要改善。但是，在班上积极向上的学习氛围以及和我的交流中，小吴重新开始认识自己，对自己也有了新的目标和明确的方向——他决定坚持努力考上本科，他说要不辜负自己、不辜负老师和父母的期望，这个目标成为他前进和奋斗的动力。

【案例分析】

通过对小吴同学进行深入了解后，我们发现他正在经历"大一新生适应障碍综合征"的困扰。在高中时，小吴扮演着学生的角色，但进入大学后需要转变为大学生的角色，这种角色转变阶段对他带来了挑战。由于多方面因素，包括客观因素和主观因素，小吴感到适应大学生活有困难，出现了不适应状况，对于自己的专科学历缺乏进一步的发展思考。最根本的原因是他缺乏学习动力，这导致他在学习方面出现了困境。由于这种不适应状况，给其他方面的大学生活带来了适应障碍。不仅是在学习方面，他还缺乏学习兴趣和上进心，和班上同学的交流和交往机会也很少。这些适应障碍和情况，就是"大一新生适应障碍综合征"的症状所在。现在，小吴需要找到新的动力和方向，摆脱困境，克服适应障碍，逐渐适应大学生活。

学习动力是大学生在学习过程中坚持不懈的内在力量，既具有引导、调节、维持、强化等功能。然而，学习动力缺乏的原因是复杂的，既包括客观原因，也包括主观原因。学习动力是大学生学习的内在驱动力，可以帮助大学生坚持不懈地学习，具有引导、调节、维持和强化学习行为的功能。学习动力受到许多因素的影响，包括客观因素和主观因素。客观因素包括国家政策、家庭条件、教师水平等，而主观因素则更为复杂。主观因素主要包括学习主体意识薄弱、学习目标不清晰，以及将学习视为父母和老师强加的任务，而非个人成长的必需品。在主观因素中，学习主体意识薄弱是影响学习动力很大的一个因素。这种意识薄弱表现在许多学生对于学习的认识很模糊，不能够很好地明确学习的意义、目的和方法。由于缺少将学习与个人成长相结合的意识，许多学生在学习的过程中感到枯燥乏味，缺乏动力。

另外，许多大学生在学习目标不清晰方面也存在问题。由于学习目标的不明确，他们缺少对于学习的方向和计划，难以坚持长期学习，也很难在学习中得到乐趣。因此，明确学习目标和规划长期学习计划是提高学习动力的重要途径。

最后，很多大学生缺乏独立学习的意识和方法，往往无法适应大学学习的自主性和开放性。他们难以脱离高中的应试教育模式，在学习方法和时间管理方面也缺乏有效的策略。因此，培养自主学习意识和方法是提高学习动力的重要手段。这些主观原因导致的学习动力缺乏，通常表现为以下几点：首先，缺乏明确的学习目标和学习计划，缺乏长期和短期的学习目标，对自己专业方向和要求没有清晰的认识，同时也缺乏对毕业后从事职业的考虑。其次，一些学生对学习感到厌倦和逃避，缺乏上进心。更严重的是，一些学生逃课屡禁不止，对学习产生了极大的抵触情绪。第三，由于缺乏成就感和抱负，学生没有足够的求知欲和进取心。

然而，像小吴这样的学生可以从班里的同学们得到激励，班级氛围可以激发他的学习欲望，从中获得正能量，积极面对自己的学习动力缺乏问题，发奋图强，不懈努力，通过这种学习状态逐步改变自己的学习状况。

【案例处理】

学习动力的核心在于学习动机，它是大学生自主学习的内在推动力。心理学家的研究发现，当前大学生的学习动机主要分为多种类型，包括追求自己理想目标、探究求知、自我尊重、回报父母、热爱祖国、争取功名、人际交往以及健康快乐等动机。其中，追求自己理想目标动机是大学生学习动机中占比较大的一部分。因此，进行职业生涯规划可以帮助大学生增强学习积极性，为他们未来的发展提供方向和动力。作为教育者，我们应该关注学生的实时状态，了解学生的主客观因素和环境。通过全面客观地认识和自我剖析，帮助学生自我定位并设定职业生涯目标。同时，我们应该引导学生通过学习知识和转变思想观念，提高技能和潜在职业能力，以改善当前的自我状况并逐步实现目标。

以职业生涯规划促进学生学习动力可以从以下几个方面入手：

1. 职业生涯规划教育是指引导学生通过对自己与当前职业市场的认知，制定合理的发展规划，从而达到职业目标，全方位提升个人的职业素养和竞争力，并实现自我价值的过程。职业生涯规划对于学生的职业发展至关重要。在实施职业生涯规划教育时，学生需要详细了解其所学专业及相关职业之间的关系，以此为基础深入思考和探究职业理想和职业目标，并制定相应的职业发展计划以促进自身的职业发展。为了达成这一目标，学生需要努力学习相关专业知识和技能，从而提高自己的职业竞争力，激发学习积极性，增强自我管理和自我控制意识。

2. 除此之外，职业生涯规划教育还需要促使学生全方位评估自身实际情况，深刻剖析自身的优势和劣势、性格特点、职业兴趣、价值观、经验学历等，以确立自己的职业定位和发展方向。同时，还要发现自身在职业发展方面的不足，及时加强对相关知识和技能的学习，提高自我实现职业理想的能力。

3. 在制定职业生涯规划的过程中，学生需要明确自己职业发展的基本目标，并根据当前的情况制定一系列的学习计划和目标，一步步地实现最终的职业目标。此外，学生还需要建立一个完整、全面、立体的学习动力体系，保持持久的学习积极性，并注重与职业发展目标的相互匹配与促进。

4. 最后，通过职业生涯规划教育的过程，学生应意识到自己的主体能动性及自主学习的重要性，积极参与到制定职业生涯规划的过程中，养成自我监督、自我管理的能力，提高学习效率和学习成果，实现个人职业生涯的发展和进步。

针对小吴同学，我采用职业生涯规划作为主要辅导手段，旨在激发其内在学习主动性。我实施了一系列措施，引导小吴同学探究所学专科及本科学习内容如何相互关联。接着，我们进行客观分析和评价，评估小吴同学的优缺点、性格、价值取向及周围环境因素，帮他逐步明确自己的职业理想和目标，并制定了大学期间的阶段性目标和实施计划。在我多次辅导和督促激励之下，小吴同学逐渐对所学专业产生了认同和兴趣，学习成绩也随之提升，不再有不及格的情况出现。虽然学习习惯和持久的学习动力的养成需要时间和坚持，但我们采取了同伴学习的方式，通过编组、交流和合作，督促和鼓励他不断进步，增强他的学习主动性和自我管理能力。通过这一过程，小吴同学逐步建立了对本科学习的信心和信念，学习积极性逐渐提升，一心投入到了复习中去。

【经验与启示】

大学生涯是一个人职业生涯准备的最重要阶段，具有非常重要的意义。我们应该积极指导学生进行自我的职业规划。

在这一阶段，同学们需要努力积累职业所需的技能和知识，完善自身的人格特质。这些努力将在很大程度上影响未来职业规划的发展。同学们需要注重技能的积累和人格的完善，为未来职业道路的发展打好基础。作为高校辅导员，我们应该利用职业生涯规划的手段，激发学生的学习动力和动机，帮助他们向着更高的目标迈进，朝着更美好的未来前进。通过职业生涯规划，学生可以深入了解自己的特点和潜力，并在此基础上制定合理的职业发展规划，以逐步实现个人职业目标。一个好的职业规划可以帮助学生更好地应对未来的职业挑战，提高个人的职业素养和竞争力，从而在社会上不被轻易淘汰。因此，高校辅导员在开展职业生涯规划教育中需要发挥积极作用，增强学生的职业意识和职业素养，助力学生实现职业理想和价值。

【精彩博文】

杰西·欧文斯说过"成功不是最终胜利之前或最后失败之后的终点，而是奋斗中的每一天。"外界环境对我们的影响，有好的有坏的，这就需要我们提高自己的认知能力，要有一双辨别是非的眼睛，当我们遇到不好的时候，但我们仍然能够通过自己的选择和努力来改变它，实现自己的荣耀和成就。无论遇到什么样的挑战和困难,我们都应该保持一颗积极面对的心态,坚定自己的信念和决心,努力上进,不断挑战自我,不断创造新的机会和可能性。我们需要在不断改善和努力上进中,把握机会,追求梦想,并不断探索和开辟新的可能性。只有以积极的态度去面对各种困难和挑战,才能从环境的影响中跃然而出,最终改变命运,实现自我价值的超越和升华。

第三节　强身健体　报效祖国

"成长和成功的过程中不可避免地会面临挫折和失败,关键是如何从中汲取经验和教训,坚定不移地朝着自己的目标前进。"

——尼尔·戈尔茨曼

【案例概述】

小李是一名在校大学生,他一直比较喜欢军事和国防,平时对军事活动尤为感兴趣,在大学期间也希望自己可以为国家做出一些贡献。于是在大学期间,他积极参加军事训练和体能训练,并积极投入到学校军事训练教官团中去,利用课余时间进行自我训练以及加强理论知识学习,努力成为下一届学校军事训练教官团的成员,在后期梦想成为一名军官。然而,在高校中通过初步的招募测试后,由于视力的原因他发现他的身体条件并没有达到入伍的标准,无法被招募为一名官兵。

这个消息给小李带来了很大的打击,因为成为军人一直是他的热望,也是他梦寐以求的梦想。于是,小李开始陷入自我怀疑和困境,不知道该如何调整他的梦想和目标,对不能成功进入部队参军而感到非常伤心与难过。

在一个下午,我见小李失落地独自走在校园大道上,于是我与他进行沟通交流,仔细听取他的不如意之事,并耐心地与他进行交谈。

在与小李的谈话中,小李说明了他的想法和困惑。我鼓励他要坚持自己的梦想,但也要认识到自己目前的条件,为自己制定更合理的计划。我还向他介绍了一些军队中的其他领域和专业,例如军事情报、后勤管理等等。告诉他,虽然他不能当兵,但他可以通过其他方式为国家服务并实现他的梦想，完成自己的梦想。

【案例分析】

这个案例描述了一个学生在大学期间想当兵的情况。他积极参加军事训练和体能训练，了解入伍流程和要求，通过充分准备和提高自己的综合素质，他打算成为一名军官为国家服务，完成自己最初的梦想。说明了一些学生在大学期间有成为一名军人的愿望，并决定通过学习、练习和自我提高等方式来实现他们的愿望。这些学生可以参加军事训练、加入学校的军事组织和参与招募宣传活动等，以更好地了解军队生活，准备入伍。

反映出了大学生在追逐自己梦想时，面对遇到的困难和挫折之后，可以向辅导员寻求帮助和建议。这表明了大学生在求助心理辅导时，辅导员会耐心倾听学生的想法和心理状态，并为他们提供合适的帮助和建议。对于那些因身体原因无法加入军队的学生，辅导员可以为他们提供其他领域的发展方向和机会，鼓励他们在其他领域中尽力为国家做出贡献。辅导员可以为学生提供具体可行的建议，例如学习其他技巧、参加社会实践、了解行业就业信息等。这些建议和指导可以帮助学生制定更加合理和实际的职业规划，并为他们的未来职场发展做好充分的准备。

为学生提供支持和建议不仅有助于学生解决心理困难和实际困难，也可以有效促进他们的健康发展和积极生活态度。通过辅导员的指导和支持，学生可以更好地了解自己的强项和机会，为自己的未来事业做出更好的规划和决策，这有利于他们的成长和发展。

这个案例同时，这个案例也提醒广大大学生，成为一名军人需要具备一定的条件和素质，例如身体健康、高度的责任感、纪律性和忍耐力等。为了成为一名合格的军人，我们需要在各个方面努力，并做好心理准备，为自己的未来做好规划和准备。

【案例处理】

面对这种情况，辅导员首先要耐心地听取学生的想法和原因，理解并尊重他们的意愿。但是，考虑到他们的身体原因没有过关，辅导员应该帮助学生调整他们的计划和目标，并提供其他的职业选择和建议。

在与学生沟通时，辅导员还可以鼓励他们加入社团和组织，建立社交网络和拓展人脉。这些组织可以提供学生参与志愿服务、职场培训和技能提升的机会，学生可以借此机会提升自己的能力，同时也可以认识到其他有志于社会公益和个人成长的人士，接受他们的指导和激励。

辅导员可以和学生一起分析自己的兴趣、能力和特长，探索他们在其他领域发展的机会和前景。可以提供有关咨询和就业方面的资讯，例如，去了解各行业的发展前景，提供支持解决求职材料等问题，或者协助申请参加其他具有实践意义的社会活动，这些都是有助于学生探寻职业价值并拓展职业生涯的方式。

另外，辅导员还可以邀请一些成功人士和行业专家来校，与学生分享他们的职业经验和心路历程。这些人士可提供行业前景的观点和对职业发展的建议，以及支持学生加强其个人之间的技能并进一步拓展他们的职业发展。

除此之外，辅导员可以帮助学生建立自信，提供积极的情感支持和鼓励，在学生身体上力所能及的范围内帮助他们完成一些类似实施旨在增强体质、保持健康的活动，这样也有助于他们的身心健康发展。

总之，辅导员应该倾听学生的声音，赞同他们的理想，提供有关选择和校准知识和建议，帮助他们实现自己的职业价值。

综上，辅导员可以通过探索、鼓励和提供支持等工作来帮助因身体原因无法参军的学生探索新的职业领域，树立信心，并积极发掘自身的潜力。

【经验与启示】

面对学生想当兵，但由于身体原因没有过关的情况，辅导员需要保持开放心态，认真倾听学生的意愿和困惑，帮助他们探索新的职业领域和发掘自身潜力。以下是一些辅导员需要了解的经验和启示：

1. 了解学生的个体差异。

每个学生的兴趣、能力和梦想都是不同的，在辅导学生时需要了解他们的个体情况，借助这些特长和兴趣，鼓励他们实现自己的职业价值。在了解学生的个体差异方面，不同的教育方法和工具都可以提供一定程度的帮助。

例如，通过对学生的兴趣调查和协助他们制定个人职业规划，并结合实际的学习和实践，使学生明确目标，进一步深化对自身个性差异的认识。利用多元化的教学手段，如游戏、实践、案例等，启发学生的创造力和创新精神，激发他们的兴趣和热情。

2. 提供积极的情感支持。

针对未能实现自己的梦想和目标时，学生经常会陷入迷茫和失落。辅导员需要保持耐心和同理心，倾听和理解学生的情感和情绪，提供积极的鼓励和安慰，帮助他们渡过难关。来自辅导员的情绪支持和鼓励可以让学生获得积极的情感体验，有力地增强了学生的心理弹性和应对挑战的能力。待学生在失败或挫折中表现出消沉和负面情绪时，辅导员可以采用以下方法提供积极的情感支持：

聆听：辅导员需要尊重学生的感受和情绪表达，认真聆听他们的话语，理解他们所处的环境和压力。

关注：辅导员要密切关注学生的情感变化，注重发现学生在学习和生活方面的不适和困扰，及时给予帮助和解决方案。

鼓励：当学生遇到挫折和困境时，辅导员需要及时鼓励他们，指导他们承认自己的潜力，鼓励他们勇敢尝试、奋斗、并坚信自己的未来会更加美好。

提供支持：辅导员需要提供情感上的支持，同时也可以给学生提供物质和实用的教育资源或职业资讯，帮助他们以积极的态度面对未来。

3. 提供多样化的职业选择和建议。

辅导员应该了解不同的职业领域和行业的发展前景，借此为学生提供多样化的职业选择和建议。学生可以通过调查和咨询了解更多其他的职业选择和相关规定与准则。

4. 协助学生提升自我价值。

提供必要的支持和引导，协助学生找到他们的优势和潜能，鼓励他们参与志愿服务，走向社会，增强其自信和实践经验，从而提高其职业竞争力。

5. 打造一个积极的教育环境。

学校可以为学生提供支持和资源，如招聘会和创业讲座等，帮助学生了解更多可能的就业机会和面临的挑战，让他们有机会接触企业和实践中的问题，并能够充分运用所学，丰富自己的经验和知识。

总之，当学生面临这样的情况时，辅导员应该通过心与心的沟通、以开放、积极和支持的态度为学生提供有效的资源和引导，以帮助他们实现自身的职业发展和成长。

【精彩博文】

费城爵士队传奇球员艾伦·艾弗森说过这样一句话："没有人的路是一帆风顺的，成长和成功必须要经历困难和磨难。只有那些勇于面对困难和挫折的人，才能在人生的舞台上赢得最终的胜利。"我们在进行自己目标选择时总也会遇到类似的问题，可能某些方面不尽我们如意，但我们可能通过另外的方式进行选择。这些经历并不可怕，关键是如何从中吸取经验和教训，勇敢地面对问题，不断前行。只有拥有强大的内心和勇气，才能面对种种困难和挑战，并最终获得成功的胜利。因此，我们应该学会从失败中汲取经验，保持坚定的信念，不断尝试和创新，勇往直前，不放弃追求自己的梦想和目标。只要我们充满勇气、毅力和信念，坚定迈向成功的道路，最终一定能够实现自己的人生目标。

第四节 创业当涂 智汇前途

勤劳致富是千古不变的真理。无论当学徒还是做老板，一样要拼、要博、要奋斗。一件任务交给我，不管多么困难，我都要把它做好。工作是我最大兴趣，勤劳是我创业的源头。

——陈绍良

【案例概述】

马弯是一名大二专科生，受到新冠疫情的影响，他的父母被工厂裁员，故家庭收入不容乐观。为了减轻家里的财政负担，他一上大学就开始琢磨着如何创业，并且找了一群志同道合的伙伴开启"创业之旅"。在学习生活上，他秉承着对创业有帮助的课程他便去上，至于与创业无关的课程他就由着性子想上就上，不想就不去。基于以上情况，他曾出现过多次夜不归宿、伪造假条等违反校纪校规的现象。但是，他的"创业"激情十分高涨，甚至还拉着同班同学、学弟学妹入伙，以此壮大他的"创业"团队。周围的同学屡次劝他学业为重，创业为辅，不要颠倒了主次关系，希望他能三思而后行。可是，他对于"创业"十分执着，并且还不断说服其他人同他一起"创业"。最后，该生旷课情况严重，多门考试成绩挂科重修。

【案例分析】

1. 认知偏差，走上歧路

首先，马弯同学是为了帮家里分担财政压力才想着去创业的，这个出发点是非常好的，但是，他在实践的过程中出现了认知上的偏差。他将创业看得比学业还要重要，上课只上与创业有关的课程，放弃了专业课和其他必修课，这实际上已经是本末倒置了。甚至更为严重的是，他为了所谓的创业夜不归宿，伪造假条，屡次违反了学校的规章制度。有同学看不下去了，在此过程中，希望能够拉他一把，悬崖勒马，规劝他回头是岸，但他仍旧我行我素，最终酿成大错，一发不可收拾。

2. 以孝为先，迷途不返

其次，我们可以看到，马弯同学一开始是为了主动帮助家里增加收入，以使得父母不再那么辛苦。从这一点可以看出，马弯同学是一个非常孝顺的孩子，具有一定的责任心和担当精神。这是他的一个闪光点。但是，他的创业实践缺乏一名指路人，缺少科学理论的指导，也没有一个明确的方向和目标，从而导致了他在创业这条路上东走西闯，闯不出什么名堂来。以至于走在分岔路时，选择了一条非常错误的歧路。但其实，我们老师能够及时在源头这里发现并解决问题，那么马弯同学也就不会在弯路上越走越远。

事已至此，马弯同学已经得到了应有的惩罚，虽然结果很坏、影响很差，但是他还有一年的改造时间，可以让他弥补之前的过错。这时，我们就要立即对学生进行心理干预指导，引导他走上正轨。

【案例处理】

综上分析，辅导员要多和学生沟通，给学生更多的关心和关爱，在一定情况下，适当地给出一些专业的见解和正确的方法指导。

在了解到该同学的事件时，我即刻做出行动，立刻找到马弯同学进行谈话。在谈话过程中，我表明我的态度：我是十分支持他进行创业的，但是，创业需要找对途径，制定相关目标计划，同时，不能将学业给落下。同时，我教会了他一个创业思维，那就是创业前先审视自己的能力：

一是目标能力。不要为了创业而去创业，而是给自己树立一个目标，暗示自己是为了做好一件事情，做一件当下的大事情，目标能力对青年创业者来说是一件非常重要的事。

二是专业能力。如果你对你所要进军的行业专业知识一窍不通的话，失败的可能性非常大。所以，最重要的前提就是具备本行业专业知识，努力学习达到专业水平。

三是持续创新。如果一个企业没有创新，固守本分是很难走远的，也很难将公司做大。因此，必须掌握创新技术，建立壁垒。

四是社交能力。在创业过程中，免不了要与人打交道，所以得有足够的能力去结交人脉，认识朋友，从而在与人交往中不断学习和完善自己的不足。

同时我还让班级干部和寝室同学多关心和留意他的动态，鼓励他积极参与到同学们的交流中，适时给予他心理辅导，帮助他制订学业提升计划和职业生涯规划，让马弯同学感受到大家的关心，特别是在他遇到选择时，让他体会到不是一个人在奋斗，而是有一个强大的集体在支撑他，让他学会积极面对并完善自我，即便跌倒了也能坚强地爬起来。

【经验与启示】

对学生的管教从来就不是学校或老师的事，在学校发现问题时，辅导员要及时联系家长，让家长知道学校的现状，也要把学校的处理意见及时告诉父母。家校联动对学生展开教育引导，帮助学生制订好以后的学习计划，鼓励并相信学生今后能改过自新，开始新的学习、生活。家校联动应该体现在学生学习的各个阶段：一是新生入校时，辅导员就应要求初步建立起与家长的联系机制。家长将孩子送到学校后，可以说留下了所有的寄托，其中包括对学校和老师的信任。二是学期中期。经过了一段时间的大学生活，家长也希望通过老师了解孩子的情况，辅导员应该通过电话、邮件等方式，简要通报一下学生的情况。三是每学期至少有一次家校沟通，沟通方式可以根据每个学生的实际情况，采取家访、电话、短信、QQ等方式，互通"信息"，形成合力育人的良好氛围。

1. 帮助他们形成比较合理的就业观、择业观

一般疫情下，学生在就业方面会受到比较大的冲击，而且就业形势也比较特殊。身为一个大学生思想的教育者，院校辅导员应抢抓离校前的关键期引导他们了解必要的求职基本知识与技能，指导他们认识当前求职状况，端正求职、择业心理，准确定向，明白就业、事业间的联系，做好随时上岗的预备。指导他们形成科学的职业生涯规划理念与发展志向，确立合理的求职标准与选择目标，形成正确的就业观与择业观。

2. 促进学校改变育人思想

积极吸引毕业生到中西部、到基层去就业，切实地扎根基层。面对新冠肺炎的挑战，基层院校提供了一个让青少年发挥自身潜能的舞台。作为一名辅导员，我们应该充分利用这一机会，帮助他们改善自身的职业观，将自己的视野拓宽到社会，投身到我们最急需的领域，以完成"到基层单位和群众中去建功立业"的梦想。人生由磨砺而出彩，人生因拼搏而升华。的指导者应该根据当前的形势，鼓励学生参与社区活动，为当地居民提供帮助，并鼓励学生在中西部地区找到更好的发展机会，为完成中华民族辉煌的中华梦想而不懈努力奋进。

3. 要创新方式方法

竭尽所能帮助毕业生就业创业。第一，通过持续改进工作方式，提升"云就业"意识，有效缓解学校的供求矛盾。第二，改变高校的服务理念和模式，积极推动院校招聘和就业指导的功能从传统的线下服务转变为网络服务，充分发挥高校为人才培养的主要渠道和服务功能，同时积极探索"互

联网+就业"模式的创新，建立供求信息平台，为毕业生提供更全面、更及时、更优质的就业信息和招聘服务。高校辅导员应该努力帮助毕业生摆脱"等、靠、要"的负面思维，建立"就业-择业-创业"的正确就业观，鼓励他们在选择职业时，先考虑自己的兴趣爱好，再考虑职业发展。

4.做好学生心理健康关怀工作

引导他们用积极正面的心态对待大学生求职。学校辅导员应当引导学生正确认识当前的就业市场，而不是仅仅依靠"铁饭碗"岗位的收入来满足自身的需求，应当鼓励他们勇于探索，积极进取，以及在流动中发掘潜力，把握机遇，实现自身的发展。学院的辅导工作者应紧紧掌握学生思想动态，积极帮助学生解决思想问题和难点。通过利用网络视频资源等多种渠道，为学生提供全面的就业指导，帮助他们更好地把握求职技巧，并培养他们积极乐观的工作态度，以及正确的择业观念，以期解决就业问题。此外，学院还要加强对学生的心理健康教育，并积极维护他们的合法权益，以期让他们更好地实现自身的就业梦想。

【精彩博文】

永远处在"进化"状态，不断学习、折腾、践行，本职工作做得再好，也不能逃避这种折腾，它不一定带来实际收益，但却使你处在进化状态。如平安集团马明哲所说："平安永远不变的，就是它一直在变，如果忘记了这一点，我们将会很不平安。"

第五节　学业危急　朋辈引领

如果命运是世界上最烂的编剧，那么你就要争取做你人生最好的导演。

——撒贝宁

【案例概述】

于布雪是轨道专业的一名大三学生，自入学以来沉迷网络游戏无法自拔，成绩屡次出现挂科，在大三学期初第二次收到学业警示告知书，根据学校管理办法，将对其进行留级处理。面对留级通知，该生不仅没有紧张焦虑，反而表示想休学外出打工创业。因于布雪所就读的专业是专科，所以他扬言读本专业无用，浪费时间，还不如直接出去打工，甚至连毕业证书都不想拿。我听闻了此事，明白到事情的严重性，立马采取措施与他联系。

【案例分析】

1."游戏人生"

该案例属于日常事务管理，出现该问题的原因是我的学生没有树立良好的学习态度，不能够平衡好玩游戏和学业。于布雪同学一入学就陷入虚拟世界无法自拔，这是由于经历了高中繁重的学习压力，一上了大学就想放松自己，然而他对自己的要求无下限的降低，放松也没有一个度，所以使得他愈发的肆无忌惮。于布雪同学对待学业越来越淡薄，甚至学习已经不能吸引他的注意力了，以至于在收到了第二次学业警示告知书时，他显得尤为淡定，表现出一副无所谓的样子。

2."读书无用"

在留级通知面前，于布雪同学不仅没有焦虑，反而是做出表示想要外出打工，甚至连毕业证都不想拿。这是由于他出现了认知上的偏差，他认为自己是专科生，所以这个大学"读了没用"。然而，实际上我们任何一个人想要在社会上立足，没有文凭是很吃亏的，即便现在只是专科的学历，只要你想继续深造提升自己，那可以走专升本的道路，甚至可以继续考研。所以，作为辅导员我们要不断引领学生端正学习态度，明晰大学生的责任与担当。

【案例处理】

1.侧面摸排，了解情况

我会与班级骨干力量以及该名同学的舍友了解其日常状况和思想动态，从而对症下药，更好地解决其思想问题。其次再弄清楚他想休学打工创业的原因，究竟是对现实的逃避还是另有所想。鼓励于布雪同学拿到毕业证后再去创业，这样以后工作时的选择会比较多。然后，我又了解了于布雪同学是否有创业的想法，有就和他一起商量是否可以在校期间利用空闲时间创业，如果学生创业想法比较好，就鼓励学生参加大学生创新创业竞赛，不仅可以获得奖项和一定的项目经费支持，同时还可以锻炼学生的创新创业能力。

2.家校合力，共同育人

针对该生目前多门挂科和沉迷直播的情况，我将与其家长取得联系，引起家长的高度重视。从而打好家校共育组合拳。及时联系于布雪同学的家长，针对他本身地问问题，从学业规划、职业规划、人生规划等方面和家长共同探讨学生发展路径，不断舒缓学生急于退学情绪，防止学生出现过激行为。与家长一同配合，帮助他戒掉网络游戏，鼓励他重振信心完成学业。

3.谈心谈话，批评教育

对于他沉迷网络游戏这件事，我要告诉他学生的本职工作是学习，作为一名大学生，应端正自己的学习态度，合理安排好时间，积极参加第二课堂的学习。可以把游戏当成是自己的休闲娱乐的工具，但也要不断提高自身的修养，展现出当代大学生的精神面貌。定期对于布雪同学进行一定的心理疏导，并且安排学生干部和同寝室的同学，在生活和学习上多给予关心和帮助，并鼓励他多参与校园活动和班级活动，让他感受到身边的关爱与乐趣，帮助他早日脱离网络世界。

4.持续关注，朋辈引领

通过多次与于布雪同学谈心谈话，不断帮助他端正学习态度，完成学业。同时，积极找到学习成绩优异的同学对其进行学业帮扶，形成学习互助小组，帮助其调整学习状态。持续关注于布雪同学后续的生活学习状态，如出现新的问题要及时发现及时帮助。发挥班委和同辈群体的力量，带动帮助于布雪同学努力学习，认真完成学业，从而顺利拿到毕业证书。

【经验与启示】

1.完善大学生职业生涯规划辅导。

目前来看，大多数新生对大学期间个人成长和发展路径并没有明确的定位，并没有将个人兴趣和发展融入到专业所学，导致职业不清晰，学业目标不明确。因此，要从多方面入手培养学生职业规划能力，如入院教育、大学生职业生涯规划课、班主任指导、辅导员谈心谈话、朋辈引领等，多方面、多角度、因材施教地从学科专业特点以及学生个性差异的客观存在入手，加强专业认知教育和职业生涯引导教育。

2. 全面关注，及早发现，多措并举

辅导员要加强和学生的接触，走入课堂、走进宿舍，多去实验室和图书馆，多去运动场和体育馆，全方位、全面地关注学生，这样才能真正地了解学生。学生遇到问题，或有什么异常状况，才能及早地发现或是学生主动地和辅导员讲。而问题发现得早，更容易解决和补救。面对学生中出现的问题，要千方百计，多措并举，力争解决，如采取谈心谈话、主题教育、环境感染、共情关怀、行动示范、表彰优秀、劝勉后进、榜样示范、家校联动、同辈影响等措施。方法有很多种，只要用心，一定能找到适合解决学生问题的有效方法，而热爱学生、相信学生是唯一不变的宗旨。

3. 学会倾听，帮助学生认识焦虑

认真地倾听，并接纳学生，获得学生的信任。引导学生在目前的封闭管理的环境下，能够认识和接受焦虑。焦虑是人的一种情绪，人之所以会焦虑是感到对未来发生的事情不能预测，不能把控。而确定感是会使人焦虑感降低，哪怕结局不符合自己的愿望和预期。使我们感到压力的并不是压力本身，而是所做之事违背了自己的真实愿望和需求。学生之所以产生焦虑情绪，是因为在自己的学习生涯中忽视了学习导致挂科产生了退学想法，要认真地倾听学生的真实想法，发现学生产生问题的原因，从而找到应对的策略。

4. 正确面对现实，降低学生的内心恐惧

辅导员要结合认知心理学的知识，了解输入和输出之间发生的内部心理过程。引导学生确立正确的认知，培养对所学专业的兴趣，告知学生，在目前的状态下，应该脚踏实地地努力，扎实所学专业，寻找解决问题的突破口，争取通过挂科科目顺利毕业。

5. 拓宽信息渠道，发挥朋辈交流互助作用

辅导员要与班级任课教师、心理委员和学习委员一起努力，定期谈心谈话，成立一对一帮扶团队，及时地了解学生的思想动态和学习情况。任课教师对其进行点对点的辅导，同学进行朋辈的交流和互助，同龄人给予心理开导、安慰和学习支持，具有自发性、义务性、亲情性、友谊性和简便有效

性，帮扶的效果比较明显。辅导员+的工作模式，能够充分调动朋辈力量，通过日常生活、课程学习等方面给予该生关爱，帮助学生树立积极向上的阳光健康心态。

6. 加强家校联动，形成教育合力

学生的陈述中发现，该生原生家庭实际情况中父母比较强势且难以沟通。在沟通中要站在对方的角度寻找突破口，通过与家长沟通了解父母的真实想法和对孩子的期望，并告知学生在校的表现。搭建帮扶的桥梁，让父母接纳孩子的现状，形成家校合力，共同建立帮扶方案。

辅导员在面临学困生的解决方案上，不要一开始就强调挂科的严重性，特别是那些本来基础就比较薄弱的学生，有些课程并不是努力就可以学好的。对于沉迷网络的学生及时进行挽救，如果太沉迷，要与心理咨询中心联系协商请教。其次，要消除对结果的恐惧。只有这样，他们才能敞开心扉，才愿意和辅导员去探讨成绩。再次，谈话过程中要用用可能性替代具体目标。如果给学生定一个具体学习目标，学生可能压力太大，可以用可能性目标来替代；站在学生的角度去理解他想做什么。最后，要多方联动，借助多方力量，积极关注、努力援助，相信一定会有一个较为满意的结果！

【精彩博文】

积极进取是个人健康成长的重要因素。我们前进的道路上有鲜花和掌声，也会有困难和挫折。有了积极进取的精神，在生活中就会奋发向上，不甘落后，高扬起人生奋进的风帆！

第六节　兼职烦恼　分清主次

把你的精力集中到一个焦点上试试，就像透镜一样。

——法布尔

【案例概述】

蒋丞是一名就读于幼师专业的本科大学生，他家位于一个贫困县，家庭经济有点困难，父母常年在外打工。好在蒋丞是一个十分乖巧听话的好孩子，非常争气地考上了一个比较好的大学，给父母争了光。但是考虑到家庭的困难，蒋丞通过助学贷款这一渠道解决了学费问题，但是蒋丞觉得一直欠着钱心里也不好受。好在大学里面有针对经济困难学生的资助制度。蒋丞觉得生活的压力有点大，希望通过自己的勤奋和努力帮助家里减轻负担，所以蒋丞主动找到辅导员申请勤工俭学的位置，以此来解决生活经济。我知道后，先是对蒋丞的家庭状况进行深入了解与进一步核实情况，当我了解到他的困难之后，我向学校反馈他的情况和申请给蒋丞一个勤工俭学的位置。我帮助他找到一个图书馆的工作，工作任务轻松，只需把书籍的信息录入电脑即可，在这个岗位不仅可以获得一定的报酬还可以学习到一些电脑的操作。蒋丞听后十分感激，表示自己一定会认真工作。在实际工作中，我观察到蒋丞很认真地工作，很好地完成了交代的任务，自己的能力也在锻炼中得到了很好的提高，增加了一项电脑办公技能，这也为以后的工作岗位打下了基础。

蒋丞觉得这份工作太轻松了，做完后还有很多剩余的空闲时间，他不想浪费时间，而且想更好地为家里减轻负担的话，他还可以再找一份兼职工作。有了之前图书馆电脑办公的经验与一定的能力，他又找了一份相关的电脑办公工作，只不过还需要进行培训学习，才能更好地熟练掌握。所以他把剩余的时间用在了培训电脑办公的学习上面，忽略了自己作为一个大学生应该好好学习专业知识的事情。由于本专业的课程也需要学习，这样导致了蒋丞学习压力过大，没有时间去复习本专业的相关知识，而且平时在课堂上他也是一脸昏昏欲睡的样子，一点精气神都没有。以至于后来的期末考中，他的成绩十分不理想，有一门学科还挂了。蒋丞对此十分伤心，本来自己的初心只是想帮家里减轻负担，但是到后面越走越偏，耽误了自己的学业，他十分懊恼，这让他有点喘不过气，不知如何是好。放弃兼职吧，可是好不容易才找到的，不甘心放弃，可是又耽误了学习，左右都很矛盾。

【案例分析】

1. 贫困家庭的孩子普遍懂事，为家里分担压力

首先蒋丞是一个懂事的孩子，十分替父母考虑，知道家里贫困，他便

努力读书考上大学，在大学里面勤工俭学为家里分担经济压力，后面还想通过再兼职一份工作来帮助自己，他的初心就是为家里分解压力是好的，是一个有孝心的孩子，只是后来没有正确处理学业与兼职的问题，导致耽误了学业。他认为自己长大了有能力多做份兼职，既能赚取生活费，又能帮助家里，但是他忽略了自身的实际能力和自身的身份，自己作为一个学生应该以学业为重，赚钱的事情暂时还轮不到我们，我们应该尽全力去学业，为以后就业打下基础。

2. 兼职与学业的冲突

勤工俭学的目的就是帮助贫困家庭的孩子能够为自己赚取一点生活费来补给自己的生活，有利于学生的生活，为学生减轻负担。学校会根据学生的课程，然后安排学生去上班，不会耽误学生的学业。而兼职虽然学生可自行安排工作时间，但是多半会影响到学生的学业，学生会利用上课时间或者其他时间去兼职，忽略了课后作业以及其他课后活动，导致了学业的落后。长此以往的话，轻则学业挂科，重则可能毕不了业，所以兼职需谨慎，在不耽误学业的前提下进行兼职，赚取生活费。

3. 资助学生的正直和善良

在开展经济困难学生的帮扶工作中，大部分的学生都有一颗正直，善良，积极向上，知恩图报的心，他们虽然受到经济方面的压力，但是不会缺失对生活的热爱，反而越挫越勇，对诗和远方充满了向往。国家和政府在经济方面提供了很大的支持，所以作为辅导员给予的更多是精神方面的鼓励和行为上的引导，辅导员要发挥好引路人的作用，帮助他们去协调学习和兼职的关系。

【案例处理】

1. 多多与学生交流，表达真挚的关心

辅导员应该多多与经济困难的学生进行交流，了解到他们的生活状况和实际困难，对他们表示真挚的关心，引导他们前进的方向。当看到蒋丞的学习成绩下降，整个人显得萎靡不振的时候，要及时去关心询问他的状况，毕竟辅导员作为长辈和过来人多多少少会有一定的经验，可以针对性地帮助蒋丞。耐心的询问，引导蒋丞倾诉自己的不良情绪，发泄情绪，这样辅导员可以了解到事情的具体，做有针对性地指导。

2. 对学生进行开导和帮助

我对他进行了开导和分析。首先非常理解蒋丞对父母的心疼，想通过自己的努力去报答他们，这个孝心我要表扬他。然后就对兼职提出看法。兼职本身的行为是好的，但是我们作为一个学生还是要以学业为重，珍惜这美好的大学生活，父母也希望我们能以后取得好的成就和获得稳定的工作岗位，他们更希望我们通过自己的努力学习以后能够为国家为社会为人民作出贡献。父母不希望我们为了赚钱而耽误学业，这样得不偿失，他们宁愿不要这钱。所以我们要回归到学习上，抓住主要任务即学习，学业做好了，才有能力，有基础去做其他的事。

3. 帮助学生分析情势，合理安排时间

帮助学生分析当前形势。勤工俭学和兼职都只能解决短期的问题，不是一个长远的目标。因为学生的精力和时间都是有限的，在学校里面无法分出自己的时间去同时干好两件事。分清主与次，以学业为主，兼职为辅，这样合理的安排才能得到好的结果。不然会导致一边重一边轻。绝大多数情况下，学生们都会选择放弃学业，转而走向兼职，导致投入学业的时间和精力不足。其实不止蒋丞是这种情况，许许多多的同学都有这种情况，他们宁愿把时间花在兼职上，以此来赚取费用。辅导员应该引导他们树立正确的人生观，价值观，世界观，端正学习态度，明确学习动机，创造属于自己的成就，这也是父母想看到的我们。

4. 引导学生发泄自己的情绪，集体帮助解决问题

积极引导蒋丞发泄自己的不良情绪，可以向周围的朋友，同学或者舍友，向他们寻求帮助，寻求解决问题的办法，让大家一起想办法帮助解决，集体的力量是无限的，你可以从中获得解决问题的灵感或者思路，有针对性地解决问题。

【经验与启示】

这类情况经常发生，很多学生为了赚钱直接放弃学业，这类行为是对自

己的不负责任,更是对父母的不负责任。父母辛辛苦苦养我们这么大,目的就是为了让我们能够好好学习,以后出人头地,回报国家,回报社会,回报人民。所以要让学生们明白一个阶段有一个阶段应该做的事,在学校里面就好好学习,天天向上,多多参加学校举行的比赛和实践活动,丰富自己的知识面,拓宽自己的视野,让父母看看自己取得的辉煌成就,让父母以我们为豪。而赚取最主要的阶段还是在我们毕业之后,先在学校里面提高自己的各方面能力,获得高文凭,为自己毕业之后找工作打下基础,这样以后赚取才能更如意,而且以后进入了职场新的阶段,就是一心一意赚钱的阶段,这时候你就可以好好地赚钱了。所以现在就是引导学生积极上学,努力钻研,练就过硬本领,一心一意学习。

【精彩博文】

歌德曾经说过:"一个人不能骑两匹马,骑上这匹,就会丢掉那匹。聪明的人会把凡是分散精神的要求置之度外,只专心致志地学一门,学一门就要把它学好"。我们正处于学习阶段,就应该好好学习,以学习为主,把学习钻研透了,这样才能为以后的其他事情打好基础。还有一句话说鱼和熊掌不能兼得,终究是要舍弃一个。所以我们要集中学习,专心致志把它学好。

第七节　就业之困　冷静处理

确定个人志向,选好专业,这是幸福的源泉。

——苏霍

【案例概述】

小马是一名在读数据科学与大数据技术的本科大学生。在整个大学期间,他的成绩在全校都能排到前20名,他的性格比较内向,不爱跟人讲话,不怎么融入班集体,他有很多自己的兴趣,加入了学习部,并成功地当上了副部长,但平时都喜欢自己一个人活动。毕业在即,很多同学通过双选会,向各公司和企业投放简历,将方向放到偏远的基层等渠道,顺利地找到合适的就业工作。但是小马却迟迟没有找到工作，看着同学们都找到工作，脸上洋溢着开心的笑容，而他还未找到，慢慢的他的情绪变得非常低落，开始怀疑自己的能力。上课的时候老是走神，眼睛上有着重重的黑眼圈，他非常害怕毕业之后没有工作，变成无业游民，觉得有愧于父母，父母那么努力赚钱供自己上学，自己却找不到工作。于是他每天都在担心与害怕中度过，整个人显得特别萎靡不振。当我见到小马后，发现他一脸的无助和低落，脸色很是糟糕。我就询问他原因，他摇摇头低落地表示：虽然自己已经投了几十份简历，可是连一个短信回复都没有收到，那就是我自己的能力问题，是我还不够优秀，可是看到其他同学陆陆续续接到通知，自己心里却焦急万分，却又无可奈何，找不到办法，加之又想到自己的贫困家庭，父亲常年在外打工，母亲在家要照顾年迈的婆婆和12岁的弟弟，心里更加觉得对不起父母的栽培，辜负了父母的期望，于是便开始颓废。

【案例分析】

1. 肯定认真学习的行为

首先，我们可以看到的是小马在学习方面是十分刻苦的，从小贫困的家庭条件让他比其他的孩子吃了更多的苦，同时也比他们更加成熟与懂事，他深知自己的未来就业方向，也知道付诸行动，在学校里面勤奋学习，这一点是值得肯定的，也鼓励大家向他学习。而那些考入大学之后只知道玩游戏，荒废学业的学生在未来的就业以及工作上会十分的困难，这是错误的行为，也不是一个学生该做的事，学生们应该在相应的时间段做着相应的事，为自己的未来负责，这才是一个学生的样子。

2. 缺乏与他人沟通的能力

其次，我们可以看到小马平时和同学交流比较少，缺乏交流能力，总是喜欢自己一个人活动，不与他人成伴。当有困难时也是自己一个人默默承受，没有想着把自己的困难倾诉给朋友或者同学，让他们一起帮忙想办法去解决，所以导致了他越发的郁闷。如果他能及时地排解掉自己的不良情绪的话，我相信他是可以走出困境，找到清晰的方向，因为这些困难只是暂时的，越是在困难时期更应该稳住自己，以良好的态度去面对这些困难，找到合适的解决办法。最重要的就是稳住心态,保持积极向上,不甘于颓废。

3. 就具体问题具体分析

通过对小马的简历进行查看,发现了许多地方需要重新改进。我发现他的简历没有什么专属的特色,内容比较杂糅,缺乏重点,对自己的求职方向以及能力没有做出详细说明,基本让人看不出他要应聘的岗位和他的特点专长,这在求职过程当中是非常不利的,简历是入职的第一关,制作优秀和让人印象深刻的简历可以让招聘的管理员眼前一亮,这样你就可以获得一张入场券。

4. 缺乏他人的帮助

作为他的同学或者舍友,透过外在表现发现小马不对时,应该及时帮助小马,开导、陪伴和为他出谋划策。因为大家是一个集体,应该互相帮助和关心,这样大家才能一起前进,俗话说"众人拾柴火焰高",集体的力量是无限的。

【案例处理】

基于以上的分析,我们应该把自己放在学生的位置上去考虑事情,更深入地与学生们沟通,明确学生们的问题所在,并帮助学生们分析问题和解决问题,缓解他们对找不到工作的焦虑心情,帮助学生们找到好的就业方向。

1. 关心学生的心情,激励学生前进

我们在和学生们交谈的时候要了解具体情况,对学生们表示关心,积极疏导他们的心情;找准原因,告诉他们找不到工作只是暂时的,要把心态放好;激励学生们要把目光放长远,面对就业困难应该冷静处理,而且在没有找到工作的时候可以花时间多多充实自己,用知识来装备自己,这样等找到工作的时候就能更好地胜任;鼓励学生们展望未来,想象一下自己未来的样子,每个人的理想不一样,找寻自己的理想之路,激励自己前进。而且这条求职路,每个毕业生都会走,不用害怕坎坷,大家都会遇到困难,问题在于你怎么看待和解决它,这才是解决问题的关键。

2. 具体问题具体分析,给出合理解决措施

辅导员应通过深入的了解,找到小马的不足之处,给他提出一些建议,

就具体情况具体而论。第一是解决小马同学性格内向，不会表达自己情感的问题，我应该多多开导他，和他进行沟通，引导他变得更加的阳光，鼓励他积极融入班集体，并带动班级里的同学一起带动他，形成一个良好的班级氛围。第二是解决他就业难的问题，安抚好他的心情，为他分析对策。他的简历写得没有什么特色，无法把他的优秀能力展现出来，而且没有突出重点和求职方向，简历的制作总体没有给人眼前一亮的感觉。所以我针对这些问题给予他这方面的能力。对他进行求职简历的指导，教会他如何制作更加完美的简历，以及求职的一些小技巧。这些方法不仅适用于小马，更是许许多多求职大学生需要注意的，把握好第一关，为之后的从业打下基础。

【经验与启示】

经过了我的辅导之后，小马表示找到了自己前进的方向，对未来的规划和求职简历的技巧有了更多的认识，表示自己过于担心和焦虑的心情得到了很好的解决，自己以后要脚踏实地，一步一个脚印地前进，面对困难，面对就业，冷静处理。

1.善于观察学生们的心理和身体健康，提高辅导员的能力

作为辅导员要善于观察学生们的心理和身体健康，帮助学生解决焦虑，在求职上不断提高自己的就业指导能力，在求职技巧上给予学生指导，帮助学生找到就业方向，为他们提供相关的渠道，帮助他们找到适合自己的就业之路。在提高自己的同时也能更好地服务学生。

2.关心学生的情绪，为他们出谋划策

辅导员要学会观察学生们的生活情况，特别是临近毕业，大学生们多数会有害怕和焦虑的心情，担心自己毕业即失业，找不到工作。辅导员要及时发现问题，对学生们进行心理疏导，为他们出谋划策。其实班级是一个整体，辅导员应该发挥好集体的力量，让大家互相帮助，共同讨论如何就业以及就业难该如何解决，每个人都提出自己独特的想法，那么大家的想法加起来就是一个巨大的力量，相信大家都能很好地解决对毕业后找工作的担心和害怕问题，通过一切可行的办法为自己找到心仪的工作岗位。

3.及时发现问题，找寻满意的结果

当学生有问题时，作为辅导员要及时并合理地处理有关学生的问题，要耐心听取学生的讲述并进行分析和判断，为学生找寻合适的方法解决问题，期望达到一个单方或者双方都能满意的结果。辅导员也要通过问题发现本质，提高自己处理问题的能力，积累工作经验和教训，努力把自己培养成一个优秀的辅导员，以便在今后的教学工作中更好地服务同学。

【精彩博文】

屠格涅夫曾说过："等待的方法有两种：一种是什么事也不做，空等；另一种是一边等一边把事业向前推动"。面对刚毕业找不到工作的情况，不要着急，要保持清醒的头脑，分析当前形势，做出正确的选择。不要自甘堕落，特别是投了简历之后不要坐着空等，因为机会不可能从天而降，就如天上不会掉馅饼一个道理，空等最后换来的结果幸运的可能会有机会，这只是很少部分的，绝大多数是不会成功的，这样只会消磨掉自己的时间和心情，得不偿失。所以在我们进行等待的时候可以一边等一边充实自己，可以多多看书，丰富自己的知识库，多多去了解现在的发展状况，分析利弊，提高自己的综合能力，结合各方面去推动自己的发展事业。上天是不会抛弃那些努力奋斗的人，坚持下去，终会有成功的那一天，相信自己，未来可期。

第八节 同舟共济 各尽所能

青山一道同云雨，明月何曾是两乡。

——王昌龄

【案例概述】

阿伟，男，27岁男青年，在疫情来临的时候还是25岁出头，刚刚得到一份心仪工作。为了工作，离开了生活二十多年的家乡，只身来到深圳打拼。作为阿伟的大学辅导员，我同阿伟的关系胜似至交好友。

在大学毕业的第一年，阿伟处处碰壁，经常来同我诉苦，我也是常常开

导他。在好不容易得来的工作后，疫情的到来无疑给了阿伟当头一棒。

阿伟在疫情初期，被隔离在家中，同大多数人一般，他很是不解。在申诉无果后，阿伟开始顶撞防疫人员，甚至开始"越狱"。终于在一次，成功下楼的阿伟走在路上，但这次的他是幸运又是不幸的。不幸的是他在外面和感染者接触了，检测呈阳性；幸运的是，他的症状以及"越狱"行为被社区志愿者发现，被迅速转移方舱医院中。

在真正感染初期新冠之后，阿伟可谓生不如死，不敢同家里人说，害怕家里人担心，有好几次都想离开，还好有医护人员的不懈努力，将他从死神手里抢夺回来。

在恢复之后，阿伟无疑是最感同身受的，阿伟开始投身抗疫队伍中。疫情前不久已经全面开放，开放的原因在于全民接种新冠疫苗且新冠已稀释四十倍。现在的阿伟也不再是初出茅庐的愣头青，当上公司经理的他心理成熟了不少，同时在今年的公司抗疫志愿者表彰中受到褒奖。

【案例分析】

首先，本次事件属于毕业学生在特定情况时期下的思想品德方面问题，我们应该综合考虑阿伟同学的日常行为、着重思想层面的特点，本案中，据考究得知，在疫情初期阿伟找工作处处碰壁，在最艰难的那一段时间都是勒紧裤腰带过日子，这可能导致阿伟对于工作的执着心更重，以至于在封城的时候阿伟不良情绪的滋生。

其次，据毕业班同学们所言，阿伟在学校的时候特别努力，大大小小的奖项拿了一箩筐。而在毕业之后，在看到不如自己同学纷纷找到工作，然而阿伟始终没有着落，心里不免形成落差，这种心理落差折磨阿伟直到找到工作为止。这种不健康的心态好不容易在阿伟得到了一份心仪工作后开始缓缓消散，新冠疫情的到来封城在家，这对于初入职场的阿伟来说是一个致命打击。得出阿伟在封城时候的心理不平及后面的"越狱"行为有很大一部分在于其毕业时的就业困难，求职得不到理想回复的心理状况，因此，我们可以以此为切入点，对小楷主要以心理疏导为主，现实调解为辅。

不仅如此，阿伟本身引以为傲地学习在其毕业后相比于其他同学竟没有体现出优势，以至于在阿伟得到工作时他将这份工作视为极其重要。新冠到来的初期封城的事件情形成功让阿伟产生逆反心理，以至于做出出格行为，不配合管理，带给他自己的是感染上病毒，处于极度危险的境地。

除此以外，关于本案例的消息实际上都来自毕业生阿伟本身，这对于辅导员对毕业学生在特定时期、特定情境的问题解决可能提升困难度且造成一定困扰，这个方面我们可以得知，辅导员在毕业学生的一到二年内当主动关注学生动向，同时多与学生进行电话或通信联系，专为毕业学生出现的特别是就业问题而服务，作为辅导员的另一学生重要工作部分，确保更早发现问题，更好得出决策方法，更好为同学在成长成才的道路上保驾护航。

【案例处理】

基于以上分析，我们应该把自己放在客观的位置上，更深入地与学生沟通，明确整体事件的起因、经过、现状，并帮助学生分析问题，让学生自己看清问题所在，做好权衡。

第一：积极同阿伟同学交心，在毕业后的一~二年多关注其就业问题，通过多种方式鼓励阿伟，首先消除阿伟同学的在迟迟未找到工作的急切心理，稳定其情绪，采取循循善诱的方式方法引导阿伟同学从故步自封的笼子中走出来。

第二：建议阿伟多方面发展才干，将工作上的滑铁卢转化为提升自己的动力，寻找真正的人生意义，在心情低落的时候可以听音乐缓解或进行体育活动疏散，以此来排解内心的压抑，长此以往，可以丰富充实阿伟同学的才能，坚实内心。

第三：加强阿伟对于国家规定规章制度、紧急措施的认识和重视度，争取培养阿伟在面临国难时"国之大者，当集小家为大家"的意识，计划定期进行国难当前全民意识的书籍阅读、影视欣赏、宣传栏警示等知识传播，同时由班委机构进行活动进展的监督、推进。从学生在校开始便培养坚实好学生的国家意识。

第四：就本案例而言，阿伟作为犯错者同时也是改错者，我们可以邀请其回学校对在校生进行经历经验分享，拉近学生距离的同时，能更好地对毕业班学生起到规错避坑作用，同时对其余学生增长社会阅历起到良好作用。

【经验与启示】

每个人想要什么样的生活，我们要靠自己的双手去创造一切，都是心想事成，我们本身是圆满具足的，如果我们过分去向外就追求更多的东西，只是给内心造成更多的困扰。在经历困难时，我们每一个人都是国家的一份子，理应为国出力，我们作为辅导员，在进行学生，特别是毕业生管理的时候，一定要多进行思想教育，培养学生板正的三观。

找不到工作是毕业大学生最常见的问题之一。大学生找工作一旦失利，绝大多数会表现出悲伤情绪，部分学生会因无法调试内心而出现抑郁或轻生念头。这种情况逐渐成了辅导员思想政治教育中的一种崭新课题，帮助大学生树立正确的就业观和处理毕业学生的就业失利问题，既有助于大学生健康成长，也有利于学校进一步做好学生教育管理工作。

如果碰到毕业学生因就业失利而迷失方向的情况，在充分了解事实情况下，一定要先尽快确保学生的精神状态，不能不够重视，更不能简单处理化。要主动知悉该生后续活动，辅导员一定要认真倾听，因人因事的具体去分析，认真仔细地对待每一个毕业找工作的同学，为其进行心理疏导。

成长是需要磨砺的，没有谁生来就是一帆风顺，多多少少都经历过挫折。这些挫折可能是无形的，软刀子慢磨的，这对于正在青春期成长的学生来说，需要的不只是一个领路人，学生更需要的是自己的内心足够强大，这些都是在无数的挫折中一点一点积累起来的。辅导员必须要让学生明白，倘若遇到一点困难就想退缩，遇到一点意外就开始摇摆，那么他的成长注定是缓慢的，成长贵在坚韧，只有足够坚韧，才不怕成长道路上的障碍。

辅导员在引导就业失利学生的过程不能马虎。不能大肆宣扬就业失利同学的境况，在疏导的同时应该鼓励学生进行多方面的技能发展，培养其进行勇于尝试的坚强内心。

在本案例中，该生是遭遇了疫情这一特殊情况，试想，如若不是及时发现，抗疫战士们的尽全力拯救，该生的生命可能消散，所以，我们在进行培养学生的时候一定要注重其在配合国家社会的意识，做一个遵纪守法的良好公民。

就业失败只是一时的，而不是一致的，不能因为一时的就业失利出现唾弃自我，否定自我的情况。只有学会处理好就业失利的心情与事实，才能更好地成长成才，作为辅导员，学生毕业后，一定要多同学生进行沟通交流，有助于更早发现问题，解决问题。

【精彩博文】

"爱人利物之谓仁"，"人无精神则不立，国无精神则不强"，在这场无形的战役中，我们积累了经验，收获了深刻启示。中国人民肩并肩，心连心，描绘了一幅团结就是力量的伟大画卷！

第九节　不想考证　失败内卷

穷且益坚，不坠青云之志。

——王勃

【案例概述】

白之（化名），女，19岁，为2021级学生，从该生自大二入学至今，她时常表现较为烦躁、个性孤僻，不喜欢和同伴沟通，且存在严重厌学问题，曾长期旷课，并多次夜不归宿，且多次申请休学，该学生也存在着强烈的辍朝意愿。通过进一步了解，在白之的六人寝室里，由于舍友们都爱内卷而且同寝室的另外五人的专业能力也排在了年级前十，个个目标都很清晰，比如通过考证书过了专业性等，而在舍友们个个都那么的努力追求清晰的人生目标的时候，白之个人却随波逐流了，跟随着大家一起进行了考研，但是，在整个寝室都进行备考的情况下，最后大家也都过了，只是由于白之个人并没通过考试而且在学校成绩排名都不上去，并且也像大家那样每天起早贪黑地拼命工作，但是结果却并不成正比例，也因此，白之心理痛苦，慢慢地就破罐破摔了，并且也慢慢地白之个人在心理上就产生了很多问题。

【案例分析】

1.逐渐步入高年级，心理状况发生了变化，造成心理适应问题。

剖析原因，经过进一步了解之后，白之进入大二年级以后，就经常要面临考证过考试之后所遇到新的状况，必须执行教师所布置新的任务，以适应新的学习环境，这一连串变动逐渐使白之原来的生活习惯、心态结构和心理定势遭到破坏，这也使惯了随波逐流，顺势而为的白之应接不暇，并无所适从地在环境、学业、心态等方面，形成了一些心理适应问题。

2.成绩跟努力不挂钩，是"假努力"。

通过与同寝室同事了解，该同学其实也挺努力学习的，每天也都与同寝室舍友们一起自习到了深夜，也都非常主动地参与舍友们之间对于考试问题的探讨。再通过查看该同学的学习情况和科教老师反映的情况，发现白之虽然很努力学习，每次学习到深夜却发现这个成绩跟她的努力挂钩不上，根据科教老师和课上同学们反映，白之白天在上专业课时候挺容易打瞌睡导致老师说的重点都没听进去，导致成绩如此不理想，这就是所谓的"假努力"。

【案件处理】

1.理解和协助学生分析当前问题时，给其更具体的处理方式与指引。

学生在遇到困难时，由于缺乏实际经验和全局观念，往往会产生诸如自暴自弃等更加极端的情况。这时，要采取适当的方法，即寻找一处相对安静、不受干扰的地点，与学生展开比较深入的交流。老师只有真正了解到学生的实际状况，才能制定最好的对策措施。在老师与学生的聊天中，把现有的大问题——分解成不同阶段的小问题，并引导学生在不同的阶段中把小问题——解决大问题。

2.积极正确的组织同学与家庭的力量。

在处理班级关系的活动中，永远也不能回避和父母的交流。父母既然把学生安心送到我、安心送到我，学生也有责任和义务及时向父母反馈信息。在上述事件中，学生和父母的鼓励在处理他们的问题时起到了重要的正面效果：当他们身心遭遇到某种困难时，比较亲密的父母朋友会主动予以引导和帮助，并为学生重新提供自信和动力。积极沟通，建立信任。积极与白之沟通，她喜欢在我身边，我也尽量多抽出时间陪陪她，和她谈谈心，叮嘱她不要太紧张，不要什么都放在心上，心理压力不要太大。换位思维，同白之谈心，从身边亲人和朋友的视角思考，让你以更加客观正确的视角审视任何事情，避免自我的主观因素、片面效应。

3.站在对方的角度去倾听，可以成为白之的知心人，并倾听白之的思考和想法。

列举了一些在现实生活中的励志故事，在人生的道路上，总会遇到这样或那样的不如意事，但千万别与自己过不去，要懂得善待自己，因为只有这样你才能获得彻底的解脱，并从容地踏上你所选择的道路，并尽力做到你所希望做到的事。

4.建议寻找支持，接触更多志同道合的人并寻找支持并分享经验。

心理辅导，如果白之压力过大，建议她寻求专业心理辅导。学校通常会提供心理咨询服务。勉励发掘自身潜力，鼓励白之挑战自我、探索新的兴趣爱好及发掘自身潜力。通过不断的学习和成长，白之也能增强自信并减轻压力。站在现实问题的高度分析问题并提出了建设性观点，但他们在面临困难问题时，却常常由于没有实践的经历，很容易采取偏激行为，例如：自暴自弃式地回避问题或者不经思考的鲁莽行动等等。作为该校辅导员，在第一时间里就利用和学校最简单联系的方式了解到学生们所遇的社会真实状况，当白之意识到了自己的问题的症结时，采用"以身说法"的方式，向白之分享了自己学生时代的求学，针对该生的性格特点和实际情况，关于未来的学习情况，给出了个人的建议。同时，通过分享"努力典型"，帮该学生找到了适合自身的奋斗目标。要提供正确的意见，帮助制定中短期伟大奋斗目标并提出详细的计划，辅导员通过班级与校内定期的"拉家常"，了解该校的计划执行情况并提供适当的指导意见。

【经验与启示】

1.引导大学生正确认识和评价自我。

步入高校后，无法认识与评价自我是大学生产生各种问题的一个主要因素。在教学与生活中，学校要注意培育大学生正确的自我意识，提高学生对外部环境的适应性，帮助自己切实摆正自身的情况，既要接受自身的优势，又要接受自身的缺陷，主动地和同伴交往，主动开展各种课外活动，以增强学生自我创新能力。

2. 营造"爱"的氛围，助学生快乐成才。

让学生在这个包含着"爱"的小组里学习，每个小组成员都会得到更全面的发展。而当下，因为很多辅导员都和学生年龄接近，加之长期的学校交流情况，让辅导员和学生之间的代沟问题不大，但是沟通方法以及情感方面的问题也越来越尤为重要。小组同学之间，可共同开展多姿多彩的共同娱乐活动，如双旦晚会、春游、聚餐、同寝室联谊、国际电竞赛事等，以加深各班的同学情谊，形成互助互利的气氛；同时开展不定期的德育专项活动，如学生心理健康指导、课外活动等，以培养学生积极阳光的处事方法，使学生在民主轻松的环境里战胜消极的心灵情绪，更加全面清晰地认识自己，并保持在一个身心健康良好的精神环境中，参与各项校园课外活动，在民主和谐的氛围中发展个人特长、培育良好情操、提升个人眼界，并以此为学生身心健康成长创造更加宽广的空间。

3. 辅导员也应该主动学习并掌握心理教育的方式方法。

但是由于大学生心理问题的比例日渐上升，心理健康问题已经危及了大学生健康成长，而同时它又导致了班级的常规管理工作程度越来越难。所以，指导员们在平时工作中一方面要积极了解大学生心理教育的基础知识，同时在实际的教学过程中不断积累学生谈心谈话技巧，以提升心理教育平。而另一方面，从不断地与学生的谈心谈话中经验与教训，特别是当学生有了休学、退学等念头的时候，如何帮助学生们更好地认识自己，更适应自己的道路，而不会因为一时冲动就终止了自己的学习生活。在另一方面，平时的日常生活中一定要给学生适当的机会减轻心理压力，多听听学生自己最近的心情，使学生良好的适应现在的学校氛围，对学生在处理关系、应对突发状况时要果敢、对待情感问题冷静分析能力，使学生可以自己主动地对情感问题加以排解，给学生提供的最佳的心灵帮助就是教他怎样"自助"，并帮助他在今后面临情感问题和挫时也可以增强对抗压力，从而学会了自我减压、自我恢复。

【精彩博文】

习近平总书记曾多次强调到：新时期中国青年要树立大志向；新时期中国青年要热爱着伟大祖国；新时期中国青年要担当着新责任；新时期中国青年要勇于砥砺奋斗；新时期中国青年要练就着过硬本领；新时期中国青年要锻炼着良好品德修为。作为新时代的青年大学生们更应该以此为动力，努力调整好自己的心态，为中华民族的复兴而奋斗！

第十节　找准定位　正确对待

自尊、自知、自制，唯有这三者才能够将你带到最崇高的王国。

——丁尼生

【案例概述】

2020年，是一个非常不平凡的新年。校园受到了来势汹汹肺炎疫情的严重冲击，校方按照"停课不停学、停课不停教"的总要求，让学校全部年级都在校里有时间书读，同时学生们又进入到了网班复习时期。然而面对着网课来袭，2019届某学校的林海同学，面对要求学生们认真上课的基本规定却被视为根本不存在，不认真上课，缺课时缺作业的情况相比于其他同学而言更多，但同时却又不服从于校方科教老师们所安排的教育工作。经过与林海同学之间的交流，认识到了在受到疫情的影响，长期在家学习环境又不好而且受不住手机的诱惑天天就知道玩手机，瞒着父母，而父母也不太了解这些，所以林海更加觉得无所畏惧了，也由于老师的上课时间也比较多，这个时间大家都还在学校睡觉，并且还有人在听老师的网络课听也不懂，有着不如我自己去看的想法，老师又不能够和我们面对面交流，而这就导致了林海同学认为这并没有那么重要，并且认为不看老师网课，不会对自己造成什么太大的实质性伤害。

【案例分析】

1. 林海同学的个人意志薄弱、自制力很差。

学习也需要一个良好的学习环境，林海家里的学习环境并不良好，而他却不想方法去改变只想着就这样吧，放弃了这就说明林海的意志薄弱，自制力差；在家里上网课期间为所欲为，虽然已经成为一名大学生却没有尽到作为一名学生该做的事情和义务，在应该上课的时候没有特殊情况就应该坚持上课，但是由于林海长期居家不规范的玩手机作息不规律晚睡晚起导致了第二天上课起不来，这使得他在上网课缺课，尤其是早上，更容易受到客观环境的影响，从而削弱他的学习动力。

2. 缺乏主动学习的内在动力。

加上对学业目标的模糊认知，没有认识到专业老师上课的重要性，没意识到学习好专业性知识可以更好地为了自己的将来，使得他的学习积极性也大大降低。同时学习的心理状态也不端正，去上学也是为应付学校老师，没有联想到自己的学习读书是为了自己，而不是为了老师。

【案例处理】

1. 建立周汇报制度。

为了提高教学质量，我们从第一天开始就建立了一套严格的周报制度。每周，我们的老师都会在周日报告一周的教学情况。最初，我们每周2天一报告，但在第三期结束后，我们改为每周一报告。我们的系主任会负责记录老师的课堂笔记，每位老师都会在课后签到。教学副组长会负责记录双考日志，并点名。通过实时监控学生的复习情况，及时发现、分析老师的教学状况，以确保教学质量。在开始教学之前，要仔细检查学生的学习情况，以确保没有出现任何问题；在教学过程中，要根据学生的需求，灵活调整课程内容，使其能够满足学生的需求。针对部分不爱认真学习，不签到、不完成作业的学生，由干部进行上报记录，并按照干部提交的资料做到及时与学生家长联系，并进行说服教育。同时负责带领干部做好双考日志，并严密监督检查其学习效果。

2. 加强家校联系。

在学校疫情之间成立了家庭教育微信群，以便于家校联系。积极引导学生们在家庭学校之间，端正自己的学习态度、培养良好的学习习惯、得到良好的教学效果，并积极配合家庭学校进行学风培养。利用家长微信群向父母说明平时的学习情况，定期把缺课名单提交，实时通报在校学习状况。父母还利用手机、短信和微信等方式，为学生的发展成才建言献策，协调学校，做好对学生的培养与管理工作。

3. 建立缺课学生思想教育机制。

起初，我们并未建立视频会议系统，但随着时间的推移，第三周和第四周出现的问题越来越多，最终在第五周我们终于实现了这一目标。

教学日报上根据老师报送来的学生名单，及时地和他们做好思想交流，并形成了视频会议制度，以做好对他们的思想教育。学校开展了改革学风的专题班会，产生了浓厚的风气。通过多次的"辅导员有话说——关于学业那些事"和"网上学习"的活动，以及"网上学习"的相关活动，我们努力帮助学生更加熟悉"网上学习"的内容，培养他们的自信心和责任感。此外，我们还鼓励他们积极参加"网上学习"的活动，以便更有效地实现"网上学习"的目标，培养他们的自我管理能力，以及更加自觉地遵守"网上学习"的要求，从而更有效地实现"网上学习"的目标。

4. 辅导员深入线上课堂。

加强学风管理辅导员组织学生线上班级课堂听课，对每个班课程查课内容的全面覆盖，从而更有效掌握知识疫情期间的线上复习出勤情况和学生课堂成绩情况，都可以及时发现和解决在校学生线上复习过程中存在的困难。

5. 通过对学生的数据进行监测和分析，来提高学习效率。

为了更好地保障学生的学习安全，我们应该及时发布升学预警信息，并采取有效的措施，如提前发现、及时预警、及时干预等。在疫情防控期间，我们已经设计并开发了《大学生学业全过程监控系统》，但目前该软件仍处于开发阶段，我们希望通过该软件，能够实现对学生个人学习状况的实时监测，与班级的学业状况进行对比，并及时发出预警，从而更好地为有针对性的学校提供线下学业帮扶服务。通过提供更有效的大数据保护，我们能够实现更好的结果。

6. 做好学校骨干力量的训练与培育，发挥学校骨干的表率作用。

学生干事是所有班级辅导员在日常管理上的得力助手，是学校各种课外活动最积极的主要参与者和带头人，在学生中也拥有一定威望。辅导人员还可以通过与学生干事、团员和后进生一帮一的工作模式，密切关注班数学后进生的思想、生活和学习，从而提高学生集体向心力，并引导所有学生班集体推进优秀班风创。

【经验与启示】

1. 不能仅仅依靠严格的限制措施来解决问题。

根据不同学校，需要制订不一样的教学措施和方法。

不是单纯对学生进行旷课惩罚的"戒严式"的教育手段。倘若一开始就给他处罚或指责，反而容易造成他们的反对、抵触。必须在仔细分析造成现象的因素后，针对情况作出解决办法。

2. 身为学生辅导员，必须以爱心、耐心和真诚与学生交流，争取作为他们的知心朋友。

要尊重学生、平等交流，同时给予学生帮助和更多的活动时间，让学生在心中看到老师是在帮助学生，帮助学生内心转化，在观念上意识到自身的问题。

3. 对于此类事件，要注意方式方法，不能简单地对于不学习学生予以批评，要客观分析，实事求是。

对于学生出现不听课逃课的想法，辅导员要第一时间予以谈心谈话，剖析原因，要弄清学生为什么这样做的主要原因，是不是客观环境的影响，努力帮学生解决问题，相反如果只是一味地批评，退学就直接和差生划等号，这是犯了主观主义错误，最后的结果往往会适得其反。

4. 对于此类事件，绝不能孤身一人，要学会借助家庭之力，朋辈之力。

一个人努力的效果往往是有限的，在遇到学生难题时，如果能够充分借用家长的力量和同学之间的力量，会形成1+1>2的效果。

5. 对于学生要多采用鼓励法，利用积极心理学来让学生变得更自信。

每个人都不是完美的，如果对待学生辅导员只能看到他的缺点，对于学生身上的优点置若罔闻，会极大的打击学生的自信心，如果多以鼓励的形式去对待学生，会发现学生的积极性会得到一定的提高。

【精彩博文】

习近平总书记曾经说过：青年一代有理想、有担当、国家就有前途，民族就有希望。作为当代被赋予重任的青年大学生们，要充满理想，肩上担负起重任，不怕吃苦，不怕困难，勇于吃苦，从自己的学业做起，先把学习搞好，把学习当作我们的踏板承担起我们远航的重任，时代赋予每一代青年不同的重任，我们要承担起这些重任，不抛弃不放弃，撸起袖子加油干，为实现中华民族伟大复兴而奋斗！

第十一节　专业迷惘　寻求破局

"热爱是最好的老师"

——爱因斯坦

【案例概述】

李华（化名）初到学校报道时，跟我说过最多的一句话就是老师，我要转专业。原来李华在填报我校时，他自身的分数不算很高，已经选不了自己心仪的专业，在听取了父母的意见下，选择填报了其他专业，并且勾选了服从调剂，因此来到我们专业。但是李华在来之前，看到并轻信网上有关专业的负面言论，对前途道路失去信心，再加上自身对本专业的兴趣匮乏，更加萌生了想要转专业的强烈欲望。

有了想强烈转专业想法的李华，对本专业的一切课程与事务都不再感兴趣，将自己看作成外人，与同学的关系疏远，融入不到集体中，时常将"我迟早都会离开这里的"挂在嘴边；课堂上经常玩手机，不认真听讲，课后作业完成也是敷衍的态度，做什么事情都漫不经心。当我询问他想转向什么专业，以后想做什么工作时，李华的回答含糊不清。

【案例分析】

1. 兴趣要求

首先我会先耐心地听取他想换专业的缘由，搞清楚学生背后心理诉求所在，不会先入为主地一味否定学生。通过倾听学生的理由判断学生想换专业是由于对本专业有所误会一时兴起，还是确实对其他专业感兴趣。如果是因外界传言或不实信息，对本专业有所误解，误解本专业学习没什么前途，那么通过分析专业的现状，未来发展的趋势以及大学学习的通识性来消除他对本专业的偏见，甚至我将用本专业优秀的学长学姐的成功事例，让学生通过实例去了解本专业的发展，鼓励他继续前进，打消他一时兴起的念头。因为从案例中可以看出，李华在报考专业时听从父母的安排，没有去深入了解到他自己对什么专业感兴趣，是否可以接受这个专业，后面浏览网站时，因网友的三言两语而对专业产生偏见。因此该学生是缺乏一定的主见的。另外对专业提不起兴趣，入学后心理产生了落差，其原因可能是就读后，发现专业所学的知识或者以后的就业方向与自己想象和规划中的有所不同，从而产生迷茫，进而放弃学习的行为。

2. 评估实际

在了解李华的兴趣和需求后，我们需要对他目前所学专业和他希望转入的专业进行深入了解。如果他确实是对其他专业非常感兴趣，那么我会结合他感兴趣的专业方向做更好的全面分析。从专业的角度告诉他该专业所需要学习的内容，当前现状及前景，对于转专业所需要花费他更多的实践经历给予充分的阐述，对比两个专业的课程设置、就业前景、发展趋势等方面，以评估李华是否符合这个专业和他转专业的可行性。让学生明白，转专业不是靠一句"喜欢"就能够实现的，需要付出努力。其次考虑李华转专业在学校的程序上是否行得通。对于李华想换专业的诉求，作为学校而言是有规章制度的，是有渠道可走的，意味着换专业对学生而言是他们的一种权力，我们是可以选择去支持他们的。但是学生换专业，不单是他个人的事情，需要涉及学校多部门协调工作，无论是程序上，还是资料准备整理方面都是比较繁琐且复杂的事情，因此需要李华慎重考虑对转专业的选择。

3. 考虑影响

在考虑李华的兴趣和需求以及转专业的可行性之后，我们需要考虑转专业可能带来的影响。例如李华同学需要重新修读部分课程，学业压力剧增，可能会影响他毕业时间。并且考虑转专业后是否能够融入新的集体，按照现在案例中的李华与班级里的同学关系疏远，融入不了团体，一方面初入大学，离开原来的人际交往圈，面对新的面孔，感觉身边的同学都比较陌生，内心孤单，可能在集体中找不出到归属感。另一方面是认为自己都是要离开这个专业的人了，对于维护日常的交际关系并不在意。使人不得不担心李华在进入新专业后能否适应新的环境，同学们是否能够重新接受他。因此若是成功转专业后，可与对方专业的老师进行联系，告知李华的一些基础情况，共同帮助李华消减转专业后带来的影响。

4. 后续跟进

如果该学生在深思熟虑后确定转专业，那么我将协助他完成相关事务。告知他学校转专业的相关政策文件及流程，学校流程转专业所需的条件，是否要修够一定的学分等，使他清楚地感受到转专业是与学业挂钩的，不可荒废学业，在他需要的时候提供心理支持。并且在李华申请转专业过程中，我们需要定期跟进他的进展，及时了解他在新专业的适应情况。与他保持持续的沟通，掌握他心理情绪的动态走向，了解他在新专业的学习和生活中遇到的问题，提供必要的帮助和建议。

只有基于以上综合的分析，我们把自己摆在客观的位置，全面地看待学生和他所面临的问题，冷静而中立地进行分析，就能帮助他解决问题所在。

【经验与启示】

大学是广大学子追寻梦想的舞台，应为其成长、成才、成功指明前进的方向，铺就坚实的道路。作为大学生成才道路上的良师益友，辅导员们就应该在学生遇到困惑时主动站出来，积极地帮助学生。

1. 上好开学"第一课"，辅导员们应立足学生思想发展、心理发展、学习发展等特点，结合学科特色加强设计，上好开学第一课。努力提高自身的专业知识素养，专业技能，详细为学生解说专业前远景等相关问题，通过召开主题班会，整体与局部相结合的方式，做好学生的职业生涯规划指导，使学生更加了解本专业，增强学生专业自信，提升专业认同感和自豪感，激发对本专业知识探索的热情。

同时告知学生大学里设的专业没有好坏之分，关键在于你喜不喜欢，愿不愿意去学，能不能学好，帮助学生树立正确的择业观。

2. 以此为鉴，深入走访，积极研究，探究本专业学生的大致情况。通过个别的谈心谈话、深入的课堂和宿舍参观等，我们可以更深入地了解本专业的学生群体，积极进行研究，评估学生的专业认知现状，摸排学生对专业认知现状，了解学生在学习上遇到的困难及挫折，以便及时提供更有针对性地帮助与支持。

3. 深入心理建设，安抚情绪，谈心谈话。要耐心地听取学生的需求，了解产生转专业的想法的前因后果，明白学生内心的需要，不能单站在学校和自身的角度去看待问题，否定学生的想法，要站在学生的立场上，换位思考地去思考问题，既不能为了解决问题而损害了学生的利益，也不能单纯地为了保障学生的利益而影响到日常的工作。但同时应注意谈话的方式，切忌表现出"强烈"地做工作倾向，处理方式带着"强制"的色彩，过于单方面地输出自己的观点，会让学生产生抵触心理，觉得辅导员没有倾听自己的内心，从而封闭自己的想法。与学生的谈话应采用和风细雨的说服方式，通过与学生"拉家常"，拉近与学生之间的距离，输出自己要讲的道理，在案例中论证自己的观点。必要时与心理咨询师联系，一起对学生进行心理辅导。

4. 团体活动，培养集体意识。

团体活动是一种有效的方式，可以帮助团体成员培养集体意识，增进相互了解，提高集体的凝聚力。

因此在平日里可以组织开展迎新会，团体户外活动等，增进同学间的了解，拉近彼此间心灵的距离，增加彼此间的信任，感受来自学院和班级的温暖，让更多的同学在本专业的活动中增强主人翁精神，分配适当的角色，找到自己的优势所在，增强集体的归属感。

5. 加强家校联系，经常性与学生父母进行沟通，让双方都了解学生在校学习、生活、心理等状态，扩宽信息来源，多渠道了解学生，对于家庭特殊的学生，提供个性化的家校联系服务。同时建立家校合作机制，由学校领导，教师，家长代表等组成，共同研究解决家校联系中出现的问题。家长是学生成长中重要的人，学生的在校的成长离不开家长的理解与配合。

【精彩博文】

莎士比亚曾说：如果你不能做你所爱的，就爱你所做的每个人都不一定能够选择自己所喜欢的专业，以后也不一定能从事自己所热爱的工作，所以同学们，人生不在于去选择，而在于去在自己所处的环境中，去挖掘更多美好的事物，尽可能地将可能地将其培养成自己的兴趣所在。

第十二节　职业选择　兴趣与学

"做自己所爱的事，成功自然会追随而至"。

——迈克尔·杰克逊

【案例概述】

莉莉（化名）是我校大三学生，农村户口，家庭主要收入来源是务农，高考志愿是在家长的建议下报考了我校法学专业，家里希望毕业后能够在法院做一名律师，但高考录取时，分数不够被调剂到民航安全技术管理专业。在大学期间，担任团支书一职，其刻苦学习，每年学习成绩都名列前茅。大一结束时，申请过转专业，没有成功。莉莉感觉自己虽然能够坚持完成学校学业，但是对于自己不喜欢的专业和未来求职工作，故苦恼于要选择以民航方向就业还是继续读研改变专业。

【案例分析】

1.认知与探索

从跟莉莉的深度交谈可以得知其专业的认知度不够到位。虽然莉莉成绩优异，但是对四年来开设的课程也并无深入的了解，加上学习动力来自家长，甚至是为了找到社会地位较高的工作，所以一旦外围环境发生变化，莉莉很容易就陷入盲区。也难发挥出自身的优势。且莉莉缺乏自我探索的能力。莉莉虽然觉得自己很了解这个专业的学习内容和就业方向，但是通过我对其职业生涯规划现状的检测中发现，莉莉并不是很了解大学四年开设的课程，师兄师姐从事的职业现状也知识停留于表面的了解。不太了解自己通过专业的学习，可以具备什么样的知识和能力。

因此，我建议莉莉应该更加认真地了解自己所学专业的课程和就业方向，可以参与学校或专业部门举办的各类讲座、实习、拓展活动等，深入了解自己感兴趣的领域，了解行业的发展趋势和最新动态。同时，也要多多与师兄师姐、校友交流，了解他们的职业生涯和经验，以此为自己的职业生涯规划提供参考和启示。此外，也要培养自己的自我探索能力，多问自己"我想要做什么？我擅长什么？我能为社会做出什么贡献？"等问题，不断反思、认识自己，进而寻找适合自己的职业方向和发展道路。

2. 择业观念

当我问其毕业后想得到什么工作的时候，莉莉说自己的师兄师姐都是去航空公司工作，可是自己却不想从事这类工作。虽然我校民航专业就业率高，就业容易，但是，在自己家人和朋友的传统观念看来，空乘这个工作，比起律师这个职业，差得很多，更辛苦，地位不高，所以，莉莉仍对自己的报考学院和专业仍然不够自信，最后导致自己对就业持消极态度。

我理解莉莉的困惑和挣扎。传统观念的束缚常常让我们对自己的选择和决定缺乏足够的自信和勇气。但是，我们必须学会摆脱这些束缚，找到真正适合自己的职业和人生道路。律师和空乘这两种职业很难比较，因为它们涉及的领域和工作内容有很大的不同。每个人的职业发展都应该以自己的兴趣和天赋为导向，而不是受别人的观念和期待所限制。建议莉莉多了解、探索各种职业和行业，和自己的兴趣和能力进行匹配，找到最适合自己的领域和工作。同时，我们也要学会坚定自己的选择和信念，不因外界的压力而动摇。

3. 目标

在选择职业的过程中，要求要通过综合个人情况以及外部环境的考量，确定自己的初步的职业目标。我问其喜欢做什么类型的工作的时候，莉莉出现了焦虑的情绪。可以看出莉莉不清楚自己的问题出在哪里，不知道自己真正想要的是什么。缺乏对自己职业方向的探索，没有将工作的要求和自身的优劣势进行合理分析，没有办法根据自身的情况及眼前的挑战和机遇，系统地设计和规划中长期的职业规划。

在我与莉莉的第一天谈话中，我并没有仓促地给出一个解决的办法，而是让莉莉回家后，给自己过去五年内画一张生涯发展图。我建议莉莉一周后来找我。莉莉一周后找到了我，从她的言语中我发现了她的一些变化，她很高兴地告诉我自己花了半天的时间绘制了自己的生涯发展图，也惊奇地发现自己可以很有耐心地完成一件自己愿意做的事情。但是对于生涯目标的确定还是很模糊。我指导其做了系统地学习风格分析、价值观分析、个人特质分析、职业兴趣测评和人格测评，结果显示，莉莉职业兴趣偏向社会型和研究型，喜欢与人打交道，喜欢考虑问题理性，做事喜欢精确，喜欢逻辑分析和推理，不断探讨未知的领域，在工作价值观方面，莉莉重点关注自我的提升和成就，此次测评也确实验证了莉莉第一次找我诉说的苦恼。测评结果显示她适合社会型的工作，比如服务类行业。我主要引导她用自己的力量去深入了解自己所求，明晰自己的优势和劣势。我建议莉莉对民航的职业信息进行收集。

综合对莉莉的自我评估、环境评估以经职业目标选择的前提下，莉莉已经对所学专业有了较为深刻的认识，对空乘这个行业没有当初的强烈排斥感。我建议莉莉可以勇敢地去找个实习单位，不仅可以真实地参与到职业活动中，而且更好地评价自己对该职业的胜任程度和喜好程度。莉莉接受了我的建议，去了一家民航公司见习几周后，兴奋地告诉我，觉得民航公司还蛮有趣的。在见习期间，每天都能很快乐地去上班，也逐渐喜欢上这份工作，找到了自己的工作价值。

【经验与启示】

1.坚持职业生涯规划工作要立足现状，扎根学生。

大学生普遍对毕业后的职业生涯规划感到迷茫。我们作为辅导员工作要主动学习职业生涯规划有关知识，补充课外学生生涯规划的需要。帮助他们根据自己的专业和职业目标，制定一份细致的职业生涯规划。我们可以提供实习、社会实践和科研项目等实践机会，帮助他们积累经验和提升能力。总之，我们的职业生涯规划工作要始终秉持以学生为本、以服务为先的理念，为学生提供全方位的支持和帮助，帮助他们拥有更加美好的职业未来。

2. 坚持职业生涯规划的持久性和动态性，搭建有力的学习平台。

职业生涯规划是一个持久性的和动态的过程，它需要我们不断地评估和调整，对学生进行持续的发展指导。这意味着我们需要建立一套完整的职业生涯规划机制，包括以下几个方面：

（1）定期的职业生涯辅导：定期邀请专业的职业生涯规划师与学生进行一对一的职业规划咨询，帮助他们了解自己的兴趣、能力和职业目标，制定适合自己的职业生涯规划方案，并不断跟踪和评估其实施效果，进行动态调整。

（2）提供职业发展机会：为学生提供职业发展机会，例如实习、社会实践、志愿服务等，帮助他们积累大量的实践经验，提高职业竞争力。

（3）建立交流平台：建立交流平台，让学生可以与同学、教师和专家进行交流，分享彼此的职业经验和学习经验，更好地了解职业发展前沿动态。

（4）创造合适的职业环境：创建一个良好的职业环境，提供相应的学习资源和支持，为学生提供舒适的学习、研究和实践环境。这些措施将有助于帮助学生实现自我认识、职业决策和职业生涯规划大体目标，并不断追求自己的发展，迎接未来职业发展的挑战。

3. 坚持职业生涯规划的科学性，为学生提供多方位的指导。

在职业生涯规划方面，我们需要坚持科学性的原则，为学生提供多方位的指导。具体而言，可以采取以下几个策略：

（1）聚焦学生：我们需要了解学生的兴趣、优势、价值观和职业目标，制定个性化的职业规划方案。这意味着我们需要进行个性化的评估和咨询，以帮助学生认识自己，提高自我管理和职业决策能力。

（2）面向市场：我们需要关注市场和行业需求，为学生提供前瞻性的职业发展指导。这意味着我们需要了解不同岗位的技能和素质要求，掌握职业发展前沿技术和理论，帮助学生更好地适应市场需求。

（3）建立合作网络：我们需要建立良好的合作网络，与学生、企业、行业协会、现实社会等多方面进行合作，为学生提供实践和就业机会，拓展学生职业发展的空间。

（4）提供综合性支持：我们需要为学生提供包括职业咨询、职业技能培训、网络交流、就业信息服务等多方面支持，帮助他们全面提升自己的职业素质和竞争力。

这些策略将有助于提高学生的职业发展能力和自我管理能力，并使他们可以获得更加全面的职业生涯规划指导，更好地实现职业追求和自我发展。

【精彩博文】

选择自己喜欢的跑道，人生才能更精彩。莉莉的经历，在很多人身上都有类似的体验。在选择专业和求职方向上，很多时候都会受到家庭、周围人或者传统观念的影响，而忽略了自己的内心真实想法。然而，要想过上让自己满意的人生，就必须选择自己喜欢的跑道。